国家社会科学基金青年项目"中国品牌国际传播的历史演变、制约因素与能力提升研究"（批准号：23CXW028）国家资助博士后研究人员计划"基于生成式AI的中国品牌精准化国际传播研究"（批准号：GZC20232459）

中华老字号品牌研究

基于国际传播与转型创新

张 驰 等◎著

光明日报出版社

图书在版编目（CIP）数据

中华老字号品牌研究：基于国际传播与转型创新 ／
张驰等著. -- 北京：光明日报出版社，2025.3.
ISBN 978-7-5194-8646-4

Ⅰ. F279.24

中国国家版本馆 CIP 数据核字第 2025GM1333 号

中华老字号品牌研究：基于国际传播与转型创新
ZHONGHUA LAOZIHAO PINPAI YANJIU：JIYU GUOJI CHUANBO YU ZHUANXING CHUANGXIN

著　　者：张　驰　等

责任编辑：杨　娜　　　　　　　　责任校对：杨　茹　李海慧
封面设计：中联华文　　　　　　　责任印制：曹　净

出版发行：光明日报出版社
地　　址：北京市西城区永安路 106 号，100050
电　　话：010-63169890（咨询），010-63131930（邮购）
传　　真：010-63131930
网　　址：http：//book.gmw.cn
E — mail：gmrbcbs@gmw.cn
法律顾问：北京市兰台律师事务所龚柳方律师

印　　刷：三河市华东印刷有限公司
装　　订：三河市华东印刷有限公司
本书如有破损、缺页、装订错误，请与本社联系调换，电话：010-63131930

开　　本：170mm×240mm
字　　数：253 千字　　　　　　　　印　　张：16.5
版　　次：2025 年 3 月第 1 版　　　　印　　次：2025 年 3 月第 1 次印刷
书　　号：ISBN 978-7-5194-8646-4
定　　价：95.00 元

版权所有　　翻印必究

前　言

　　中华老字号品牌是中华商业文明数千年流传淬炼的瑰宝，是中华优秀传统文化的商业化结晶和文化精髓，是传承、弘扬中华优秀传统文化不可或缺的组成部分。本书以中华老字号为研究对象，重点研究其在新时代的国际传播和转型创新两方面问题。本书希望在以下三方面有所助益。一是，对中华老字号的高质量发展提供有益启示。本书对茅台、云南白药、内联升、老凤祥等代表性中华老字号进行细致的梳理和研究，用鲜活的案例呈现老字号在国际传播和转型创新两方面的重要举措，为当下中华老字号的高质量发展提供参考。当前国家对品牌建设和中华老字号的发展高度重视，习近平总书记指出，要"推动中国产品向中国品牌转变"，要建设"品牌卓著"的世界一流企业。① 国家"十四五"规划指出，要"开展中国品牌创建行动，保护发展中华老字号"；《质量强国建设纲要》提出，要打造中国精品和"百年老店"。推动中华老字号品牌高质量发展是推动品牌强国建设的应有之义和必然之举。二是，助力全面提升国际传播效能。党的十八大以来，习近平总书记多次在重要场合就国际传播发表重要讲话和指示。面对百年变局，全面提升国际传播效能是迫在眉睫的重要任务。综观全球，大国形象的建立离不开品牌的助力。中华老字号品牌往往与日常生活密切相关，中华老字号品牌的国际传播是一种"日常生活的国际传播"②，品牌的传播与接触具有广泛而深入

---

① 习近平主持召开中央全面深化改革委员会第二十四次会议强调 加快建设世界一流企业 加强基础学科人才培养 李克强王沪宁韩正出席［EB/OL］．求是网，2022-02-28．
② 赵新利，宫效喆．作为国际传播媒介的品牌：日常生活的国际传播［J］．青年记者，2023（5）：57-60．

的影响力。通过中华老字号品牌对外讲好中国故事，传播好中国声音，展现可信、可爱、可敬的中国形象大有可为。此外，中华老字号品牌群作为一种传播主体和动力源，对于国际传播的多主体力量汇聚同样重要。三是，推动文化强国建设。习近平总书记对宣传思想文化工作做出重要指示，他强调在新的历史起点上继续推动文化繁荣、建设文化强国、建设中华民族现代文明是新的文化使命，要着力赓续中华文脉、推动中华优秀传统文化创造性转化和创新性发展，着力推动文化事业和文化产业繁荣发展。中华老字号相较其他品牌具有厚重的历史底蕴和文化特色，代表着中国经久不断的商业文明和独具特色的品牌源流，是不可多得的文化财富。本书同样希望助益文化强国建设。

　　本书内容分为两大板块。第一章为第一板块，从整体上关注中华老字号的国际化和国际传播问题。主要研究三方面内容。一是，梳理中华老字号自身发展和走向国际的历史沿革与生存现状；二是，分析中华老字号品牌与中华文化的紧密关联，指出中华老字号品牌的文化特色与优势，以及其在对外传播中华优秀传统文化中的重要价值；三是，探究中华老字号国际传播面临的挑战和问题；四是，提出中华老字号国际化和开展国际传播的优化策略。第二章到第十一章为第二板块。其中，第二章到第四章以中华老字号品牌案例的国际化和国际传播为研究重心。第五章到第十一章更加关注中华老字号品牌在新时代数字化等背景下的战略策略的转型创新。

　　中华老字号品牌引起越来越多的关注，相关研究为本书研究提供了重要的资料支撑和思路参考。相较既有研究，本书有三个特点。首先，强调历史的价值，做有历史纵深感的研究。通过对老字号发展历史资料的梳理，可以加深对老字号品牌发展更加全面和整体的理解，从中获得关于未来发展的深刻启示。其次，重视数据资料的整理和数量化呈现。本书在撰写过程中尤其重视对多方面数据的整理和利用，制作了大量的图表，让立论和判断有数量化资料的支撑，帮助读者获得数量化的直观认知。最后，本书尽可能接地气。不少研究强调量化研究方法和理论发现，但却与实践有一定的距离。本书以最基本的资料爬梳为基础，从企业实践的本来面目出发，尽可能做到立足实践、回到实践。在语言上也力求平实易懂。总之，本书更加重视具体经验和解决具体问题的实践理性。

本书是集体智慧浇筑而成。感谢黄升民教授在成稿过程中的宝贵意见和指导。感谢赵新利教授对本书提出的建设性意见和出版上的大力支持。感谢央视市场研究公司毛继萍女士对企业调研提供的帮助。感谢所有参与本书撰写的同仁、同学，他们是张杨（肯塔基大学博士候选人）、黄原（上海交通大学硕士研究生）、卜嘉敏（中国传媒大学硕士研究生）、麦迪娜依·阿合买提（日本关西大学硕士研究生）、高睿瞳（复旦大学硕士研究生）、周靖雯（厦门大学硕士研究生）、牛昆（河北地质大学讲师，中国传媒大学博士研究生）、赵艺文（中国传媒大学硕士研究生）、白悦凝（中国传媒大学博士研究生）、安琪（沧州师范学院副教授）、白冰（沧州师范学院教师）、黄菁菁（华东师范大学硕士研究生）。每章笔者在各章标题下做了说明。

中华老字号品牌的转型创新和国际传播是一个值得深挖的领域，本书只是做了一些基本的探索性研究工作，还存在许多不足之处，恳请专家批评指正。

本书笔者
2024 年 3 月

目录
CONTENTS

第一章 文化强国视域下中华老字号对中华文化的承载与国际传播研究 ……… 1
  一、中华老字号国际化的历史沿革与发展现状 …………………… 3
  二、作为文化的品牌：中华老字号品牌对中华文化的承载 ……… 20
  三、大变局下中华老字号国际传播的现状、挑战及问题 ………… 26
  四、中华老字号国际传播的提升策略与优化路径 ………………… 38
  五、结语：长路漫漫，任重道远 …………………………………… 59

第二章 国酒茅台，香飘世界：茅台品牌的国际传播之道 ……… 61
  一、引言 ……………………………………………………………… 61
  二、茅台的品牌国际化历程 ………………………………………… 64
  三、茅台国际传播的主要策略 ……………………………………… 68
  四、结语 ……………………………………………………………… 79

第三章 中国青岛，全球畅饮：青岛啤酒品牌的国际传播研究 ……… 80
  一、问题的提出 ……………………………………………………… 80
  二、青岛啤酒国际化历程 …………………………………………… 81
  三、解析青岛啤酒的国际化与国际传播战略 ……………………… 85
  四、结语：中国的青啤，世界的青啤 ……………………………… 93

第四章　中国中医药老字号的国际传播研究
——以同仁堂为例 ·· 96
一、中医药老字号"走出去"的现状与同仁堂的品牌出海 ········ 97
二、同仁堂的国际化与国际传播路径 ···························· 100
三、同仁堂国际传播的优化策略 ································ 105
四、结语 ·· 108

第五章　中华老字号品牌的数字化创新营销策略研究
——以五芳斋为例 ······································ 110
一、问题的提出 ·· 110
二、五芳斋品牌的发展历程与现状 ······························ 113
三、五芳斋数字化创新营销策略分析 ···························· 120
四、结论 ·· 128

第六章　数智时代中华老字号品牌激活效果及提升策略研究
——基于消费者访谈的同仁堂个案研究 ···················· 130
一、问题提出 ·· 131
二、文献背景与理论基础 ······································ 132
三、研究设计 ·· 139
四、资料分析与研究发现 ······································ 143
五、结论与讨论 ·· 151

第七章　如何走向一流：洋河品牌高质量发展研究 ··············· 154
一、品牌发展历程回顾 ·· 154
二、品牌发展现状与核心优势 ·································· 157
三、品牌面临挑战 ·· 162
四、洋河品牌提升策略 ·· 168
五、结语 ·· 174

第八章 大国浓香，美美与共：五粮液的品牌创新之道 …… 176
一、五粮液品牌发展历程 …… 176
二、五粮液品牌成功之道 …… 180
三、五粮液品牌面临的主要挑战 …… 187
四、五粮液品牌提升策略 …… 193
五、结语 …… 195

第九章 成为大健康产业航母：云南白药的品牌转型与创新 …… 196
一、云南白药的品牌发展之路 …… 196
二、云南白药品牌成功之道与核心优势 …… 200
三、云南白药品牌面临的主要挑战 …… 208
四、结语 …… 215

第十章 蓄势腾飞的百年老凤祥：老字号品牌的传承与创新 …… 216
一、百年历史淬炼传承与创新的品牌文化 …… 217
二、精耕黄金优势品类，打造多元产品矩阵 …… 220
三、加盟模式迅速拓店，立体渠道抢占市场 …… 223
四、传播创新赢得声誉，时尚焕新引领消费 …… 224
五、品牌出海走向国际，讲好中华文化故事 …… 227
六、结语 …… 229

第十一章 从百年老字号到百年潮牌：内联升的品牌转型与创新 …… 231
一、引言 …… 231
二、品牌定位：从百年品牌到百年潮牌，做年轻人的第二双鞋 …… 233
三、产品结构：扩充产品矩阵，融入潮流设计 …… 236
四、营销模式：推进私域+公域齐发力 …… 238
五、品牌传播：整合渠道+创新形式为品牌造势 …… 240
六、结语 …… 243

参考文献 …… 244

第一章

文化强国视域下中华老字号对中华文化的承载与国际传播研究[①]

摘　要　党的十八大以来，习近平总书记在多个重要场合指出要建设文化强国，推动中华文化走出去。建设文化强国离不开中国品牌的发力，推动中华文化走出去也要发挥企业品牌的作用。中华老字号是中国品牌独特的一分子，拥有上千年的历史，昭示着中国经久不断的商业文脉，是中华文化和中国商业文明的集中体现。老字号的发展可以划分为四个阶段。新中国成立前，中华老字号经历了古代的字号以及近代以来的品牌现代化转型阶段。受限于动荡的社会环境，发展之路并不顺畅。新中国成立后，老字号实现了一定的发展，但是很快由于"文革"的冲击以及经济结构的变化，陷入沉寂。改革开放后，老字号在转型中实现了发展，但是大多落后于同时代品牌，不少老字号陷入窘境。党的十八大以来，老字号把握数字化和国潮消费等新趋势实现了创新发展，在很大程度上扭转了经营困境，为进一步走向国际市场打下了基础。老字号的国际传播具有上百年的历史，晚清民国时期，老字号便组团出海参展，在国际舞台上展示了来自中国的产品和品牌，也传播了中华文化。新中国成立后，老字号更加频繁地参加国内外的面向海外受众的展览会，并借助外贸广告等手段开展对外传播，老字号也经常出现在国家外交的重要场合。改革开放以来，老字号开始以前所未有的力度走出国门，国际传播的规模、理念、手段等达到全新高度，新时代的老字号国际传播相较以

[①] 本章由张驰执笔完成。上海交通大学媒体与传播学院硕士研究生黄原、华东师范大学传播学院学生麦迪娜依·阿合买提及中国传媒大学广告学院博士研究生马卓恺协助整理部分资料。

往实现了长足的进步。

　　文化是品牌的基本维度和构成要素，没有文化的品牌就没有灵魂。相较一般品牌，中华老字号的创立和发展具有极强的文化导向，丰厚的文化积淀是老字号区别于其他品牌的重要优势和特点。中华老字号对中华文化的承载与传播主要表现为两种方式。第一种是中华老字号本身承载着丰富的中华传统文化，中华老字号的国际传播本身就意味着中华文化的国际传播；第二种是老字号品牌在国际传播的过程中调用融入中华文化元素，同样是中华文化的国际传播。面对百年变局，老字号的国际传播机遇与挑战并存。老字号的国际传播虽然取得了一定的成绩，但总体上还存在许多不足，主要表现为品牌国际化程度低，国际传播的动力、意识、规模和能力不足，缺乏国际传播的总体规划和体系建设，对数字传播与营销运用不积极、不熟悉，一定程度丧失了国际传播的主动性。另外，老字号的海外主流媒体关注度较低，缺乏品牌存在感。政府在政策设计上也更为强调当下的转型发展，对国际传播关注有限。以上诸多因素制约了老字号和中华文化的国际传播。未来促进老字号和中华文化的国际传播应当从以下方面入手。面对百年变局，老字号需要抓住机遇加快转型创新，在高质量发展中进一步夯实品牌实力，从而为国际传播奠定良好的企业基础；要借助国家政策的东风，运用跨境电商等新模式、新业态加快走出去步伐，重视"一带一路"市场和海外年轻消费群体的市场开发与国际传播，以新思路破除此前国际市场营销中的误区；在平台赋能国际传播主体多元化的背景下，老字号要充分调动各类"桥梁人群"以及消费者等传播主体的力量，共同助力老字号的国际传播；老字号要积极融入数字传播的新逻辑，创新媒体策略和传播手段，着手构建面向海外的数字营销体系；在内容和传播上老字号要更加重视品牌故事营销策略的运用，利用品牌对外讲好中华文化故事；政府层面则要将老字号的改革创新与国际化发展并重，出台老字号国际化针对性的政策，并加大扶持力度。

　　关键词　中华老字号；国际传播；品牌战略；政府

　　新时代，党中央高度重视建设文化强国和品牌强国，并把做好国际传播工作放到同等重要的国家战略位置。品牌与文化相辅相成，建设品牌强国和建设文化强国互为支撑。在"双循环"的新发展格局中，中国品牌全球化是必然之举。在全球化的过程中借助中国品牌，尤其是依托文化底蕴丰厚的中华老字号（China Time-honored Brand）品牌推动中华文化的国际传播不仅具有可行性也具有必要性。面对日趋复杂的国际形势，由官方主导的专业机构和主流媒体国际传播遭受了不少制裁和逆风，国际传播面临挑战。反观品牌由于其柔软的身段及较强的民间性、商业性和非意识形态性，成为极具潜力的传播载体和渠道，"品牌搭台，文化唱戏"，文化传播也要有市场思维，借助市场经济和商业品牌的力量，才能唱好中华文化国际传播这台大戏。本章主要从中华老字号品牌视角切入探究中华文化的国际传播，讨论的核心问题主要包括以下三方面。第一，中华老字号的历史沿革与国际传播历程；第二，中华老字号与中华文化的逻辑关系；第三，中华老字号及其承载的中华文化在国际传播中的现状、主要问题和优化策略。

一、中华老字号国际化的历史沿革与发展现状

中华老字号，是指历史底蕴深厚、文化特色鲜明、工艺技术独特、设计制造精良、产品服务优质、营销渠道高效、社会广泛认同的品牌（字号、商标等）。成为中华老字号要满足四个条件。一是，品牌创立时间在50年（含）以上；二是，具有中华民族特色和鲜明的地域文化特征；三是，面向居民生活提供经济价值、文化价值较高的产品、技艺或服务；四是，在所属行业或领域内具有代表性、引领性和示范性，得到广泛的社会认同和赞誉。[①] 衰败曲折是老字号品牌很长一段时间的发展主线，现在正在被转型创新替代。经过从古至今两千余年的发展，老字号品牌完成了从古代品牌到现代品牌的转型。尤其是党的十八大以来，老字号在经营上逐步扭转了颓势，活出了新姿态。老字号的国际传播具有上百年的历史，晚清民国时期，老字号们便组团出海参展，初步在国际舞台上展示了来自东方中国的产品和品牌，传播了中华文化。新中国成立后，老字号更加频繁地参加国内外的面向海外受众的展览会，并借助外贸广告宣传自己，也经常出现在国家外交的重要场合。改革开放以

[①] 商务部等5部门关于印发《中华老字号示范创建管理办法》的通知[EB/OL].中国政府网，2023-02-01.

来，老字号开始以前所未有的力度走出国门，国际传播的规模、理念、手段等达到新的高度，国际传播相较以往实现了较大进步。当下老字号主要分布在经济发达地区以及与民生紧密联系的食品餐饮、酒类、中医药等行业，涌现出茅台、同仁堂、青岛啤酒、上海家化、广药白云山等实力较强、拥有一定国际知名度的老字号品牌。

（一）中华老字号的历史沿革：曲折发展、从弱到强，从国内走向海外的四个阶段

1. 新中国成立前：风雨飘摇中的品牌现代化起步及与国际市场的初步接触

"头戴马聚源，身披瑞蚨祥，脚踏内联升，腰缠四大恒"，通过这则老北京流传的俗语，可以看到当时人们对于老字号产品和服务的信任以及获得的精神享受，也能够看出老字号与人们日常生活紧密相连的特性。中国最早的老字号可以追溯到春秋战国时期，中华老字号"汝阳刘"毛笔拥有两千余年的历史。唐朝以来，随着农业、手工业不断发展以及人口的增多，出现了长安这样的50万人以上的大型城市，商业十分繁荣。两宋时期，随着市坊限制的打破，各行各业可以临街开设店铺，进一步便捷了商品交换，刺激了市场竞争。在商业发展过程中，商户之间为了招揽顾客，寻求差异化，"字号"被发明并被大规模运用到店铺幌子、叫卖时和牌匾之上等，形成了朴素的品牌意识。明清以来，商品经济较以往更为发达，按照许涤新等经济史学家的说法，中国出现了资本主义的萌芽。① 市场大浪淘沙，大量的具有现代品牌雏形②的老字号创立并传承至今，如便宜坊（1416）、六必居（1436）、陈李济（1600）、同仁堂（1669）、王致和（1669）、全聚德（1864）、内联升（1853）、

---

① 许涤新，吴承明. 中国资本主义发展史：第1卷：中国资本主义的萌芽 [M]. 北京：人民出版社，2003：4.
② 之所以说古代产生的老字号是现代品牌雏形而不是现代品牌，是因为古代的老字号并没有注册商标，没有现代品牌传播观念，也缺乏运用现代品牌的机制和力量。在一般意义上，现代品牌产生于工业革命之后，在市场经济大量生产和大量消费的背景下产生，依靠大规模的传播和营销活动建立。老字号品牌是在中国小农经济占主导地位之下，农业手工业得到一定发展并产生一定程度商品交换的基础上诞生的。彼时的品牌没有相关法律保护，不依靠大众传播。与西方最早产生的品牌相比，中国的老字号要更为久远，体现出中国品牌独立的历史源头和发展路径。

上海家化（1903）、恒源祥（1927）等。据相关统计，清朝和民国时期创立的老字号数量最多，占老字号总数的74.6%。[①] 清末到民国，随着社会整体的现代化转型，古代的老字号也逐步朝着现代品牌的方向转型，只不过这个过程由于动荡的社会环境和外国品牌的入侵而显得尤为曲折。如八国联军入侵，老字号如瑞蚨祥、全聚德和内联升等的店面、资产遭受焚毁破坏。民国后，在第一次世界大战间隙到20世纪30年代中期相对稳定的环境中，中华老字号实现了一定的发展和短暂的繁荣。其后随着日军侵华等，国内日益恶化的政治、经济、社会和金融环境让老字号难以为继，新中国成立前夕许多老字号处于名存实亡的状态。

虽然新中国成立前老字号的发展非常曲折，但仍有一些老字号抓住机会向国外宣传产品和品牌，各类国际性的展会[②]成为老字号品牌国际传播的重要舞台。通过参加国际性展览会，老字号有力地向国外展示了自己的产品和品牌，并在一定程度上传播了中华文化。如1910年沈永和酿坊（古越龙山前身）代表绍兴黄酒在南洋劝业会[③]上为绍兴酒争得第一枚国际金牌。1915年，茅台、五粮液、泸州老窖、衡水老白干、西凤酒等中华老字号在美国旧金山举办的巴拿马太平洋万国博览会上获得最高奖和金奖等奖章；1925年王老吉凉茶前往英国伦敦参加中国产品展览会，展出凉茶包；1926年，冠生园、商务印书馆等的产品老字号获得费城世博会甲等大奖，胡开文墨、天厨（佛手味精产品）等获得乙等大奖；1929年，天津盛锡福在菲律宾展会上获得头奖。

2. 新中国成立至改革开放前：先扬后抑、饱受冲击，特殊时期依托外贸走向国际

新中国成立初认定的老字号有1.6万余家，这一时期老字号的发展可以以1956年为界分为两个阶段。第一个阶段是1949—1956年的稳步发展和社会

[①] 贾垚焱，胡静，刘大均，等. 中华老字号空间分布格局及影响因素研究 [J]. 干旱区资源与环境，2020，34（3）：85-93.

[②] 左旭初. 中国老字号与早期世博会 [M]. 上海：上海锦绣文章出版社，2009；左旭初. 早期世博会中国获奖产品商标图鉴 [M]. 上海：上海科学技术出版社，2010.

[③] 全名南洋劝业博览会，又称江宁赛会，在南京举办，是中国历史上首次以官方名义主办的国际性博览会，参加南洋劝业会的海内外客商、观众约30万人，各类产品交易额数千万银圆。

主义改造时期。新中国成立后,老字号第一次拥有了一个稳定的政治、经济和社会环境,国民经济得以恢复。一方面,不少原先存在的老字号在政府的帮助下重新生产,并触及更多的普通消费者,品牌影响力得到提升。另一方面,政府又创办了新企业,诞生了一批新的老字号品牌。如飞鸽、永久、中茶等。据统计,从新中国成立到1956年诞生的老字号品牌占老字号品牌总数的19.66%。[1] 第二个阶段是1956年以后,由于"大跃进"等"左"的错误的影响,老字号品牌的发展受到了一定的阻碍,但总体上维持了发展。1966年以后,老字号被视为"四旧",发展遭受严重冲击,不少老字号被改名,与原有的历史文化、底蕴产生了割裂,丧失了品牌的独特性,品牌发展进入低谷。如全聚德改为北京烤鸭店,徐顺昌服装店改为东风服装店,劝业场改为人民商场,不一而足。从经济逻辑上看,随着计划经济体制的全面贯彻实行,商标、品牌实际上也失去了存在的市场基础。[2]

这一时期,由于对外贸易活动的存续,部分老字号品牌通过贸易活动走向海外市场,并开展了国际传播活动,促进了老字号品牌和中华文化的对外传播。如随着山东对港澳外贸市场的开发,青岛啤酒开始大批量出口香港,并在1959年成为香港当地进口啤酒首位。1955年,青岛啤酒进入东南亚市场销售。[3] 同年,茅台酒在中国香港、澳门地区及马来西亚、新加坡等东南亚国家和地区注册,进行销售。这一时期老字号品牌开展国际传播的主要渠道有三类。一是依靠《人民画报》《人民中国》《北京周报》等外宣媒体开展品牌宣传。如1957年第1期的《人民画报》中介绍中国饮茶文化时,就有中茶"祁门红茶"的身影,带有明显的品牌传播性质。1961年第4期《人民画报》在介绍天津生产的产品时,介绍了飞鸽牌自行车,并附上了彩色图片。1961年第5期又介绍了红双喜牌乒乓球。这类报道在介绍新中国发展成就时也较

---

[1] 贾垚焱,胡静,刘大均,等. 中华老字号空间分布格局及影响因素研究 [J]. 干旱区资源与环境,2020,34(3):85-93.
[2] 黄升民,张驰. 新中国七十年品牌路:回望与前瞻 [J]. 现代传播(中国传媒大学学报),2019,41(11):1-11,46.
[3] 青岛啤酒厂. 青岛啤酒厂志 [M]. 青岛:青岛出版社,1993:16.

好地传播了老字号的产品及品牌。① 二是依靠国内外的展览会宣传。1956年，中国在广州创办了面向外国贸易的中国进出口商品交易会（广交会），成为老字号向外贸市场展示自身形象的舞台。此外，中国还积极在日本、苏联、欧洲、拉丁美洲和非洲等国家和地区开展中国商品展览会，商业传播与政治传播相结合，形象展示与市场销售相结合，一些老字号也因此走出国门。如1955年，全聚德随中国代表团参加了莱比锡国际博览会。三是外事活动中的老字号宣传。新中国成立后很长一段时间，在中国能够称为品牌的主要是一些老字号品牌。这些老字号成为中国领导人会见外宾、互赠礼品的重要选项。1954年周恩来代表新中国第一次到日内瓦参加国际会议，用茅台酒招待了各国代表，周恩来生前曾27次到全聚德宴请外宾。② 直到现在，与政府外事活动的整合也是老字号国际传播的一个重要途径。

3. 改革开放至党的十八大：整体发展落后于市场，遭遇经营困境，部分老字号率先出海

改革开放之后，老字号企业率先恢复发展。全聚德、便宜坊、吴裕泰、内联升、王麻子等众多老字号品牌纷纷在1978年前后恢复原有名称和商标。然而由于企业体制机制僵化，企业改制挫折③，经营理念落后，产品缺乏创新，不重视品牌资产的传承与保护等，市场竞争日趋激化的背景下老字号的发展陷入困境。1978年经国家相关部门认定的老字号有2000多家，1991年由原国内贸易部授牌的中华老字号缩减至1600多家。2004年商务部公布的数据显示，在这1600多家老字号企业中，长期亏损，面临倒闭、破产的占20%左右，勉强维持现状的占70%左右，生产经营有一定规模、效益好的只有10%左右。④ 2005年有学者将北京知名的13家老字号和可口可乐、雀巢等国外13家长寿老字号的经营额做对比发现，北京13家老字号的经营之和不及

---

① 赵新利. 新中国成立初期中国品牌对外传播研究（1949—1965）：以《人民画报》的报道和广告为例 [J]. 广告大观（理论版），2018（4）：44-56.
② 赵新利，项星宇，宫效喆. 新中国本土品牌对外传播历程探析 [J]. 对外传播，2018（6）：56-58.
③ 经过企业改制，目前老字号企业约占中国企业的一半。
④ 龚雯. 老字号企业仅有10%效益好 [N]. 人民日报，2004-06-10（6）.

其中任何一家。①面对不利局势，政府也有意扶持老字号的发展，如2006年商务部发布的《关于实施"振兴老字号工程"的通知》提出将在3年内，由商务部在全中国范围内认定1000家"中华老字号"，并以中华人民共和国商务部的名义，授予牌匾和证书。最后经过2006年和2011年两次分别认定430家、698家，共计认定1128家中华老字号。② 其后又陆续颁布了诸多政策（如表1.1所示）。虽然政府给予支持，但老字号的发展依然不容乐观。老字号的落寞与同时期全国经济以及其他本土品牌和外资品牌的快速发展形成了鲜明的对比。

表1.1 改革开放至党的十八大涉及老字号发展的政策文件

年份	发布主体	名称
2006	商务部	《关于实施"振兴老字号工程"的通知》
2006	商务部、国家文物局	《关于加强老字号文化遗产保护工作的通知》
2007	商务部	《"中华老字号"标识使用规定》
2007	商务部、国家文物局	《关于积极做好商务领域文物普查工作的通知》
2008	商务部等部门	《关于保护和促进老字号发展的若干意见》
2008	国务院办公厅	《关于搞活流通扩大消费的意见》
2009	国务院	《关于进一步促进中小企业发展的若干意见》
2011	商务部	《商务部关于进一步做好中华老字号保护与促进工作的通知》
2012	国务院办公厅	《关于印发国内贸易发展"十二五"规划的通知》

资料来源：本书整理

少数老字号抓住了市场经济和国家政策机遇，迈向境外市场。如同仁堂在1993年在香港开办了第一家境外药店，并在香港设立中成药和保健品的生

---

① 王成荣. 老字号的历史传承与品牌创新[J]. 北京市财贸管理干部学院学报，2005(3)：4-8.

② 2023年，商务部将55个品牌移出中华老字号名录，2024年2月1日公布第三批中华老字号名单，共计382个，中华老字号最新数量合计1455个。新增的老字号总体上符合原有老字号的分布规律和行业特点，药、酒、食品、饭店、茶等行业品牌占据相当数量。

产研发基地,是香港中药行业规模最大、条件最好、级别最高的生产研发基地,此举也使同仁堂成为香港极少数获得世界卫生组织 GMP 认证的中药生产厂家之一。1995 年同仁堂在英国伦敦开设第一家欧洲门店后,陆续在泰国(2001)、马来西亚(2002)、加拿大(2003)等国家以合资方式开设门店。2004 年,同仁堂在香港成立同仁堂国际公司,拓展东南亚国家市场。全聚德也是较早开展境外经营的老字号品牌。1998 年,全聚德选择华人文化基础较好的缅甸仰光,与当地酒店合作,以特许经营的方式在唐人街开办了一家全聚德海外门店。2001 年,以同样的方式进入中国香港地区,2004—2005 年又在日本东京银座和新宿开设两家门店。2008 年,全聚德进入大洋洲市场,在澳大利亚墨尔本开设分店。① 茅台作为中国白酒品牌的代表,在改革开放之后抓住出口市场的新机遇,不断刷新出口量。1986 年出口创汇 50 万美元,2010 年这一数值已经超过 5000 万美元。② 2005 年,茅台与全球免税店渠道经营商法国卡慕公司合作,"借船出海"成功入驻 30 多个国家、60 多个国际机场的 300 多个免税店。③

在国际传播上,老字号的国际传播手段更加多元丰富,除了常规的媒体广告传播,各类大型的国际性事件如北京奥运会、上海世博会及各类体育赛事等也成为老字号向国际展示自身形象的重要渠道。百年老字号恒源祥通过持续赞助奥运会等国际性赛事,在全球形成了一定的品牌影响力。2005 年,恒源祥成为北京 2008 年奥运会赞助商,这是奥运会历史上第一家非运动纺织服装类企业赞助商;2008 年,成为中国奥委会的首家合作伙伴;2012 年,与中国奥委会签约,继续成为 2013—2016 年中国奥委会赞助商。

---

① 张景云,等.北京老字号品牌营销创新案例研究[M].北京:经济管理出版社,2021:188-189.
② 黄桂花.为什么是茅台:关于"国酒文化"与"茅台精神"的 20 个关键解读[M].贵阳:贵州人民出版社,2017:99.
③ 华文.抢抓"一带一路"机遇 掀起国际"茅台旋风"[N].企业家日报,2017-07-18(9).

4. 党的十八大以来：新时代老字号抓住机遇，经营状况整体好转，国际化布局与传播提速

党的十八大以来，中国特色社会主义进入了新时代，经济进入高质量发展的新阶段。面对百年变局，中国进入"双循环"的新发展格局。老字号迎来了新的发展机遇。一是政府对老字号品牌发展前所未有的重视。党的"十四五"规划首次在五年计划中指出要"保护发展中华老字号"[①]，政府也出台了相关政策，如《商务部等16部门关于促进老字号改革创新发展的指导意见》《商务部等8部门关于促进老字号创新发展的意见》等，支持老字号创新发展。

表1.2　新时代涉及老字号发展的政策文件

年份	发布主体	名称
2015	国务院	《关于积极发挥新消费引领作用 加快培育形成新供给新动力的指导意见》
2015	国务院办公厅	《关于加快发展生活性服务业 促进消费结构升级的指导意见》
2016	商务部	《商务发展第十三个五年规划纲要》
2017	商务部等16部门	《关于促进老字号改革创新发展的指导意见》
2017	中共中央办公厅、国务院办公厅	《关于实施中华优秀传统文化传承发展工程的意见》
2021	全国人大	《中华人民共和国国民经济和社会发展第十四个五年规划和2035年远景目标纲要》
2021	商务部	《"十四五"商务发展规划》
2022	商务部等8部门	《关于促进老字号创新发展的意见》
2022	国家发展改革委等部门	《关于新时代推进品牌建设的指导意见》

---

① 中华人民共和国国民经济和社会发展第十四个五年规划和2035年远景目标纲要［EB/OL］.中国政府网，2021-03-13.

续表

年份	发布主体	名称
2022	商务部、文旅部、文物局	《关于加强老字号与历史文化资源联动促进品牌消费的通知》
2022	中共中央、国务院	《扩大内需战略规划纲要（2022—2035年）》
2023	中共中央、国务院	《质量强国建设纲要》
2023	商务部等5部门	《中华老字号示范创建管理办法》

资料来源：本书整理

二是数字经济的发展为老字号的转型创新提供新的有利条件。中国信通院的数据显示，2017—2022年中国数字经济规模从27.2万亿元上升到50.2万亿元，占GDP的比重从32.90%上升到41.50%。[1] 不少老字号通过"触网"实现了经营破局，84%的老字号会通过网络进行销售，74.10%的老字号建立了电商销售渠道。[2] 老字号在阿里巴巴、京东、抖音、美团等平台上实现了良好发展。如在"新冠疫情"期间，稻香村（苏州）2020年线上销售增加30%，有效弥补了线下销售的不足。[3] 汾酒在"新冠疫情"期间加大电商销售渠道投入力度，推动直播带货，2020年电商收入同比增加160.93%。[4] 在品牌传播上，老字号积极利用各类网络平台创新沟通方式，从种草到联名，从意见领袖营销（一种营销策略，英文名Key Opinion Leader，简称KOL）到短视频、直播营销，不一而足，获得了良好的成效。

---

[1] 中国数字经济发展研究报告（2023年）[EB/OL]. 中国信息通信研究院官网，2023-04-27.
[2] 陈丽芬，果然. 中华老字号发展现状、问题与对策[J]. 时代经贸，2018（19）：30-38.
[3] 李华林，郭静原，孙昌岳. 在"国潮"风口 老字号国货如何从一时之红变长红？[EB/OL]. 中国新闻网，2021-07-29.
[4] 参见汾酒集团2020年财报。

表1.3 中华老字号在主要数字平台发展情况

平台	发展情况
阿里巴巴	2015—2020年，入驻阿里巴巴平台（淘宝、天猫）的中华老字号企业成交额从112亿元增至467亿元，营业额增长317%。2021年共有537家中华老字号商家（旗舰店）入驻，2022年增至575家。2022年，天猫平台7%的中华老字号旗舰店年成交额超1亿元，19家年增长率超100%。2022年天猫"双十一"，泸州老窖、凤凰牌、杏花村、新华书店、东阿阿胶、茅台、大益、回力、光明、云南白药、老庙、张小泉、牛栏山、青岛啤酒、张一元等44家中华老字号成交额破千万元
京东	食品饮料行业超八成的中华老字号品牌已经入驻京东。截至2023年8月，京东销售过亿的老字号品牌有18家，过千万的老字号品牌有60多家
抖音等直播平台	2022年，共有223家中华老字号品牌入驻抖音平台，直播间在线浏览量同比提升16.8倍，销量同比增长1.6倍。据不完全统计，2022年全年，参加各大平台直播的中华老字号总计近350家，直播场次超过5万场，成交额超35亿元，较2019年增长超5倍
美团	2020年96家餐饮老字号中开设外卖和团购的业务比重分别是51%和31.09%
微信小程序	2023年，超六成中华老字号在微信上开设小程序商城

资料来源：根据阿里巴巴、京东、抖音、美团、人民众云等公开资料整理

三是在民族自信和文化自信日益提升背景下，新一代消费者对于本土品牌的接受度不断提高，国潮兴起为自带文化属性的老字号提供了有利的市场支持。数据显示，2020年有61.10%的城市居民表示"只要有可能，我会尽量购买自己国家生产的产品"，较2018年上升7个百分点。[1] 对中国15个城市的5000名消费者所做的一项调查显示，表示会购买本土品牌而非外国品牌的受访者比例从2011年的15%，增长至2020年的85%。[2] 年轻消费者对"新国货"感兴趣的占比达到70%以上。[3] 33.22%的消费者表示现阶段国货品牌产品质量提升非常明显，55.12%的消费者认为提升明显，只有1.64%的消费者认为完全没有变化。文化是国货购买数量提升的重要因素，39.83%的消费

---

[1] 消费者研究. 数字经济消费这一年：这届中国消费者咋想的、咋做的？[EB/OL]. 央视市场研究官网，2021-05-08.
[2] 麦肯锡. 未来十年塑造中国消费增长的五大趋势 [EB/OL]. 麦肯锡官网，2021-12-03.
[3] 极光. 2021年新青年国货消费研究报告 [EB/OL]. 搜狐网，2021-10-28.

者因产品切合本土文化而优先购买国货品牌。超五成消费者对国货品牌未来发展抱有信心。① 以豫园股份旗下的老庙黄金为例，老庙结合好运文化、黄金珠宝行业趋势、消费者需求，2018年推出了第一个有"IP属性"的"古韵金"系列，将原来老庙的品牌文化和国潮元素进行充分链接。古韵金产品上市第一年，销售额达到5亿元，2020年便完成了10亿元销售额。豫园旗下的餐饮老字号松鹤楼选择与苏州博物馆跨界联名，以文徵明《三绝图卷》为灵感推出"中秋对月"月饼礼盒；王致和推出卡通人物形象"王小和"；全聚德推出"萌宝鸭"形象，并在前门店开设"品·味"光影主题餐厅，通过智能化技术营造沉浸式体验氛围；内联升和北京同仁堂分别推出副线品牌"大内联升"和"知嘛健康"。

紧抓机遇，老字号的品牌定位、品牌传播、营销模式、产品创新等方面加快调整，不少老字号实现了良性发展，扭转了长期以来的经营困局。这与一些最新研究的判断有所不同，不少人仍然停留在老字号处于持续衰败的"历史想象"中。商务部流通发展司2017年主持的《老字号发展报告（2015—2016年度）》数据显示，调查的788家老字号企业2016年实现销售收入90299.78亿元，平均增长6%左右；实现利润7658.44亿元，平均增长20%左右。而在商务部认定的全部老字号企业中，发展良好的占比40%，持续稳定经营的占50%，10%面临发展困境，较2004年仅有10%发展效益较好的比例明显改善。② "新冠疫情"暴发对不少老字号的经营产生干扰，但老字号很快实现调整。2020年中华老字号企业中年营收过亿的企业占比达32%，75%的中华老字号企业处于盈利状态，14%的中华老字号企业收支相对平衡。③ 据商务部监测，我国85%以上的中华老字号企业处于盈利状态，即便是近几年受"新冠疫情"影响，仍有70%以上的企业保持盈利。2022年，近

---

① 艾媒咨询.2023—2024年中国新国货消费行为监测与商业趋势研究报告［R/OL］.艾媒网，2023-12-04.
② 葛亮亮，王珂.你好！我是中华老字号……（一线调查·老字号新生态①）［N］.人民日报，2018-06-05（6）.
③ 李华清.进博会观察："老字号"亮相进博会：人文交流、品牌展示与销售招商［EB/OL］.经济观察网，2021-11-08.

35%的老字号企业年销售额超过1亿元，突破1000万元的占七成以上。①2023年前三季度，中华老字号企业营业收入已超过2022年全年水平，发展势头强劲。②

新时代企业经营的逐步改善为老字号的国际化提供了良好的基础，领先的老字号进一步走向海外市场，带动了中华文化的国际传播。如中式糕点老字号品牌日渐成为全球美食文化的重要组成部分，全球消费者正通过中式糕点感受中国的美食文化和人文精神。艾媒咨询数据显示，2023年全球中式糕点市场规模已达744.2亿元，同比增长8.40%，预计2028年其市场规模将达1050.5亿元。2013年实施出海战略以来，稻香村（苏州）积极布局海外市场，出口包括月饼、云片糕、桃酥、鲜花饼、粽子等极具中国特色的中式糕点。2023年稻香村（苏州）月饼出口保持快速增长，国外营收占总营收的2.70%，并首次进入日本、阿联酋、泰国等国家和地区。目前，稻香村（苏州）产品已出口至以美国、加拿大、德国、意大利、澳大利亚等欧美发达国家为主的40多个国家及地区。其中，稻香村（苏州）苏式月饼保持着较快的销售额增长速度，玫瑰鲜花、百果等口味畅销，并且有成为日常消费食品的趋势。2023年稻香村（苏州）中式糕点全球销量第一，市场份额占比7.20%，在出海的中式糕点品牌中居于首位。未来，稻香村（苏州）将持续加大欧美市场的扩展力度，同时开拓东南亚、南美洲、非洲等市场。广州酒家旗下的利口福公司先后在美国、加拿大、欧洲、南非、澳大利亚、日本、韩国及东南亚等国家和地区建立经销网，现正逐步推行特许连锁经营模式，不断增加销售网点，扩大市场占有率及品牌影响力。广式月饼、粽子等产品畅销海内外。近几年，杏花楼、新雅、沈大成等上海老字号企业也将月饼产品出口到美国、加拿大、澳大利亚、日本等地。③

通过以上梳理可以发现，老字号大多经历了手工业小作坊—家族式企

---

① 赵文涵.铸"金字招牌"创"百年老店"：2023开年老字号企业新观察［EB/OL］.新华网，2023-02-04.
② 王萌萌."有进有出"激发干劲 老字号向"新"而行［EB/OL］.新华网，2023-11-23.
③ 艾媒咨询.2023年全球中式糕点行业消费洞察研究报告［R/OL］.艾媒网，2024-01-22.

业—公私合营企业—国有企业—"国企+民企"多元组合的发展阶段，实现了从手工作坊到现代化企业的转变。老字号的发展实现了从国内到国际的市场拓展，其国际化具有上百年的历史，国际传播的规模不断扩大，传播手法也越发多样。从晚清民国时期参加国际展览会到新中国成立后通过国家统一管理的外贸活动走出国门，再到改革开放后品牌国际化加速发展，国际传播的手段日益丰富，商业广告、文化活动、公关赞助等成为老字号向世界展现品牌魅力的常规手段。如豫园集团在法国开展的灯会活动吸引了众多国际消费者的关注。法国豫园灯会于2023年12月15日至2024年2月25日在巴黎风情园亮灯，此次灯会以中国上古文化典籍《山海经》为蓝本进行创作设计，将传统非遗灯彩技艺与新光影科技结合，并辅以350场精彩演艺，为海外观灯者带来一场犹如置身于中国上古神话世界中的奇妙观灯体验。此次法国豫园灯会共吸引了法国当地观灯者近20万人次，约等于巴黎人口的十分之一。超200家海外媒体发表了近千条法国豫园灯会的报道，让这场盛会成了法国当地的"网红"活动。每逢周末或节假日夜晚，法国当地观灯者往往要排起长数百米的队伍等待入园观赏中国花灯。法国豫园灯会更是带动了南翔馒头店、上海表、海鸥表、童涵春堂、沱牌舍得等一众中华老字号品牌和优质国货品牌一同出海展示，让海外消费者近距离体验到中国品牌、中国制造的独特魅力。[①]

百年来，老字号其实一直在探索向世界传递国家形象和中华文化的路径。当下，中华老字号的国际化取得了一定的成绩，茅台、青岛啤酒、全聚德、同仁堂等老字号在国际上拥有了一定的品牌影响力。老字号的产生和发展是古代中国商业文明和传统文化的表现，老字号企业和品牌的现代化的转型历程也是整个中国现代化转型过程的一个侧面，老字号走向全球市场则是构建"全球中国"形象的动力之一。

---

① 以文化助力消费增长，豫园股份成为"东方生活美学实践基地"[EB/OL]."豫园股份"微信公众号，2024-03-09.

(二) 中华老字号的发展现状：涌现出一批实力强劲的代表性品牌

1. 老字号主要分布在经济发达的地区，行业分布以食品餐饮、酒类、中医药为主

老字号企业在全国的空间分布总体上呈现东多西少、南密北疏、西部内陆少于东部沿海的特征。在地区分布上，上海拥有最多的老字号，北京和浙江次之。可见，老字号的分布与经济发展程度密切相关。其中酒类、医药类、餐饮服务类老字号企业分布呈现"地区集聚化，行业集群化"格局。[①]

表1.4　1455家中华老字号品牌地区分布

地区	数量（个）	地区	数量（个）
上海	197	江西	34
北京	137	陕西	33
浙江	124	湖南	31
江苏	113	重庆	31
山东	91	云南	31
广东	73	吉林	28
天津	72	广西	19
四川	57	贵州	17
安徽	50	内蒙古	15
福建	48	甘肃	15
辽宁	47	新疆	4
山西	37	宁夏	3
河北	36	海南	2
河南	36	西藏	2
黑龙江	35	青海	2
湖北	35	合计	1455

资料来源：本书整理

[①] 马斌斌，陈兴鹏，陈芳婷，等. 中华老字号企业空间分异及影响因素研究［J］. 地理研究，2020，39（10）：2313-2329.

从行业分布来看，老字号行业分布的类型结构较为稳定，所占比例排在前四类的依次为食品加工类、餐饮服务类、酒类、加工制造类。从更加具体的分类来看，老字号的分布可以分为两个梯队。第一梯队由酒厂、饭店和药店构成，拥有较多的百年经典品牌，如酒类有茅台、青岛啤酒、古越龙山黄酒等；饭店包括饭庄、酒楼、菜馆等，如广州酒家、全聚德、松鹤楼等；药店相关有同仁堂、云南白药、片仔癀等。第二梯队的品牌虽不及饭、酒、药的消费频次高，但都具有鲜明的中国特色，茶叶、宣纸、印泥、酱菜等是中国传统消费文化的传承载体，如六必居酱菜、吴裕泰茶业、漳州八宝印泥、安徽宣纸等，更有一些曾是皇家贡品，例如，宣纸早在唐朝时期就被认定为贡品，六必居酱菜在明朝嘉靖年间被列为贡品，漳州八宝印泥是清朝时期的贡品。①

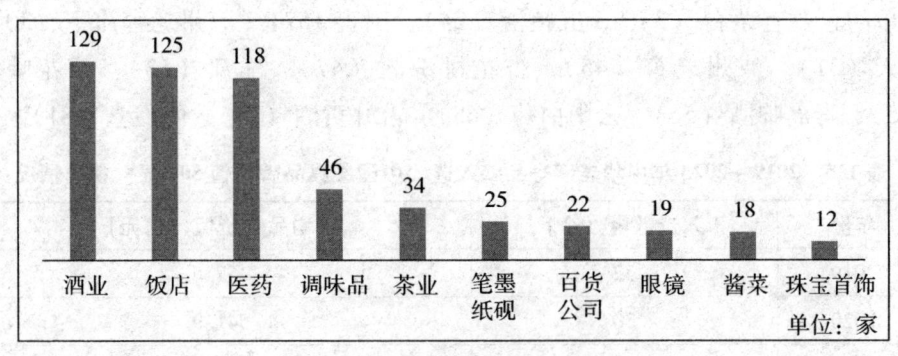

品类	数量（家）
酒业	129
饭店	125
医药	118
调味品	46
茶业	34
笔墨纸砚	25
百货公司	22
眼镜	19
酱菜	18
珠宝首饰	12

图1.1　中华老字号的具体品类分布

资料来源：企查查

2. 从品牌发展上看，少数老字号品牌发展壮大，茅台、广药和豫园等成为典型代表

从品牌发展上看，经历市场的淘洗之后，诞生了一批规模大、品牌实力较强的品牌，其中不乏上市公司。企查查发布的数据显示，1128家老字号企业归属1114家企业（存在一个企业多个品牌的情况），共产生了上市公司60家，其中上海证券交易所44家，深圳证券交易所16家。上海市拥有12家上

---

① 企查查. 中国老字号数据回顾：美食占比六成，已孕育60家上市公司[EB/OL]. 界面新闻网，2020-10-09.

市老字号公司，位居第一。在上市公司的分布中，医药制造（17个）、酒行业（16个）和商业百货（13个）位居行业分布前列。① 从品牌价值角度也能看到老字号品牌的成长。通过对55家老字号上市公司入选世界品牌实验室公布的"中国最具品牌价值500强"榜单的统计发现，2007—2018年，入选的老字号品牌数量在25~30波动，入选老字号的平均品牌价值从64.765亿元增加到471.053亿元。② 在笔者统计的2019—2023年世界品牌实验室的"中国最具品牌价值500强"榜单中发现，老字号（无论是否上市）的入选数量从32个增加到46个，入选老字号的平均品牌价值从457.5亿元增加到658.1亿元。酒类、中医药老字号在品牌价值的创造中名列前茅，入选2023年世界品牌实验室"中国最具品牌价值500强"榜单的前十位老字号企业全部为酒类品牌。入选2023年品牌价值评估指标（BrandZ）"中国最具品牌价值100强"榜单的企业有茅台（3）③、五粮液（24）、国窖1573（泸州老窖旗下，30）、海天（31）、泸州老窖（45）、杏花村汾酒（47）、洋河（53）、雪花啤酒（55）、青岛啤酒（58）、云南白药（68）、古井贡酒（71）、同仁堂（81）。

表1.5　2019—2023年中华老字号品牌入选"中国最具品牌价值500强"榜单情况

年份	入选数量（个）	平均品牌价值（亿元）
2019	32	457.5
2020	30	541.9
2021	36	536.9
2022	42	626.7
2023	46	658.1

资料来源：本书根据世界品牌实验室数据整理

部分老字号公司不断壮大，形成集团化发展的态势。1128家中华老字号

---

① 企查查.中国老字号数据回顾：美食占比六成，已孕育60家上市公司［EB/OL］.界面新闻网，2020-10-09.
② 王肇，王成荣.老字号企业研发创新与品牌成长关系研究［J］.管理评论，2020，32（12）：156-167.
③ 茅台（3）中的3是排名榜单第三位的意思，其他类同。

归属561家集团，其中有10个集团拥有超10家中华老字号①，如上海豫园股份旗下拥有22个老字号（含控股），数量居全国老字号集团之冠。2023年前三季度，豫园股份实现营业收入395.5亿元，同比增长15.57%，实现了良好的增长。广药集团旗下拥有12个老字号，旗下上市公司广药白云山2021年实现营业收入690.14亿元，同比增长11.90%，成为全球首家以中医药为主业进入世界500强的企业，成为中医药老字号发展的龙头品牌。

表1.6 若干老字号集团统计清单

集团名称	旗下老字号
上海豫园股份集团	共计22个：大富贵、松鹤楼、童涵春堂、王大隆、湖心亭茶楼、上海老饭店、德兴、南翔馒头店、老同盛、永青假发、华宝楼、丽云阁、老庙黄金、亚一金店、宝大祥（绸布）、金徽酒、舍得沱牌、海鸥表、上海表、全泰、老城隍庙五香豆、绿波廊
天津津联控股集团	共计16个：春蕊牌茶叶、山海关汽水、起士林西点、盛锡福、玉川居酱菜、春合体育、大明眼镜、桂顺斋糕点、蜂皇家居、抵羊牌、红玫瑰牌、白玫瑰、迎宾肉、津酒、飞鸽自行车、天女牌油墨
北京聚德华天集团②	共计14个：柳泉居、烤肉宛、砂锅居、烤肉季、鸿宾楼、曲园酒楼、玉华台、西来顺、新路春、大地西餐厅、又一顺、峨眉酒家、老西安饭庄、护国寺小吃店
北京首农集团	共计13个：六必居、王致和、桂馨斋、月盛斋、龙门、天源酱园、通三益、大观楼、金狮、京糖烟酒、京华茶叶、34号、白玉豆制品
广州医药集团	共计12个：星群药业、陈李济、白云山中一药业、健民、敬修堂、采芝林、王老吉、奇星药业、潘高寿、明兴、禾穗牌、何济公
上海杏花楼集团	共计12个：杏花楼、老正兴菜馆、沈大成餐饮、德兴面馆、洪长兴餐饮、德大西餐、老半斋酒楼、鲜得来、小绍兴、功德林素食、新雅粤菜馆、燕云楼

---

① 21数据新闻实验室.大数据解读1128家中华老字号：最"老"2279岁，六成和吃相关，最值钱是它！[EB/OL]. 21世纪财经网，2020-12-06.
② 聚德华天集团的实控人是全聚德集团，全聚德集团由首旅集团控股，首旅集团拥有的中华老字号有全聚德、丰泽园饭庄、仿膳饭庄、远东饭店、东来顺、西单商场、北京饭店、王府井百货。

19

续表

集团名称	旗下老字号
北京崇远投资集团	共计11个：便宜坊、都一处、壹条龙、天兴居、盛锡福、大北照相馆、启元茶庄、锦芳小吃店、力力豆花庄、浦五房、全素斋
上海华谊集团	共计11个：飞机牌染料、牡丹牌油墨、光明漆、飞虎漆、白象电池、回力鞋、双钱轮胎、白石牌氧化锌、一品涂料、眼睛牌漆、狮头染料
西安饮食集团	共计10个：聚丰园饭店、老孙家、东亚饭店、西安烤鸭店、同盛祥、春发生、桃李村饭店、西安饭庄、德发长、白云章清蒸饺子馆
上海新世界集团	共计10个：新世界、曹素功、虎牌、老介福、同德堂、稻香村、真字牌、群力、宝大祥（服装）、培罗蒙

资料来源：本书根据21世纪财经网、互联网公开资料整理

二、作为文化的品牌：中华老字号品牌对中华文化的承载

文化是品牌的基本维度和构成要素，没有文化的品牌是没有灵魂的。中华老字号的创立和发展具有极强的文化导向，丰厚的文化积淀是老字号区别于其他品牌的重要特点和优势。中华老字号对中华文化的承载与传播主要表现为两种方式。第一种是中华老字号本身承载着丰富的中国传统文化，中华老字号的国际传播本身就意味着中华文化的国际传播；第二种是老字号品牌在国际传播的过程中调用、融入中华文化元素开展国际传播，这也是中华文化的国际传播。

（一）作为中华文化的中华老字号品牌

1. 品牌的文化之维：文化是品牌的灵魂与精髓

品牌起源于经济（商业）领域，其经济维度的研究也最为丰富，品牌价值、品牌资产等概念风靡全球、深入人心。但品牌也具有社会和文化面向，品牌与文化之间的关系不少学者探讨过，共识性的结论是文化是品牌的一部分，或者品牌本身就是一种文化。让-诺埃尔·卡普费雷尔（Jean-Noel Kapferer）提出品牌识别的六棱柱模型，将品牌文化作为一种重要的识别要素单独提出。他认为品牌是一种文化和意识形态，这是品牌识别最重要的方面。

主导品牌不仅受文化驱动,还传递自己的文化。① 菲利普·科特勒(Philip Kotler)认为品牌是一个复杂的符号,包括属性、利益、价值、文化、个性和用户六个层次的含义。② 大卫·阿克(David Aaker)则认为文化代表着品牌的精髓。哈利·戴维森(Harley-Davidson)1989 年在美国营销社会年会发表品牌冰山理论③,认为品牌看得见的部分是官方标志(LOGO)、品牌名称和营销传播,而看不见的部分则包括核心竞争力、定位战略、个性化战略以及文化。④ 余明阳认为品牌的一半是文化,品牌是文化的载体,文化是品牌的灵魂。⑤ 实际上,塑造具有强大感召力的品牌文化和品牌精神价值在当下品牌实践中已经成为经营者的最高追求,也是世界一流品牌的必备核心竞争力要素。

在实证研究层面,品牌文化的构成与形成逻辑可用品牌文化金字塔模型概括。该模型认为品牌文化有四个重要维度,即企业文化、产品和服务、品牌声誉和品牌归属。品牌文化以企业文化为基础,以产品和服务为载体,通过理念、个性、声誉等品牌精神的塑造,最终升华为品牌归属感。在这一过程中,品牌文化的形成受到企业营销手段、社会潮流和消费者理念的共同影响。⑥

2. 中华老字号的创立具有极强的文化导向,文化对老字号具有重要价值

关于中华老字号的文化导向与文化属性,卢泰宏的分析⑦比较有代表性,他指出,中华老字号与欧美早期的品牌各自独立生成发展的两条线,具有不

---

① 卡普费雷尔. 战略品牌管理 [M]. 何佳讯, 等译. 第 5 版. 北京: 中国人民大学出版社, 2020: 161-163.
② 科特勒. 市场营销管理 [M]. 郭国庆, 成栋, 王晓东, 等译. 北京: 中国人民大学出版社, 1997: 78.
③ DAVIDSON H, KEEGAN W. Offensive Marketing: An Action Guide to Gaining Competitive Advantage [M]. Amsterdam: Elsevier, 2003: 243.
④ CHERNATONY L. From Brand Vision to Brand Evaluation [M]. London: Routledge, 2010: 15.
⑤ 余明阳, 戴世富. 品牌文化 [M]. 武汉: 武汉大学出版社, 2008: 1.
⑥ 张红霞, 马桦, 李佳嘉. 有关品牌文化内涵及影响因素的探索性研究 [J]. 南开管理评论, 2009, 12 (4): 11-18.
⑦ 卢泰宏. 品牌思想简史 [M]. 北京: 机械工业出版社, 2020: 47-50; 林一民, 卢泰宏. 商业传播中的儒家传统与现代规范: 中国 "老字号" 与西方品牌的文化比较 [J]. 南昌大学学报 (社会科学版), 1999 (3): 50-57.

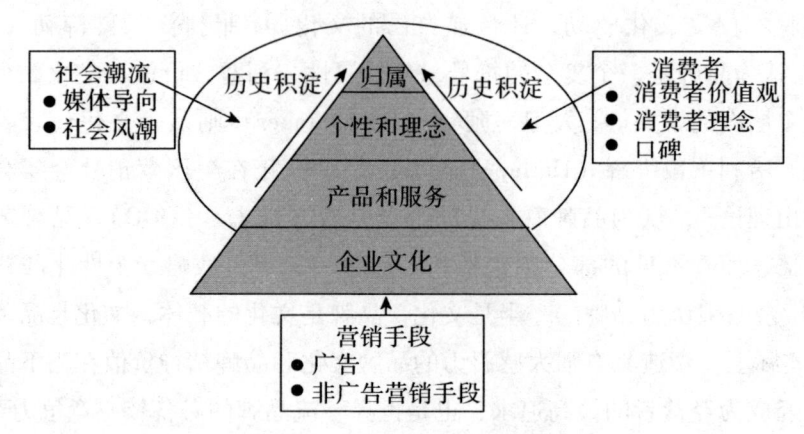

图 1.2　品牌文化金字塔模型

同的品牌基因，其背后是不同的文化。中华老字号儒家文化色彩浓厚，封闭性突出。西方品牌凸显出竞争文化和开放心态。中华老字号创立的文化导向主要表现为三方面。一是，中华老字号具有鲜明的以儒家文化为主的导向。儒家倡导的仁、义、礼、智、信在老字号的名称使用中常见。如同仁堂、义利、谦信益等。道家思想在老字号的命名中也有所体现，《道德经》中的"德""谦"是老字号常用的字，如全聚德、正兴德等。再如，老字号震元堂中的"震元"二字出自《周易》，"震"为八卦中的震卦，五行属木，主利经营山林商品，"元"出自《周易》卦辞、爻辞之"元亨利贞"，含义为善、为仁。二是，追求大众文化认同的同时又特别迎合吉祥意头的社会文化心理。老字号命名中用得最多的是寓意吉祥的字，如庆、丰、泰、祥、兴、发、安、利、顺、昌、荣、裕、福等。如庆余堂（积善余庆），长春堂（长寿），内联升（步步高升），宝大祥（吉祥）等。三是，老字号的表现形式中注重对中华传统文化的书法、对联以及装帧设计的运用。如同仁堂的"炮制虽繁必不敢省人工，品味虽贵必不敢减物力"，瑞蚨祥的"瑞蚨交近友，祥气招远财"等。

文化对老字号品牌具有独特价值，是其区别于其他非老字号品牌的独特优势。针对51家老字号上市公司的实证研究表明，文化是老字号的立身之本，在老字号的发展过程中起独特作用。老字号品牌文化包括地域独特性、广域接受性、长期稳定性和发展创新性等维度，且均与企业价值和成长性呈现出显著的正相关关系，老字号品牌文化属性可增加股权价值解释力的11.8%和企业成长性解释力的22.6%。① 从消费者品牌联想角度分析，在诚信可靠、品质保证、历史文化和情感联结方面老字号相比现代品牌具有明显优势。② 老字号是在长期的发展过程中存活下来的，有浓厚的文化积淀，具有厚重的历史文化价值，是古老中华商业文明传承载体，其建筑遗存与文物、经营理念等是历史的活化石。从品牌价值的经济价值、社会价值和文化价值三个维度而言，老字号品牌的社会文化价值远高于一般品牌，这是一般品牌所不具备的。③ 当下老字号发展的核心问题之一在于如何实现独特品牌文化资源的创造性转化，并通过有效的产品服务和营销传播等让消费者感知并接受。

（二）中华老字号对中华文化的承载方式和传播路径

中华老字号对中华文化的承载方式与传播路径主要可以分为两种思路。一是，老字号品牌本身的品牌文化中所蕴含的中华文化，在这个意义上，老字号的品牌国际传播很大程度上就是中华文化的国际传播。那么，老字号的品牌文化包括哪些方面呢？孔清溪基于访谈将老字号的品牌文化构成要素分为六种（如表1.7所示）。④

表1.7 老字号品牌文化构成要素主范畴解释

主范畴	对应的初始范畴	解释
产品/服务特质（物质文化）	产品/服务特色、生产工艺、技师/传人、VI系统	产品/服务特质是老字号品牌文化的载体，是老字号品牌文化在物质层面的体现
品牌经营行为（行为文化）	运营模式、经营范围、地缘优势、营销推广、服务建设、创新行为、品牌国际化	老字号品牌经营行为是老字号品牌在日常经营过程中的具体做法，是老字号品牌文化在行为层面的体现

---

① 姬志恒，王兴元. 老字号品牌文化属性与企业价值关联性研究：以我国51家老字号上市公司为样本［J］. 山东社会科学，2014（8）：137-141.
② 朱丽叶. 老字号独特性品牌资产的来源和构成［J］. 经济经纬，2008（1）：117-120.
③ 王成荣，王玉军. 老字号品牌价值评价模型［J］. 管理评论，2014，26（6）：98-106.
④ 孔清溪. 自信与彷徨：老字号品牌文化传承研究［M］. 北京：中国市场出版社，2020：81-82.

续表

主范畴	对应的初始范畴	解释
品牌精神与理念（精神文化）	企业文化、经营理念、管理理念	老字号品牌倡导的一切精神与理念，是老字号经营智慧、管理智慧与商业智慧的集中体现，也是老字号品牌文化在精神层面的体现
品牌历史积淀（历史内涵）	创始基因、历史变革、历史记忆	品牌的历史积淀是老字号独具的品牌文化特质，是贯穿品牌发展历程的一切文化现象的积淀
社会影响力（文化共鸣）	社会认可、民族代表、地域亚文化代表、产业亚文化代表	老字号在经历了历史的洗礼和考验后，在社会上形成影响力，广受认可，并扩展为一种文化现象的代表
消费者认同（文化共鸣）	消费者构成，形成消费文化潮流	老字号与消费者之间的关系，既有消费者的构成，也有消费文化的形成，消费者的共鸣是老字号品牌文化认同与强化的重要组成部分

资料来源：本书整理

上面的分类与王成荣的研究大致类似，他认为中华老字号的品牌文化可以大致划分为五个层面[①]，笔者将经营与管理合并为一类，这四个层面也是承载和体现中华文化的主要方式。第一个层面是标识文化。这一层是老字号文化特点最鲜明的表现。老字号的标识与非老字号品牌相比具有明显的差异性，主要体现在字号命名、招幌、楹联和匾额上，往往融合了传承至今的中国儒家文化、道家文化、书法文化等，具有鲜明的中华文化特色。早在20世纪20年代，中国的招幌就引起英国学者的浓厚兴趣。[②] 第二个层面是产品文化。老字号的产品文化是指凝结在老字号产品之上的文化，既有物质产品文化，也有属于精神文化层面的精神产品、服务产品文化，还有凝结在物质产品之上的精神文化（如产品的包装、设计等）。在消费者心中，知名产品一定程度上代表了老字号的品牌声誉和形象。如茅台酒、青岛啤酒、荣宝斋字画、全聚

---

① 王成荣. 老字号品牌文化［M］. 北京：高等教育出版社，2018：39-49.
② 鹤路易. 中国招幌：西方学者解读中国商业文化［M］. 王仁芳，译. 上海：上海科学技术文献出版社，2009.

德烤鸭在国外享有较高的知名度。第三个层面是经营管理文化，本质上是老字号经营管理的方法论和遵循的价值观念和行为方式，是指导老字号经营行为的基础，代表了中国源远流长的商业文明。如便宜坊的"便利宜人，物超所值"，东来顺的"质量为本，服务大众"，张一元的"一元复始，万象更新"等，其中不少与国际品牌的经营理念有共通之处。第四个层面是技艺文化，是老字号凝结在老字号传统工艺之上的文化，其中相当比例是非物质文化遗产技艺。中华老字号是国家非物质文化遗产的重要来源，中华老字号共有127项被列入国家级非物质文化遗产名录。如"陈李济传统中药文化"是国家级非物质文化遗产，以生产蜡壳药丸闻名于世，可存放百余年不变，制作之精良吸引联合国教科文组织（United Nations Educational, Scientific and Cultural Organization, UNESCO）委托人到厂拍摄这一技艺。再如，北京景泰蓝的珐琅制作工艺具有很高的艺术价值，多次作为国礼赠送给外国政要，出口到中东、东南亚、欧美等区域几十个国家。① 以上四种类型的老字号品牌文化会伴随着老字号走出去而实现中华文化国际传播。

以同仁堂为例，中医药文化是中国传统文化的重要组成部分，是中国国粹之一。在中国内地以外，为使当地消费者接受中医药文化，同仁堂每家门店既是经济实体，也是中医药文化的传播中心。根据自身条件，药店或设专门的中医药博物馆、展览室，或设置中医药文化角或文化墙，工作人员向当地居民传授太极拳、八段锦，开办中医药文化讲座，设立养生中心，举办健康义诊，用一系列有声有色的方法提升消费者兴趣，传播中国元素。在同仁堂，海外消费者不仅能亲身感受中医药的疗效和品牌服务，还会对中国传统养生方法产生浓厚兴趣，并深入了解中医药文化。

二是，老字号可以借用与自身固有品牌文化无关的其他中国（文化）元

---

① 陈发明，宋美倩，刘亮. 景泰蓝：古风新韵浴火而成 [N]. 经济日报，2020-06-28 (6).

素①开展国际传播,这也是国内外企业营销常用的一种做法,属于文化营销范畴。既有实证研究表明在国际传播中恰当利用中国元素有利于中国品牌在国际市场中建立差异性的定位并提升品牌形象。② 全聚德的温哥华店在餐厅设计上融入了藏书阁、天坛、故宫、印刷术、中国画等中国元素,沉浸式的就餐环境让外国消费者更加深刻地感受中华文化。茅台海外社交媒体账号上就经常使用中国元素,如在2020年春分当天,茅台结合中国山村春景图推出春季系列帖文受到海外粉丝的广泛欢迎,2022年的春分则将茅台拟人化为一个正在放风筝的人,背景则是中国的山水漫画;茅台还会在特定节日统一更换官网主页封面(Cover Photo),如在2018年春节之际更换Facebook主页封面,画面把茅台经典酒的形象作为灯笼悬挂在两侧,配以中国古典建筑物素材加美丽祥云图腾图案,再配上"Happy Spring Festival,新春快乐"的字样,让全世界与茅台共同庆祝吉祥融合的中国春节的到来。

三、大变局下中华老字号国际传播的现状、挑战及问题

面对百年变局,老字号的国际传播机遇与挑战并存。老字号的国际传播虽然取得了一定的成绩,但总体上还存在许多不足,主要表现为品牌国际化程度低,国际传播的动力、意识和能力不足,缺乏国际传播的总体规划和体系建设,对数字传播的方法和模式不熟悉。另外,老字号受海外主流媒体关注度较低,缺乏存在感。政府在政策规划上也更为强调当下的转型发展,对国际传播关注有限。

---

① 何佳讯. 中国品牌全球化:融合"中国元素"的品牌战略:"李宁"案例研究 [J]. 华东师范大学学报(哲学社会科学版),2013,45(4):124-129,155-156;傅慧芬,孟繁怡,赖元薇. 中国品牌实施外国消费者文化定位战略的成功机理研究 [J]. 国际商务(对外经济贸易大学学报),2015(4):110-122;HEINE K, PHAN M. A Case Study of Shanghai Tang: How to Build a Chinese Luxury Brand [J]. Asia Marketing Journal, 2013(15):1-22.

② 中国元素是"来源于中华文化传统,或在中国现代社会发展中产生的与中华文化紧密联系的符号、精神内涵或实物,它们为大多数中国人认同,消费者能够借之联想到中华文化而非其他国家文化",参见何佳讯,吴漪,谢润琦. 中国元素是否有效:全球品牌全球本土化战略的消费者态度研究:基于刻板印象一致性视角 [J]. 华东师范大学学报(哲学社会科学版),2014,46(5):131-145,182.

第一章　文化强国视域下中华老字号对中华文化的承载与国际传播研究

（一）百年变局对老字号的品牌全球化和国际传播形成全新挑战

近年来，越来越多的老字号开始加大出海投入力度，但是国际环境却迎来大变局。当今世界正经历百年未有之大变局，以"变化"为核心的高度的不确定性构成了这个时代品牌生存发展的大环境。① "乌卡"时代②老字号的国际化和国际传播面临三大挑战。

首先，中美博弈的持续和地方保护主义、民粹主义的抬头，俄乌冲突、巴以冲突等地缘政治动荡加剧，加之迎来全球超级大选年，带来很多不确定性。国际货币基金组织（International Monetary Fund，IMF）报告显示，2023年全球实施了约3000项贸易限制措施，远高于2019年的1100项。世界贸易组织（World Trade Organization，WTO）预测今年全球货物贸易量增速在3.3%，远低于往年历史平均值4.9%。③ 这意味着老字号过往面临的更加有利的、可预期的、相对稳定的国际市场环境发生了变化，为老字号出海增加了更多的不确定性。老字号需要以新的眼光审视全球政治经济格局的结构性变化，并在这种结构性变化中重塑品牌的全球化战略与策略。如在中美博弈和"新冠疫情"中，由于长期以来的舆论污名化，调查显示2022年海外民众对中国品牌的信任度指数呈现下降趋势，与对美国品牌的信任度指数相差22个百分点（53%VS31%）④，这会对老字号产品和品牌的国际市场推广和产品销售产生不利影响。其次，"新冠疫情"之后的"伤疤效应"并未完全消失，全球经济复苏仍存挑战。2024年1月的《世界经济展望》显示，2024年全球增速预计为3.1%，2025年为3.2%，低于3.8%的历史平均水平（2000—2019）。中央银行为抗击通货膨胀而加息、高债务环境下财政支持的退出以及潜在生产率增长缓慢等因素都对经济活动造成拖累。⑤ 全球经济复苏的脆弱性

---

① 学而时习. 百年未有之大变局，总书记这些重要论述振聋发聩［EB/OL］. 求是网，2021-08-27.
② 乌卡即VUCA，是Volatility（易变性）、Uncertainty（不确定性）、Complexity（复杂性）、Ambiguity（模糊性）的缩写。
③ 秦云. 商务部部长王文涛：将从四方面培育外贸发展新动能［EB/OL］. 人民政协网，2024-03-06.
④ 清华大学国家形象传播研究中心，爱德曼公关. 爱德曼信任度调查2022年度中国报告［R/OL］. 爱德曼中国官网，2022-04-01.
⑤ 国际货币基金组织. 世界经济展望［EB/OL］. 国际货币基金组织网站，2024-01-10.

对老字号的国际化同样意味着风险。最后，新一轮科技革命带来创造性破坏的产业变革与跨界竞争。人工智能（AI）、大数据（Big Data）、云计算（Cloud Computing）和5G移动通信等基础技术的快速发展，为品牌自身的转型创新和国际化提供了新的机遇和可能性，但是也带来了数字化和智能化转型的新压力。在全球品牌的新一轮竞争中，科技品牌引领潮流，新技术为新兴品牌崛起提供了条件，带来了更为广泛的跨界竞争。而中华老字号品牌一般相对传统和保守，技术创新能力薄弱，不熟悉先进传播技术、传播手段和营销模式的运用。如何尽快融入新一轮科技革命促进自身发展，并用数字化、智能化的方式走向全球市场需要老字号深入思考。

无论挑战如何巨大，长远来看，老字号品牌的发展必然走向全球，这是中国品牌在"双循环"新发展格局中实现高质量发展的必然要求。回顾欧美品牌发展史，伟大的品牌必定是全球化的品牌。

（二）国际化水平不高，缺乏国际传播的动力和意识，国际市场营销思路存误区

评估企业国际化程度的重要指标是国际销售数据，包括销售规模和销售占比[1]，对老字号上市公司国际销售数据进行评估可以大致摸清其国际化情况。通过对2022年公布海外销售情况的主要上市老字号公司的财报整理发现，在老字号中发展较好的上市公司国际化经营整体上较弱。在整理的23家老字号上市公司中，国际销售额的平均值是14.18亿元，国际销售占比的平均值是8.55%。与此同时，2022年中国500强中254家海外经营数据齐全的企业海外收入平均占比达14.45%。[2] 可见，强势老字号品牌的国际化与中国500强企业平均水平相比存在不小差距，国际化处于起步期（海外业务营收占比0~10%，下同），尚未达到开拓期（10%~20%），尚未达到腾飞期（20%~50%）和全球化阶段（50%以上）。[3] 调查表明，中华老字号企业主要

---

[1] 杨忠，张骁. 企业国际化程度与绩效关系研究 [J]. 经济研究，2009，44（2）：34-35.
[2] 《国资报告》独家解读2022中国企业500强：改革三年行动促进国企效率效益明显改善 [EB/OL]. 腾讯网，2022-09-10.
[3] 埃森哲. 走向全球、行稳致远：埃森哲2022中国企业国际化调研 [EB/OL]. 埃森哲官网，2022-06-27.

耕耘于本地市场，78.10%的企业主要市场在本省区市，55.50%的企业主要市场在中国地区。有少部分企业积极开拓境外市场，主要市场在港澳台地区、美国、欧洲、日本、韩国的企业比例分别为13.70%、8.30%、7%、7.20%和5.20%。① 在毕马威、Facebook联合发布的"2019年中国出海品牌50强"及谷歌、凯度传媒和BrandZ联合发布的"2023中国全球化品牌50强"中均无老字号品牌入选。国际化程度较低直接导致老字号品牌群体在海外的基本的品牌知名度低，在中国外文局（China International Communications Group, CICG）和凯度传媒的联合跨国调查中，被访者在回答"请问您认识下列哪些中国品牌"的调查问题时，只有茅台、青岛啤酒和同仁堂三家老字号入选。②

表1.8 2022年部分上市老字号公司国际销售占比及销售额

品牌名称	国际销售占比（%）	国际销售额（亿元）
茅台	3.42	42.40
五粮液	1.20	8.90
云南白药	1.15	4.20
泸州老窖	0.61	1.53
东阿阿胶	0.52	0.21
豫园集团	3.35	16.80
张裕	15.26	5.90
广药白云山	0.04	0.28
片仔癀	4.61	4.00
北京同仁堂	7.34	11.20
上海家化	25.84	18.30
老凤祥	0.63	3.90
南京新百	48.05	30.90
广州酒家	1.17	0.50

---

① 陈丽芬，果然. 中华老字号发展现状、问题与对策 [J]. 时代经贸，2018（19）：30-38.
② 中国外文局当代中国与世界研究院，凯度传媒. 中国国家形象调查报告2019 [R/OL]. 中国外文局网站，2020-09-16.

续表

品牌名称	国际销售占比（%）	国际销售额（亿元）
光明食品	28.70	69.10
衡水老白干	0.32	0.15
青岛啤酒	2.24	7.21
古越龙山	2.59	0.42
天佑德酒	1.48	0.15
古井贡酒	0.13	0.22
会稽山	0.65	0.08
佛慈制药	7.60	0.77
梅林正广和	39.66	99.11
平均值	8.55	14.18

资料来源：本书整理

造成这种局面的原因主要包括以下方面。首先，如前文所述，除了茅台、广药白云山等少部分老字号企业，大部分老字号企业还处在经营的好转过程之中，或者尚处在以开拓国内市场为主的阶段。这意味着老字号在国际化上缺乏条件和意愿。其次，国际化不是一蹴而就的，而是要经过一个较长时间的准备和经营。中国具有较大的国内市场，无论是语言还是文化上均较为统一，所造就的强大的消费力是中国品牌成长的基础。近年来，中国消费市场的规模已经与美国不相上下。大国市场背景下，老字号具有更强的国内发展倾向，基本的市场策略多为深耕本国区域或全国市场，海外市场并非战略重点。少数老字号开辟国际市场，但时间较短，还需要更多的时间才能够彰显成效。最后，老字号所在的行业大多为传统的与日常生活联系较强的行业，并且只在中国流传久远。不像海尔、华为、抖音等科技、互联网品牌的产品具有较强的全球普适性。换言之，大多数老字号是一种高语境文化品牌，在海外市场总是面临着相较一般品牌如电子消费类品牌更大的文化差异，这对老字号的国际市场开拓产生了无形的阻碍。

除了国际化程度较低之外，目前老字号在已经开展的国际市场营销实践思路中还至少存在三个值得商榷之处。

第一，重产品销售，轻品牌传播。不少老字号企业在开拓国际市场时重视产品本身销售，而不重视品牌传播。这一问题突出表现为产品出口量较大，但是海外传播声量小。老字号重视销售渠道如当地经销商的开拓，但缺乏品牌建设意识。如中国中茶是中国最大的茶叶公司，拥有若干老字号商标，旗下中茶厦门公司海外业务占比12%，中茶福建公司产品出口至海外60多个国家。① 但海外传播却很有限，主要的国际媒体平台中，只在Facebook上拥有一个尚未认证的中茶海外公司账号，由港澳经销商运营，发布产品信息，发布的帖子基本上无赞、评、转，无受众互动。拥有一个海外公司官网，提供繁体中文、简体中文和英文三种语言，网站只有简单的介绍，信息内容少，更新缓慢。中茶公司并非个例，许多老字号仅仅满足于将产品出口于海外，无论是面向商业端（B端）还是消费者端（C端），均缺乏品牌建设的意识和作为。中茶与世界一流茶叶品牌立顿存在巨大的差距，虽然中国拥有源远流长和世界闻名的茶文化，但是国际茶品牌的塑造一直缺乏如立顿一样的代表性品牌，造成这种现状的原因不仅有历史层面的，更有品牌传播上的不足。

第二，重事件传播，轻媒体广告。老字号海外传播往往重视各类重大国际性活动，包括体育赛事、博览会、重要的国际政治会议等。尤其随着中国国际地位的提升，中国承办的国际性活动也越来越多，老字号也开始更加重视参加在国内举办的国际性活动。但针对海外受众的媒体广告还较少，媒体广告这一沟通工具没有得到充分开发。如五粮液近年来加大国际化力度，在新加坡、韩国开设旗舰店，出现在许多国际重要场合，如阿斯塔纳世博会、达沃斯文化晚宴、金砖国家领导人厦门会议、亚太经济合作组织（Asia-Pacific Economic Cooperation，APEC）工商领导人中国论坛等。② 但是鲜见五粮液在海外刊播的媒体广告。

第三，重华裔居民，轻海外受众。由于客观上文化距离和文化折扣的存在，老字号在选择国际化路径的时候，往往遵循两个思路。一是从文化距离近的地区入手，如一开始进入港澳台市场，然后进入东南亚、日韩市场，最

---

① 参见中茶公司官网中关于中茶厦门公司和中茶福建公司的介绍。
② 何丽丽. 五粮液国际化发展之路：和中国一起拥抱世界［EB/OL］. 新华丝路网，2019-10-10.

后进军欧美、非洲和拉美市场。二是从文化距离近的人群入手，主要是海外华人群体。短期来说，这种策略容易破局，循序渐进，有助于在市场开拓期使老字号在海外市场站稳脚跟。但问题是很多老字号往往在后续的发展中局限于华人市场或者华人较多的国家地区，忽视或不重视非华人群体及国外本土消费者市场的开发，始终无法打入海外主流市场，从而限制了品牌影响力的扩大和中华文化的国际传播。

（三）老字号未能充分把握数字传播机遇，缺乏战略规划和整体布局

数字时代，传播发生了革命性的变化。2023年，全球有51.6亿互联网用户，47.6亿社交媒体用户，占全球总人口的59.4%。人们每天花在社交平台上的时间已超过2.5小时，比看广播和有线电视的时间多40分钟。① 可以说，社交媒体等数字平台已经成为品牌和受众沟通的主要阵地，互联网的发展让老字号拥有了可以与海外消费者直接沟通并完成产品售卖的平台，但通过对57家实力较强老字号海外主流平台媒体（Facebook、Instagram、TikTok、Twitter、YouTube）、海外官网和主流电商平台（品牌旗下是否有产品在亚马逊上售卖）布局情况的整理统计发现②，老字号并没有很好地把握新一轮的数字传播机遇，丧失了国际传播的主动性。造成这种结果的原因既有老字号市场重心主要在国内而非在国外，也有老字号思想观念上的僵化和滞后。

首先，在主流数字媒体平台和电商平台布局相对不足，总的来看处在起步期。经过统计发现，老字号在 Facebook 和海外官网的布局上占比最高，超

---

① We Are Social：2023年全球数字报告［R/OL］.中文互联网数据资讯网，2023-04-14.
② 这57家老字号（未考虑老字号是否归属某个集团，以品牌为整理对象）是茅台、恒源祥、云南白药、同仁堂、新华书店、回力、东阿阿胶、海天、红双喜、光明、五粮液、青岛啤酒、王老吉、大益牌、马利、马应龙、泸州老窖、古越龙山、片仔癀、老凤祥、洋河股份、青青稞酒、广誉远、桂发祥、全聚德、内联升、狗不理、衡水老白干、张裕、冠生园、白云山、张一元、谢裕大、王致和、张小泉、五芳斋、梅林正广和、一得阁、上海凤凰、恒顺、九芝堂、老庙、豫园、汾酒、舍得、亚一、劝业场、南京新百、上海凤凰、上海永久、上海家化、秋林股份、浙江震元、广州酒家、佛慈制药、会稽山、稻香村、中国中茶。需要说明的是，这只是一个很粗略的统计，经销商而非企业自身统一设置的账号也算在其中。如果依照企业官方主体设定的标准，那么所有类目统计的比例还将进一步降低。

过 40%，但是海外官网布局比例低于 2018 年中国财富 500 强企业 68.8%的比例。① 有超过 40%的老字号产品能够在亚马逊上搜索得到。对 Instagram、TikTok、Twitter 和 YouTube 的布局显得不足。而名单中的老字号在国内类似平台上的布局几乎成为标配，国内外差距较大。在 BrandOS 公布的 2019—2023 年多个季度的"出海品牌社媒影响力 100 强"榜单②中，只有茅台、青岛啤酒等少数老字号品牌上榜，且排名并不靠前。总体来看，老字号在海外数字空间的能见度和存在感较低。

表 1.9　2022 年 57 家中华老字号海外主流平台的布局情况

官方账号布局（包括经销商开设及运营的账号）	占比（%）
布局 Facebook 的占比	42.1
布局 Instagram 的占比	31.6
布局 TikTok 的占比	14.0
布局 Twitter 的占比	17.5
布局 YouTube 的占比	15.8
拥有海外官网的占比	40.4
布局亚马逊的占比	40.4

其次，运营水平有待提高。在统计的名单中，大量老字号官方账号及官网常态化运营程度较低，账号停更现象严重，互动性弱。如根据笔者整理，五粮液的 Twitter 和 Facebook 账号在 2017 年就停止更新，与其同期的海外市场拓展形成明显的脱节。老字号国际传播优等生青岛啤酒账号的"停更"现象也较为严重，五大平台总计 60 个账号，其中有 27 个处于停更状态。Twitter 中的韩国、英国，Instagram 中的利比里亚、蒙古，Facebook 的俄罗斯、哈萨克斯坦等重点市场账号均处于停更状态。还有些老字号品牌在海外受众群体

---

① 戴鑫，胡尹仪，刘莉. 中国 500 强企业如何在互联网上做国际传播：基于网站设计与文化适应的视角研究 [J]. 新闻与传播研究，2019，26（4）：85-112，127.
② 该榜单主要统计中国出海品牌在 Facebook、Twitter、YouTube 和 Instagram 上的活跃和互动情况。

中引起了热议，但相关老字号没有开展积极主动的社交媒体布局，没有主动利用网络传播的互动优势将品牌影响力进一步做大。如马应龙的产品在亚马逊上的销售良好，消费者积极评论，Facebook 等社交媒体上甚至有海外受众自发组成的讨论组或帖子，但马应龙没有设立 Facebook 等社交媒体官方账号，不仅浪费了已经积累的品牌声量，也造成了传播与销售之间的割裂。恒源祥也存在同样的问题，海外市场拥有一定的销量，但没有相应的统一管理，处于一种放任自流的状态，与其高调冠名各类国际性赛事形成了鲜明的对比。

最后，对于中华文化元素的创造性运用不足。以青岛啤酒为例，我们选取了 2020 年 10 月 27 日到 2021 年 10 月 27 日青岛啤酒的全部 Instagram 内容共 138 条，发现其中包含"中国元素"的内容只有两条，其内容分别为"生肖瓶包装"与"中秋节海报"，占比为 1.4%。这也是许多老字号在国际传播时的通病，缺乏对自身文化历史和中华文化的创造性使用。再如，老字号的国际官网对文化历史等的挖掘和利用不足，具有实体博物馆的老字号企业大部分没有推出数字博物馆，更没有推出面向外国受众的数字博物馆，制约了传播效果的提升。

（四）国际主流媒体关注度较低，媒体传播效果有待提升

除了自有媒体和付费传播之外，营造良好的媒体公共关系、引起国际媒体的主动报道同样是老字号品牌在国际传播中不可或缺的一环。老字号品牌往往更加注重中国外宣媒体的运用。[①] 但就海外市场的媒体格局而言，在国际性的主流媒体或东道国当地主流媒体上开展传播是绕不开的一步。但代表性的老字号引发的新闻媒体关注非常有限。以美国市场为例，EBSCO 数据库新闻报道库[②]的检索显示，茅台从 2006—2021 年共计有 14 篇新闻报道，一年平均不到一篇，从内容上看外媒更加关注茅台的投资价值，承认茅台的高端品牌地位。报道多为中性或正面，但也涉及负面如假酒问题。青岛啤酒 1996—2021 年经过检索一共有 40 篇外媒报道，其中《M2 新闻专线》的报道最多，共计 19 篇，主要将青岛啤酒作为研究报告的对象，关注的是青岛啤酒的经

---

① 如 China Daily、CGTN、人民日报（海外版）等媒体。
② 该数据库完整收录了 40 多种美国和国际报纸以及精选的 389 种美国地方性报纸全文，此外该数据库还提供电视和广播新闻脚本。

营、财务等情况。《纽约时报》报道8篇,主要涉及青岛啤酒的并购计划、市场战略、国企改革以及奥运营销等情况。剩下的13篇主要来自《泰晤士报》《多伦多星报》《圣路易斯邮报》等9种美国、英国、加拿大、日本和泰国的报纸。主要关注青岛啤酒的业务拓展、奥运会营销等议题。报道倾向以中性和正面为主。

同仁堂和全聚德与茅台、青岛啤酒面临类似的情况。① 2007—2019年同仁堂相关的英文新闻报道合计16篇,外媒最关注的首先是全聚德集团的布局与运营,主要关注了全聚德的上市、推出"互联网+"战略以及在海外开办分店等事件。其次是全聚德的烤鸭制作工艺等。关于全聚德的报道倾向中性、正面报道占比超一半,中立占三分之一左右,负面报道主要反映全聚德场所所在地区的拆迁及餐厅的休整情况,认为这是对历史文化破坏的一个缩影。中宣部等组织多家媒体报道中国品牌,新华社采访报道了全聚德墨尔本分店和日本东京店,但并没有得到外媒的转载,是一种"对内传播"。同仁堂在2007—2019年共获得8篇英文新闻报道。主要内容包括同仁堂药物的市场销售和调查报告,与美国实验室和外国企业的合作,药物的疗效,集团布局和店铺整修等。报道倾向上,中立报道为主,正面报道次之,主要认为同仁堂的国际化拓展是改善全球健康、促进世界人民福祉的创新举措,看好同仁堂与其他企业之间的合作。负面报道认为中药可能含有兴奋剂,对运动员的职业生涯会有影响。从以上四个典型案例的分析可以看出,国外新闻媒体对中华老字号的报道总体上较为有限,媒体关注度低。媒体对老字号的报道倾向总体上以正面和中性为主。对欧美主要的新闻网如CNN、Fox News、BBC、CNBC等的检索发现,对老字号品牌的关注要更多,但议程设置和报道框架与数据库检索报道类似。如主要新闻网站对茅台的报道主要涉及茅台的投资、品牌价值等。但也有偏向负面的报道或将茅台呈现在负面的背景中,如隐晦地批评中国市值最高的公司是一家白酒公司。

通过上述典型个案的国际报道分析可以发现,第一,老字号的国际媒体主动报道不多,媒体能见度不高,未来需要着手加强媒体关系维护和主动开

---

① 张景云,等. 北京老字号品牌营销创新案例研究[M]. 北京:经济管理出版社,2021:189-191,198-200.

发媒体报道机会，而不是仅仅依靠中国的外宣媒体。第二，国际媒体对老字号的报道议题以经营情况、业务拓展等为主，报道倾向多为中性和正面，为老字号创造了良好的舆论环境，但正面报道的比重还可以提升。第三，老字号品牌在主流的国际新闻网络中的能见度也不高，需要开辟报道空间，提高老字号品牌的网络媒体可见度。

（五）政策上更关注老字号的国内创新发展，支持老字号国际化但成效不彰

政府对于中华老字号不可谓不重视。21世纪以来主管部门商务部牵头出台了诸多政策鼓励和支持老字号的发展，尤其是党的十八大以来出台多项有力政策。地方政府也在积极行动。一是出台地方老字号发展法促进方案，如广州于2018年5月出台《广州市促进老字号创新发展三年行动方案（2018—2020年）》，天津2018年12月出台《天津市振兴老字号工作方案（2018—2020年）》。二是开展地方老字号认定。各地参照中华老字号认定要求，组织开展地方老字号认定，如河南省已经认定8批"河南老字号"，浙江省认定了461家"浙江老字号"。三是举办老字号展会，如上海中华老字号博览会已经举办了15届。浙江中华老字号精品博览会已经举办了17届，并组织老字号企业奔赴日本等境外开展展示交流。① 中央媒体也在行动，如《人民日报》曾在2018年和2020年分别以"一线调查·老字号 新生态"和"消费视窗·老字号 新国潮"为主题展开系列调研和连续性的专题报道。

21世纪以来，在打造具有竞争力的国际一流企业和推动中国品牌走出去的总体要求下，推动中华老字号走向全球在国家政策中也有体现，出台的指导政策也从宏观引导细化到具体措施（如表1.10所示）。从主要的文件中可以发现，国家在专项购买、传播和销售平台的搭建上给予了很大支持，如文件提到外事接待优先采购老字号产品，政府驻外机构提供帮助，组织国际展会，在出入境口岸设立老字号专区，等等。但总的来看，政策手段还有待创新以适应新的全球化和科技背景，在指导思想上过于强调单向的宣传，缺乏

---

① 商务部流通产业促进中心. 老字号数字化转型与创新发展报告[R/OL]. 商务部流通产业促进中心网站，2021-08-17.

互动,针对性的有力政策举措还有进一步探索的空间。

表 1.10 国家文件中对老字号国际化的政策表述

名称	相关表述
2006 年《商务部关于实施"老字号振兴工程"的通知》	"进一步增强这些企业和品牌的自主创新能力和国际竞争能力""扩大'中华老字号'的国际影响力""支持老字号参加国内外有关营销和会展活动,扩大老字号品牌的宣传和影响,推动老字号企业的国际合作"
2008 年商务部等 14 部门印发《关于保护和促进老字号发展的若干意见》	"凡符合规定条件的老字号企业,均可按规定申请国家有关品牌发展资金、促进中小企业发展专项资金、中小企业国际市场开拓资金等政策的扶持""支持老字号企业采取组团参展、单独设展、考察交流等方式了解国际市场,寻找商机。加大老字号纪念品的开发力度,积极推广老字号旅游产品,在外事接待、纪念品采购中优先选择老字号产品。充分发挥各驻外机构的力量,为老字号企业到国外招商引资、开拓国际市场提供便利"
2011 年《商务部关于进一步做好中华老字号保护与促进工作的通知》	"要积极支持中华老字号通过技术改造、工艺创新和加强营销,努力开拓国内外市场。利用中小商贸企业发展专项资金和中小企业开拓国际市场资金,对举办各类老字号展会,以及老字号企业参加国内和境外展会给予支持。充分发挥商务部驻外经商机构作用,为老字号企业到国外招商引资和开拓国际市场提供便利。各地要根据老字号企业实际需求,有重点地组织老字号企业及产品展示交流平台,为老字号开拓市场创造条件"
2017 年《商务部等 16 部门关于促进老字号改革创新发展的指导意见》	"推动打造国际知名的老字号品牌""在出入境口岸设置老字号展销厅,在购物中心、大型百货商场、大型超市设立更多老字号品牌专区。将老字号作为'一带一路'宣传推广工作的重要组成部分,借助'欢乐春节'等活动,不断提升老字号的国际知名度和影响力。大力推动中医药、中华传统餐饮、工艺美术等领域老字号企业'走出去',探索在部分重点国家和地区举办非商业性展会,组织老字号宣传优秀中华文化,在外事接待、纪念品采购中优先选择老字号产品"
2022 年《商务部等 8 部门关于促进老字号创新发展的意见》	"充分利用服务贸易创新发展引导基金,按照市场化原则,引导符合条件的代表性领域老字号企业开展服务贸易,推动老字号优质服务走向国际市场。探索在'一带一路'共建国家和地区举办展会,支持符合条件的老字号企业参加境外专业展会,积极宣传推广老字号品牌"

资料来源:根据公开资料整理

四、中华老字号国际传播的提升策略与优化路径

未来促进老字号和中华文化的国际传播应当从以下方面入手。面对百年变局,老字号需要抓住机遇加快转型创新,在高质量发展中进一步夯实品牌实力,为国际传播奠定良好的企业基础;要借国家政策的东风,运用跨境电商等新模式加快走出去,重视"一带一路"市场和海外年轻消费群体的开发,以新思路破除此前国际市场营销中的误区;在平台赋能国际传播主体多元化的背景下,老字号要充分调动各类"桥梁人群"以及消费者等传播主体的力量,多元主体共同助力老字号的国际传播;老字号要充分融入数字传播的新逻辑,创新媒体策略和传播手段,着手海外构建数字营销体系;在内容和传播上老字号要更加重视品牌故事营销策略的运用,利用品牌故事对外讲好中华文化故事;政府层面则要将老字号的改革创新与国际化并重,出台老字号国际化针对性的政策,并加大扶持力度。

(一)大变局下加快转型创新,在高质量发展中夯实品牌实力,更好奠定国际传播的基础

面对百年变局,老字号的发展虽然面临着诸多外部挑战,但同时也迎来了新机遇,抓住机遇加快老字号的品牌转型,在高质量发展中提升品牌实力,是老字号进一步国际化发展的重要前提条件。首先,以 Z 世代为主体的年轻消费群体的崛起带动消费市场的结构性变化。Z 世代消费更加个性化,文化自信提升,不再盲目迷信外国品牌,对于本土品牌更为青睐,国潮消费的兴盛为老字号的复兴提供了良好的市场条件,部分老字号如内联升、五芳斋等正是抓住了这一趋势性的变化及时调整,实现了市场销售和品牌形象的双重提升。其次,新平台的传播赋能与营销赋能,为老字号提供了新的消费者触点和营销机会。阿里巴巴、京东和抖音等兼具传播与营销功能的平台为老字号提供了新的传播和销售渠道,许多老字号正是依托融入新平台,实现新开局。最后,新技术推动数字化转型,重塑品牌增长动力。人工智能、云计算、大数据和 5G 移动通信等新技术为老字号企业在生产制造、产品研发、市场洞察、流程管理、技术能力提升等方面提供了新的助力。

加快转型创新不仅是老字号国内实现顺利发展的要求,也是走向国际的

有力支撑。为了更好地抓住机遇，同时消除长期以来老字号经营中的短板，未来老字号实现高质量发展还需要在以下方面发力。一是加快产品创新。品牌的老化首先在于产品的老化，无法推出适应消费者需求的新产品是老字号老化的主要原因，产品创新应该被视为老字号品牌转型的核心。任何产品都具有生命周期，新产品和老产品之间必须形成往复循环，老产品老化的同时新产品稳步接续，这样才能保持品牌长青。加快产品创新意味着老字号需要根据市场环境的变化在继承品牌核心要素的基础上推陈出新，调整产品设计和产品线布局，如内联升对布鞋品类的扩充、设计风格的时尚化的探索。吴裕泰则推出抹茶冰激凌等产品，将新式茶饮与茶文化相结合。或者适当进行产业跨界，开辟新的市场空间，进行品牌延伸，如同仁堂跨界进入咖啡产业，推出知嘛健康子品牌，主打养生咖啡。早先云南白药瞄准牙膏品类进军日化领域，逐步发展为中国市场份额第一的牙膏品牌，同样值得其他老字号借鉴。

二是着力提高研发强度。拥有独特的技术往往是产品创新的基础，甚至成为企业核心竞争力的最主要来源，在国内外市场莫不如是。反观国内老字号，研发投入和研发强度普遍不高，如云南白药、同仁堂、片仔癀等医药类老字号的研发投入与国际药企存在很大差距，限制了产品创新和品牌价值的提升。在国家支持中医药发展以及健康中国战略的大背景下，老字号药企应当找准方向，加大研发投入力度，不断夯实自身的药品原创能力，增强品牌发展后劲。

三是改造生产模式。老字号拥有独特的制作工艺，不少工艺属于非遗项目，极具价值。然而从本质上来说，老字号的诸多传承工艺诞生于家庭手工业时代，单纯依靠手工难以支撑起在大规模生产下大众消费品市场的激烈竞争。老字号生产工艺的价值当下更多体现为观赏和文化价值，在生产模式上仍要融入数字化的大潮，借力数字化工具和先进生产技术的运用，扩大产品的生产规模，提升产品的迭代速度。

四是调整营销模式。老字号从初创时"前店后厂"逐步过渡到现代化企业的营销模式，但不少老字号对互联网营销模式的采用不够，也没有做好底层数据的打通，制约了老字号在数字时代的发展。数字化重构"人货场"，客观上要求老字号改变营销模式，适应新的变化。豫园营销模式的数字化转型经验值得借鉴。

五是创新品牌传播。这是老字号品牌最为显性的部分，容易让大众感知。但整体上看，中华老字号的品牌认知率还有待提高。消费者调查显示，消费者主动想起的老字号品牌数量仅为1.3个；在无提示提及的品牌中，半数以上为"非老字号品牌"；消费者认为老字号就是老品牌，品牌印记老化；1073个中华老字号中只有17.4%进入消费者认知。① 因此，老字号一方面要加大传播投入力度，放大传播声量，扩大品牌影响力；另一方面要创新传播手段，改变品牌刻板印象。如部分老字号创新终端店面的形象和陈列、社交媒体上的互动性玩法、品牌联名、跨界以及IP营销等可以参考。可口可乐拥有上百年的历史，但品牌形象并"不老"，其原因在于品牌传播既保持了核心要素，也应时代而变，成为"每一代人的快乐"。

（二）借助政策东风，运用新手段加快走出去，以新思路破除国际市场营销误区

在"双循环"新发展格局中，老字号应抓住政策机遇，适当加大国际化投资力度，加快走出去步伐。第一，进一步加大对"一带一路"市场的国际投资力度。乘着"一带一路"东风，中国企业整体上加大了对"一带一路"市场的投资力度。2023年对共建"一带一路"国家非金融类直接投资2240.9亿元人民币，增长28.4%，高于总体增速的16.7%，占总额的24.4%。② "一带一路"市场也成为老字号重要的国际化方向。在老字号当下主要市场中，"一带一路"共建国家占8.2%，位居第五，但在市场拓展意愿中，"一带一路"共建国家占32%，位居第三，位居两个国内市场相关的选项之后，成为国际市场拓展的首选市场范围。③

---

① 消费产业研究院增长实验室. 重塑关系，重构增长：中华老字号品牌研究（2023）[EB/OL]. 消费产业研究院，2023-11-21.
② 2023年我国对外投资合作平稳发展 [EB/OL]. 中国政府网，2024-02-04.
③ 陈丽芬，果然. 中华老字号发展现状、问题与对策 [J]. 时代经贸，2018（19）：30-38.

表1.11 老字号国际化相关调查结果表

主要市场	当下主要市场（%）	市场拓展意愿（%）
本地区（省区市）	78.1	74.1
全国（大陆地区）	55.5	43.9
港澳台地区	13.7	28.1
美国	8.3	15.7
"一带一路"共建国家	8.2	32.0
日本	7.2	15.2
欧洲	7.0	19.3
韩国	5.2	13.5
其他	3.1	2.2

资料来源：根据陈丽芬、果然《中华老字号发展现状、问题与对策》一文整理

实际上，"一带一路"市场对中国的国家形象和品牌认知都有很好的基础，也适合老字号进一步加大投资力度。中国外文局的《中国企业海外形象调查报告2020·"一带一路"版》数据显示，多数（69%）"一带一路"共建国家的受访者认为本国与中国的关系重要，其中认为"与中国关系非常重要"的占30%。超过七成"一带一路"共建国家受访者肯定中国经济发展对全球经济、"一带一路"共建国家经济及本国经济发展带来积极影响。另外，近半数受访者认可中国企业为当地经济发展带来积极作用，78%的被访者对中国企业形象评价较高。然而遗憾的是，在中国企业海外形象20强（"一带一路"版）中没有一家是老字号，可见老字号还需要进一步发力。受访者认为中国企业可以通过"支持和增加与当地民众的人文交流"（30%）等方式来更有效地增加在当地的知名度和好感度。[1] 另外一项对1033名在华生活的"一带一路"共建国家的外国人的问卷调查显示，在华外国人具有较强的中华文化实践意愿[2]，老字号未来可以适当增加发挥企业的文化底蕴优势，开展人

---

[1] 黄政龙，孔禄渊. 重点来了！2020中国企业海外形象20强出炉！你pick哪家？[EB/OL]. 央视新闻，2020-11-04.
[2] 陶建杰，杨锦曦. "一带一路"背景下在华外国人的中国文化实践意愿及影响因素探析[J]. 对外传播，2020（7）：56-59.

文交流活动，如庆祝中国节日等。另外，"一带一路"共建国家大多属于新兴市场，也具有中国品牌认知优势，老字号应善用这一机会，进一步加大对"一带一路"市场的投资力度。在加大投资力度的过程中有条件的老字号企业应当改变过去以产品出口为主要方式的国际化，更多地参与当地的社会建设，根据实际情况适当加大绿地投资①或收购并购力度，扩大品牌在当地的影响力。在"走出去"的过程中，老字号之间可以抱团取暖、相互协作，先进带后进、大带小，如国际化实践较早的老字号可以带动后发老字号企业联合出海，如同属中药行业的云南白药可以借助同仁堂的海外渠道加快出海步伐。

表1.12 成熟市场和新兴市场对中国品牌在认知、信任和感知方面的差异②

	成熟市场（%）	新兴市场（%）
对中国品牌的认知度	73.1	92.2
对中国品牌的信任度	72.0	77.7
认为中国品牌更具信誉	45.7	48.1
对中国品牌的满意度	44.7	63.8
原产地的重要性	43.9	68.3

资料来源：毕马威中国调查

1. 加强对跨境电商等新手段的运用

在中国品牌走向世界的过程中，过去更多地依靠传统外贸渠道，通过外贸商、采购商、分销商和零售商等环节逐步将产品递交到海外消费者手中，而跨境电商的兴起及相关服务机构的快速发展为老字号出海提供了新渠道，其核心优势在于减少流通环节，并为大数据的运用提供了可能，从而提高了企业的掌控力与供应链效率。老字号开展跨境电商正当其时。首先，由于"新冠疫情"的冲击，电商的"免接触"模式击中消费者痛点，进一步加速

---

① 绿地投资又称新建投资，是指跨国公司等投资主体在东道国境内设置的部分或全部资产所有权归外国投资者所有的企业。绿地投资有两种形式：一是建立国际独资企业，其形式有国外分公司、国外子公司和国外避税地公司；二是建立国际合资企业，其形式有股权式合资企业和契约式合资企业。

② 毕马威，Facebook. 2019年中国出海品牌50强［EB/OL］. 毕马威中国网站，2023-09-17.

了消费者电商购物模式的形成，长期来看，"新冠疫情"在全球范围内培养的线上消费习惯是不可逆的。在有统计数据的 66 个国家和地区，互联网用户中在线购物的比例从"新冠疫情"之前（2019）的 53%增加到"新冠疫情"暴发后（2020—2021）的 60%。[1] eMarketer 数据显示，2021 年全球在线零售额达 4.938 万亿美元，较 2020 年增长 16.2%，占全球零售额的 19.6%。预计到 2025 年，全球在线销售额将增至 7.39 万亿美元。[2] 2023 年中国跨境出口电商达 7.9 万亿元，同比增长 19.7%，预计 2025 年中国跨境电商出口规模将达到 10.4 万亿元。[3] 其次，国家政策导向支持。近年来，政府不断加大对跨境电商的扶持力度。2015 年以来，国务院设立了 105 家跨境电商综合试验区。国家"十四五"规划明确指出，要"加快发展跨境电商，鼓励建设海外仓，保障外贸产业供应链运转"，其后国务院发布《关于加快发展外贸新业态新模式的意见》，商务部发布《"十四五"对外贸易高质量发展规划》等文件支持和鼓励跨境电商发展。

老字号可以基于自身产品情况选择两种跨境电商模式。一是借助第三方跨国电商平台。老字号企业可以针对不同国别市场采用相应的主流平台，如进军欧美市场可以进驻亚马逊、沃尔玛在线、eBay 等，进军东南亚市场[4]则需要考虑 Lazada 和 Shopee，进军中东市场则需要考虑 Souq 等。还可以进驻正在开拓国际市场的中国电商平台的国际站，如阿里巴巴、京东等，TikTok 也在 2021 年 12 月上线跨境电商业务，正式向中国卖家全面开放。二是采用独立站模式。独立站模式就是通过自建站直接面向消费者，独立站模式要求老

---

[1] 李学华.全球电子商务疫情下快速发展［EB/OL］.中国经济网，2019-09-17.
[2] 亿欧智库.2021—2022 中国跨境出口 B2C 电商白皮书：品质篇［R/OL］.亿欧网，2023-07-25.
[3] 艾瑞咨询.2023 年中国跨境出口电商行业研究报告［R/OL］.艾瑞网，2023-09-11.
[4] 随着《区域全面经济伙伴关系协定》（Regional Comprehensive Economic Partnership，RCEP）生效，东南亚在关税、市场壁垒、跨境物流、海外仓等层面将与中国深度捆绑，东南亚有地域优势，且市场处于战略转型上升期，过去 5 年东南亚一直是全球电子商务增长最快的地区之一，且（除新加坡）零售电商渗透率均低于 5%，与中国（24.9%）和英国（19.3%）等成熟电商市场相比，存在 8 倍~10 倍的提升空间。另外，较近的文化距离也为老字号走出去提供了便利。参见浙江省电子商务促进会.东南亚跨境电商发展研究报告［R/OL］.澎湃新闻网，2022-01-17.

字号完成更全面的经营链条，如支付手段、物流配送、私域流量运营等。独立站对老字号来说更加可控、灵活和安全。目前主流的独立站建站工具有Shopify、XShoppy、Ueeshop、Shoptago、Shopline等。也可以不借助工具依靠企业自身建站，如耐克的自建商城，2021年耐克DTC的全球销售达164亿美元，占耐克全球销售的38.7%。[1] 相较中国消费者，国外消费者从品牌直营网站购物的比例更高，这也是DTC品牌模式在西方国家如美国率先发展的前提条件。数据显示，美国DTC的电商销售将在2023年达到174.98亿美元，占电商销售总额的14.7%，呈现较快发展的状态[2]，其中既有成熟品牌的DTC销售额占75.6%。[3] 从中国走出的快时尚品牌希音（Shein）在美国销售火热，运用的是不依靠建站工具的独立站模式。一些老字号如上海家化在2021年的财报中就提出要加大对DTC模式的运用力度。采用不同的跨境电商模式意味着不同的营销打法。独立站的营销方式是搜索引擎营销、社交媒体营销、电子邮件营销等，通过以上途径将消费者引流至独立站完成下单，后续需要注重维护品牌形象，持续维护品牌所吸引的私域流量。而对第三方平台卖家而言，主要的营销方式是以产品为核心，利用DSP广告等营销方式，覆盖更广泛的受众群体来推动销售行为的发生，主要的营销对象是公域流量群体。[4]

2. 在"走出去"的过程中强化国际传播意识，并着力破除此前国际市场营销中存在的一些误区

首先，在产品出口的同时做好品牌传播，积淀品牌资产。如果采用的仍旧是传统的外贸模式，则应该加大与当地经销商联合开展各类营销传播活动的力度，而不是只满足于产品的货架可见度和销售额。这一点茅台的做法值得借鉴，茅台国际传播的重要特点就是长期依托经销商系统地开展品牌传播活动。2021年以来，茅台联合海外经销商累计举办线下活动75次、线上活动

---

[1] RICHTER F. Nike Cuts Out the Middleman [EB/OL]. Statista官网，2021-06-25.
[2] KATS R. Why More Brands Should Leverage a D2C Model [EB/OL]. eMarketer官网，2021-04-05.
[3] LIPSMAN A. D2C Brands 2022: How Established Brands and DNVBs Achieve Sustainable Growth with Direct Sales Strategies [EB/OL]. eMarketer官网，2022-04-28.
[4] 艾媒咨询.2021—2022年中国跨境出口电商行业及独立站模式发展现状及趋势研究报告[R/OL]. 艾媒网，2021-12-24.

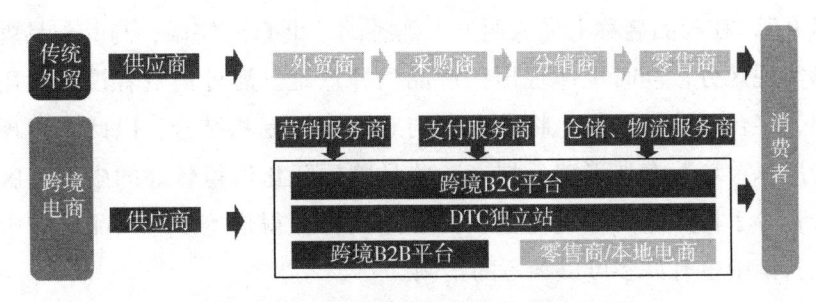

图 1.3　跨境电商模式与传统外贸模式对比

资料来源：亿欧智库

539次，覆盖32个国家和地区，浏览和参与人数超千万。① 如果采取跨境电商模式，则应该根据第三方平台和自建站的不同特点开展适应性的网络引流，做好线上传播。

其次，拓展传播手段，不要局限于老字号常见的各类赞助、冠名、展览会等公关传播形式，要注重大众媒体广告的价值，做好兼顾和平衡。广告是品牌沟通的主要工具，是品牌的发动机。相关研究表明，尽管文化因素在很大程度上左右着消费者的价值取向和行为模式，但是在广告战略层面，一则受欢迎的广告仍然是提高产品知名度和销量的关键。② 这就要求，老字号仍要重视电视、主流网站、户外等大众传播媒体广告的运用，并用立体化的传播取代过去手段较为单一的事件、公关传播模式。

最后，适当跨出以华人群体为主的营销面向，尝试融入海外非华人的主流消费群体，重视面向海外年轻群体的营销传播。虽然在华人群体中的营销难度相对较低，但长此以往容易陷入市场边缘化。这要求老字号在守正和传承的基础上以产品创新、包装设计创新、品牌名称创新、品牌形象创新和沟通手法创新等方式融入国际主流消费群体。如同仁堂积极适应海外消费者的服用习惯，在剂型上将大蜜丸替换为西药常用的胶囊、片剂、小水丸等，方便消费者服用。在马来西亚推出"乌鸡白凤丸"时将其重新命名为"北京特

---

① 茅台不仅是一瓶酒，也是中华文化的出海窗口［EB/OL］."茅台国际"微信公众号，2022-04-12.
② 胡锋，王宗水，赵红. 广告显性记忆、好感度以及顾客行为意向：基于跨国数据的实证［J］. 管理工程学报，2019，33（3）：35-36.

制白凤丸"，在药品名称上加入西方人熟悉的"北京"字眼，与其他品牌的同类药品实现区分，同时也体现出该产品的原产地。海外消费者没有饮用白酒的习惯，茅台开辟新场景，将茅台酒与鸡尾酒调制相结合，以此来体现茅台的独特风味，培养海外消费习惯。一些品牌国际化做得较好的中国品牌如小米、天音等手机产品的本土化创新的思路同样值得借鉴。跨国品牌在中国的本土化营销中也有许多可以参考的案例。

值得注意的是，与中国企业形象相关的多个领域，相较36~50岁和51~65岁的群体，18~35岁的海外青年群体对中国企业的评价更为积极。[1] Z世代的年轻消费者不仅在中国消费舞台中承担越来越重要的角色，在世界范围内同样如此。联合国数据显示，2019年Z世代占全球人口的32%，约25亿，已经超过了千禧一代人口。[2] 可以说，未来市场以Z世代为代表的年轻消费群体将是一个无法回避的目标客户群，老字号应当把握机遇及时调整。

（三）数字平台赋能下构建以我为主、多元主体发挥合力的老字号国际传播体系

从传播主体上看，数字平台赋能背景下多主体的全民化传播是当下国际传播的重要特点。[3] 对老字号企业而言，一方面，要充分发挥企业的主观能动性，积极利用企业能够调动或掌控的付费媒体和自有媒体，加大国际传播力度，提升国际传播的系统性。做品牌需要强传播作为支撑。另一方面，也要注重发挥多元主体的传播合力。从而构建起以我为主、多元主体发挥合力的老字号国际传播体系。在多元传播主体的发挥中，尤其要注重以下方面。

---

[1] 中国外文局中国企业全球形象研究课题组，翟慧霞，王丹．2022年中国企业形象全球调查分析报告［J］．对外传播，2023（4）：54-57．另外，毕马威、Facebook联合发布的《2019年中国出海品牌50强报告》以及蓝色光标发布的《2021中国品牌海外传播报告》呈现类似的调查结果。

[2] MILLER L, LU W. Gen Z Is Set to Outnumber Millennials Within a Year［EB/OL］．彭博社，2018-08-20.

[3] 唐润华，刘昌华．大变局背景下国际传播的整体性与差异化［J］．现代传播（中国传媒大学学报），2021，43（4）：75-79．

<<< 第一章　文化强国视域下中华老字号对中华文化的承载与国际传播研究

一是注重发挥"桥梁人群"的作用。随着此前全球化的深入发展，不同国家间的政治、经济、文化和社会交流越来越多，留学生、移民、商务人士、外籍劳工等成为重要的跨文化传播群体。如一项对在华外国人的研究发现，在华外国人作为中国品牌跨文化传播的"桥梁人群"是化解隔阂的关键环节，他们接受中华文化背景下的品牌信息，转码后再面向国外受众传播，把"信息流"转换成"影响流"，对国外受众的中国品牌认知起至关重要的重塑作用，是跨文化传播中的"意见领袖"。[1] 对北京在华外国人的一项调查表明，人际传播在受访者了解老字号的途径中扮演重要角色，尤其是中国人的推荐作用明显。[2] 根据"七普"的数据，在华外籍人员845697人，如果算上港澳台地区的人员人数则有1430695人。此外，中国也是留学生输出大国。1978—2019年，各类出国留学人员累计达656.06万人，中国学生出国留学的数量从2009年的22.93万人增加到了2019年的70.35万人，2019年中国仍然是日本、澳大利亚、美国、新西兰、英国和德国的第一大留学生来源国，中国留学生人数分别占上述国家留学生总数的41.38%、36.58%、33.74%、32.70%、21.99%、13.09%。据统计，海外华侨华人的人数超过6000万。2019年，外国入境游客达3188.43万人次，出境游人次达到1.55亿。[3] 受"新冠疫情"影响，出入境旅游发生下滑，但随着"新冠疫情"的逐步消退，海外游客也会走向恢复。留学生、来华游客、华侨华人等"桥梁人群"都是老字号可以利用的传播群体，老字号可以尝试设计专门的营销方案和开展传播活动调动这些人群的积极性，助力品牌建设。如在国外，老字号可以在唐人街、高校等华人群体较多的地方开展品牌活动，对来华游客则可以将老字号与旅游产业进行整合，做好品牌体验营销打造口碑。

---

[1] 赵云泽，滕沐颖，赵菡婷，等."桥梁人群"对中国品牌的跨文化传播的影响研究[J]. 国际新闻界，2015，37（10）：65-78.
[2] 张继焦，刘卫华. 老字号绿皮书：老字号企业案例及发展报告 No.5：2017—2018[M]. 北京：中国市场出版社，2018：195.
[3] 根据国家统计局、教育部、国务院侨务办公室和文旅部公开数据整理。

二是注重发挥消费者自发传播的作用。自媒体让人人都有麦克风，数字时代的消费者赋权让品牌打造的逻辑从企业主导变为企业和消费者共同主导，品牌共创成为一个重要的基本原则。企业主导的传播固然重要，但消费者的自发传播也变得越发重要。如消费者创造的品牌相关内容对其他消费者具有很强的影响力。针对美国和英国消费者的一份调查报告显示，消费者信任其他消费者创建的内容的可能性是品牌内容的 2.4 倍。这就是为什么消费者喜欢阅读评价，以及为什么 97% 的购物者在线购买之前会咨询其他消费者。在线购物评价对消费者购买决定的重要性是其亲朋好友的 3.5 倍。① 在线上强化与消费者的互动，利用消费者主体引发网络口碑和二次乃至多次传播是老字号国际品牌营销的重要组成力量。

三是注意整合政府和社会组织等主体的力量。企业的国际化和国际传播往往受到国与国外交情况的影响，这一点在近年来中美博弈下华为等企业的遭遇中表现得尤为明显。品牌的国际传播与政府的国家外交是相辅相成的。与政府外事活动的整合也一直是老字号国际传播的重要手段，在当下，老字号依然需要积极寻找机会整合政府力量，借助大国外交助力品牌的国际传播。在国际社会中，高校、行业组织等具有较强的社会影响力，老字号同样可以根据需要整合这些力量，撬动品牌形象的海外塑造。

（四）充分融入数字大潮，创新媒体策略和传播手段，构建国际数字营销体系

从全球层面上来看，海外受众借助互联网、电视等媒体渠道了解中国企业信息，通过社交媒体网站及平台获取中国企业信息的受访者比例达到 42%，其他资讯类网站（30%）、短视频平台（26%）、直播网站/平台（23%）等数字渠道同样值得关注。② 数字媒体已经成为海外消费者了解中国品牌的重要渠道，因此老字号要改变过往不重视数字媒体运用的情况，加大数字传播投入力度，创新媒体策略和传播手段，着力构建线上传播与营销前后贯通融合的数字营销体系。

---

① Profitero：消费者评价的力量 [EB/OL]. 中文互联网数据资讯网，2021-02-01.
② 《中国企业形象全球调查报告 2022》全文发布 [EB/OL]. 国际传播发展中心网站，2023-01-10.

首先，老字号要创新媒体策略，加大对进驻国际主流数字平台的重视力度，做好常态化运营，提高数字世界的可见度。"媒介即信息"，品牌用什么样的媒介和姿态与消费者沟通也许比说什么更为重要，使用数字平台，用一种互动平等的姿态交流更加符合消费者对品牌的期待与需要。因此，老字号一是要加大企业自有外文官网的建设力度，提高开设比例，在内容建设、板块设置等方面做好维护，尤其要做好面向国外受众的老字号数字博物馆建设。二是入驻主要的数字平台开设官方账号，如 Twitter、Facebook、YouTube、Instagram、TikTok、领英等平台。中国跨国企业在实施社交媒体品牌营销策略之前，应该首先打造包含发布与审核、推送、评价及分析、品牌资源管理、客户关系管理、销售管理等子系统的社交媒体管理平台。接着，跨国企业可以大致按照平台建设、市场调研、策略制定、推广实施、销售转化 5 个步骤实施社交媒体品牌营销策略（如图 1.4 所示）。[①] 随着传播平台和电商平台的相互融合，老字号企业还要做好传播与营销之间的连接，积极布局亚马逊、阿里全球速卖通等电商平台或自建站，同时进驻 TikTok、Temu、Facebook、Instagram 等上线的商城。在这些账号中，来自中国的阿里全球速卖通、TikTok 和 Temu 等值得老字号品牌关注。TikTok 在海外的下载量位居第一，成为有史以来最成功的中国互联网软件，为老字号的在线营销提供了机遇。阿里全球速卖通是中国最大的出口 B2C 平台，覆盖全球 220 个国家和地区，主要交易市场为俄罗斯、美国、西班牙、巴西、法国等，海外成交买家数量突破 1.5 亿。三是提高在主要搜索引擎如谷歌、Bing 上的可见度，做好搜索引擎营销。四是建立与 CNN、NBC、BBC 等国际主要媒体的良好关系，提高海外媒体关注度，促进品牌资产的积累。

其次，在完善数字平台布局之后，基于整合营销传播视角构建起覆盖多平台、多终端、全渠道，线上线下融合、立体化、多触点的营销传播格局。在平台上，覆盖主要的传播与营销平台，做好传播营销一体化。既包括企业可以控制的自媒体账号矩阵，也包括主要的新闻媒体平台的可见度，通知进驻主要的电商平台建立旗舰店。在终端方面，覆盖电视、移动端和 PC 端，做

---

① 张会龙，李桂华，张宇东，等. 中国跨国公司如何利用国际社交媒体提升品牌绩效：基于天士力的 Facebook 营销案例分析 [J]. 珞珈管理评论，2019（2）：156-172.

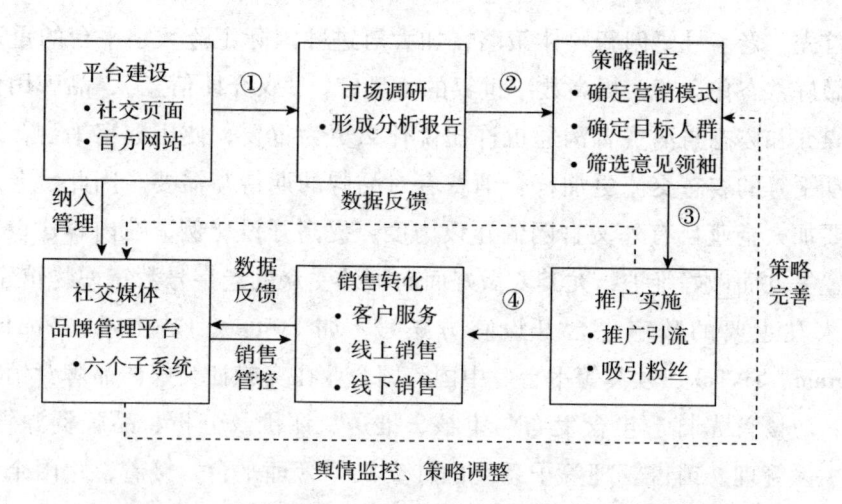

图 1.4 中国跨国企业利用海外社交媒体开展营销路线图

好跨屏传播。在渠道商方面，既重视线上渠道，也注重企业终端的售点、陈列、店面等的展示与布局。建设系统化的传播矩阵对老字号来说不是容易的事情，需要与老字号的整体国际化战略保持同步或略微超前建设，是一个长期的系统工程，不能一蹴而就。

再次，老字号要创新传播手段。消费者和传播环境不断变化，客观要求老字号品牌加快传播手段创新。一是加大对国际网红营销和 KOL 的运用力度。当下，国际社交媒体平台逐步成为人们传播信息和获得信息的主要渠道，"网红"是其中的重要节点，"网红"拥有庞大的粉丝群体，拥有巨大的影响力。[①] 2022 年全球"网红"营销市场规模达 263.4 亿美元，2026 年预计达 435.4 亿美元。[②] 调查显示，用户对品牌赞助的"网红"内容的接受度很高，平均接受度为 87%。Z 世代、千禧一代和 X 世代的参与者的接受度都超过 80%。他们使用社交媒体主要是为了关注"网红"（61%），学习产品使用教程和参与评论，是内容浏览量的重要驱动因素。但需要注意的是，大多数营销人员发现"网红"的内容只是"有点"可信（55%）或不可信（16%）。[③] 因

---

① 赵子忠. 网红传播模式的国际化趋势 [J]. 新闻论坛，2021，35（4）：1.
② 飞书点跃. 网红营销 2023：营销增长新锐力量 [EB/OL]. Morketing 网，2023-11-07.
③ Snapchat：2024 年网红营销报告 [EB/OL]. 中文互联网数据资讯网，2024-03-07.

此，老字号在选择"网红"合作时，"网红"的真实性和透明度是必要条件。老字号可以根据市场战略需要积极使用"网红"这一国际传播新手段。一是积极进军跨境直播营销。虽然国外直播营销落后于中国，但也正在快速发展。一方面，亚马逊、Shopee、阿里全球速卖通、Lazada、Newegg Discovery 等国际电商平台已经纷纷进军跨境直播电商。另一方面，几乎所有海外主流社交媒体平台都增加了直播功能，包括 Facebook、Instagram、YouTube、TikTok、领英等。2022 年是中国跨境直播电商元年，预计市场规模将超过 1000 亿元，同比增长率高达 210%，2025 年市场规模将达到 8287 亿元。① 可以说，直播营销在海外正处于起步期，还会加速发展，老字号应当及早布局。二是重视短视频平台的使用。就传播内容形式而言，当下无论是国内还是国外都进入了"视频天下"的新秩序和新格局。② 随着 TikTok 在海外掀起短视频潮流，Facebook、YouTube 等国际巨头加速布局。自 2020 年第四季度以来，短视频在全球范围内的用户量增长了 27%③，相关预测表明 2025 年内全球短视频规模将突破千亿美元。但相较国内，海外短视频的发展节奏要落后国内 1~2 年，换言之，国际短视频市场与直播营销一样仍处在流量红利期。④

最后，老字号要善于把握大数据、人工智能（包括 Sora、ChatGPT 等 AIGC 产品服务）、元宇宙等新技术、新手段带来的传播赋能，降低传播成本的同时提高传播的精准性和有效性。由于大数据、人工智能等新技术的介入，数据驱动的智能传播成为可能。国际市场分散多元，在不同市场国际传播的消费者洞察、媒介策略选择、传播内容的生成、媒体投放以及效果反馈等环节变得更加精准。一半的成年互联网用户表示，当品牌在广告中使用他们的数据时，有助于帮助他们发现（50%）并找到（49%）他们感兴趣的产品和

---

① 艾媒咨询.2022 年中国跨境直播电商产业趋势研究报告［R/OL］.艾媒网，2022-02-15.
② 廖祥忠.视频天下：语言革命与国际传播秩序再造［J］.现代传播（中国传媒大学学报），2022，44（1）：1-8.
③ 腾讯媒体研究院.2022：媒介使用行为洞察报告丨芒种报告［R/OL］."腾讯媒体研究院"微信公众号，2022-04-28.
④ 国海证券.短视频行业专题之出海篇（57 页）：长风破浪正当时［EB/OL］.东方财富网，2021-10-19.

服务。因此,利用大数据技术精准投放广告仍然是提高品牌知名度的安全方法。① 应充分利用大数据的特点,提高老字号品牌传播的精准性,探索"一国一策"甚至"一国多策",针对不同人群提供不同的传播方案,从而提升国际传播效果。雨果跨境针对575位跨境电商卖家的调研显示,截至2023年12月,72%卖家使用过AI工具辅助运营,仅28%卖家尚未使用过AI工具辅助运营。大量跨境卖家将之用于实际运营,包括撰写邮件、优化Listing、售后服务等,AI工具逐渐成为一个新的稳定的生产力。② 积极将先进传播技术应用到国际传播中的同时,也要注意AIGC应用中的版权侵犯、消费者隐私保护等方面的法律和伦理问题。

（五）创新品牌故事营销,借助老字号向全球受众讲好中华文化故事

品牌故事是指关于品牌的象征性故事,既可以是叙述性的,也可以是比喻性的,是有关品牌历史、意义、精神等的描述。品牌故事是动态的,随着流行趋势和消费者口味的变化而改变。③ 故事是终极"信息技术",故事化沟通是传递信息最有力的形式,因为故事最适合人类心智,伟大的故事可以改变人们对现实的认知,故事化的真理建立了数亿人追随的文明和信仰。④ 针对电视广告的研究表明,讲述品牌故事的广告比强调产品定位的广告效果要好。⑤ 讲故事对品牌传播带来的好处归纳为五点:一是在信息过剩中帮助品牌抓住人们的注意力;二是让品牌的诉求概念和核心价值由抽象变得具体;三是讲故事可以令消费者产生感同身受的经验,比统计数字更有可信度;四是故事可以在消费侧的记忆中停留较久;五是故事在人际传播上较远也较快。⑥ 可见,品牌故事是能与消费者建立情感联结和价值认同的最好传播方式

---

① Hootsuite：2022全球社交媒体广告统计报告［R/OL］.中文互联网数据资讯网,2022-03-21.
② 雨果跨境.2024跨境电商行业趋势报告［R/OL］.雨果网,2024-01-10.
③ 何佳讯.长期品牌管理［M］.上海：格致出版社,2015：18.
④ 麦基,格蕾丝.故事经济学［M］.陶曚,译.天津：天津人民出版社,2018：12.
⑤ FACENDA L. Stories Not Facts Engage Consumers［J］.成功营销,2007（12）：68-69.
⑥ 汪涛,周玲,彭传新,等.讲故事 塑品牌：建构和传播故事的品牌叙事理论：基于达芙妮品牌的案例研究［J］.管理世界,2011（3）：112-123.

之一。① 老字号应当在国际传播实践中充分利用故事营销这一手段,讲好中国品牌故事和中华文化故事。具体而言,老字号对外讲故事可以从以下方面开拓思路。

第一,注意将中华文化与品牌故事的打造相结合,根据实际情况采用不同的文化营销策略。老字号拥有一般品牌所难以具备的较长时间的发展历史,在长时间的发展中具有丰富的可挖掘的历史和文化资源。老字号主要覆盖日常消费领域,一部老字号的历史就是一部中国人民的社会生活史,也是中国商业文明、经济和行业发展的历史,反映着国家、社会的巨大历史变迁。老字号要认真梳理自身的历史沿革,深度挖掘背后的人物故事、企业文化、经营理念、工艺传承以及创新的时代精神。在梳理整合的基础上,加大对传统文化元素的融入借用,形成优质的品牌故事文本。一个好的品牌故事在主题上要与积极的内容连接,内容上最基本的要求是具备真实可信、诱发情感、符合共识和承诺改变四大要素②,老字号在设计品牌故事的时候要尽量遵守这些基本原则。就老字号的故事内核而言,老字号品牌不要局限于传统的一面,更要开掘现代的、开放的一面,要从老字号的百余年现代化、全球化的转型实践中挖掘品牌中现代的、创新的、开放的故事面,塑造老字号的丰富立体的故事内涵。老字号本身也是中华文化的体现,在设计品牌故事时,还可以借用国外文化,采用文化混搭或文化共现的策略促进传播。具体到中国跨国品牌文化原型资源的应用可以对应文化元素的组合方式细分为四种策略③,老字号可以结合自身国际化阶段、知识与经验准备、传播诉求以及目标市场的文化距离等情况加以选择运用。当然,对品牌而言,往往是多种策略并用,而不是机械式地照搬。

---

① 王新惠. 论品牌叙事主体的运行机制与叙事动能:以北京老字号品牌故事为例 [J]. 现代传播(中国传媒大学学报),2022,44(3):108-116.
② 汪涛,周玲,彭传新,等. 讲故事 塑品牌:建构和传播故事的品牌叙事理论:基于达芙妮品牌的案例研究 [J]. 管理世界,2011(3):112-123.
③ 刘英为,汪涛,聂春艳,等. 如何应用国家文化原型实现品牌的国际化传播:基于中国品牌海外社交媒体广告的多案例研究 [J]. 管理世界,2020,36(1):88-104,236.

表1.13　中国跨国品牌文化原型资源应用的四种策略

	单文化元素	多文化元素
物质领域	**策略名称**：工具性审美策略 **适用特点**：文化距离较远，操作难度较易 **企业国际化阶段**：初期 **企业传播诉求**：推介产品 **策略含义**：将中华文化的"形"应用于产品表征，这部分主要包括对中国城市、中国美食、中国现代地标建筑的推介和应用，使得产品具有鲜明的来源国文化特征，引起国际消费者的注意，并针对产品形成初步的认知。这种策略既可以应用于产品视觉的图案呈现，又可以应用于产品视觉的文字呈现。该策略难点在于如何呈现才能提起目标消费者的兴趣，启发和刺激他们的认知需求，工具性和审美性的兼具则是这一策略需要遵循的重要原则	**策略名称**：差异化表现策略 **适用特点**：文化距离较远，操作难度较难 **企业国际化阶段**：快速发展期 **企业传播诉求**：推介服务和体验 **策略含义**：主要指结合来源国和东道国两种或两种以上文化元素进行混搭的组合方式，目的是给目标消费群体一个参照体系，以便其对中华文化元素进行认知和理解，并且获得差异化的体验。与工具性审美策略相比，差异化表现策略更进一步满足了消费者的认知需求，因为通过对比产生的感知，往往更为深刻。多文化元素物质领域的混搭，案例中一般采用文化共现或文化混搭方式进行推介
象征领域	**策略名称**：目标消费者认同策略 **适用特点**：文化距离相近，操作难度较易 **企业国际化阶段**：初期 **企业传播诉求**：推介品牌，展示品牌文化价值 **策略含义**：将文化附着于品牌之上与消费者互动，使消费者产生情感共鸣和偏爱，满足目标消费群体对品牌意义的需求和获取。象征领域既包括中国传统文化价值观的传承，又包括具有代表性的原型人物。需要遵循两个原则：一是要求传达意义具有普适性，以便获得目标消费者的文化认同；二是文化来源的说明和展示要具有可追溯性，以满足目标消费者的认知需求	**策略名称**：全球性共识意义获取策略 **适用特点**：文化距离较远，操作难度较难 **企业国际化阶段**：快速发展期 **企业传播诉求**：提升品牌价值 **策略含义**：通过获取全球性共识的意义，进行品牌文化与品牌价值观的推介。体验价值就是挖掘、植入、嫁接某种文化元素，这种文化元素是能与人们情感、观念、价值观相吻合的或者是人们向往的。这一策略的营销目标主要是使品牌价值观和全球共识的意义相契合，而多元文化的汇聚融合更有利于共识意义的获取。这一部分的搭配方式，是最为复杂的，也是企业在国际化发展成熟阶段最希望使用的。全球共识意义获取指在交流的过程中寻找双方文化中的普遍性共识，而对其差异存而不论

资料来源：本书整理

茅台提供了一个采用工具性审美策略的案例。2022年4月茅台海外依托

Facebook、Twitter、Instagram、YouTube 等社交媒体平台打造"This is Moutai"的主题营销活动。活动围绕"中国印象、中国美食、饮酒文化、白酒之密、这就是茅台"五大主题，从中国城市和中国传统文化等宏观层面入手，引导用户建立对茅台之美的初印象，进而聚焦对中国饮食文化和茅台文化的解读，强化海外用户对茅台之美的认知，引领全球友人以茅台为窗口，感知中华文化的魅力。此次活动的社交媒体曝光量超过 2116 万次，粉丝互动数量超过 50 万次，活动相关视频的播放量近 26 万次，达到了很好的宣传效果。截至目前，茅台海外各媒体平台总粉丝量超过 205 万人次，全球累计曝光量超过 10 亿次。[1]

图 1.5　茅台在海外市场发布的创意海报
资料来源：茅台脸书官方账号

第二，除了遵循常规做法打造品牌故事之外，老字号还可以尝试结合社会意识形态需求创造属于引领性的文化品牌，从而打造出全新的、难以替代的文化品牌故事和品牌形象。道格拉斯·霍尔特（Douglas Holt）和道格拉斯·卡梅隆（Douglas Cameroh）认为，品牌要用文化创新来寻找蓝海而非依靠产品功能的独特之处，因为产品功能的创新很容易被竞争对手复制，而现阶段很多品牌所生产的产品的差异都是非常细微的，陷入单纯的修饰词的竞争不仅是落入俗套的行为并且没有很显著的效果，品牌需要文化创新来获得

---

[1] 茅台海外营销活动"This is Moutai"火爆外网［EB/OL］．"茅台国际"微信公众号，2022-04-27．

消费者的认同。如果品牌能够从社会变迁也就是随着时代的发展产生的社会断裂中找到新的意识形态的需求，并且结合企业产品特点构建企业神话和文化密码来使整个品牌的文化表述更加吸引人，就有极大的机会能够创造巨大的成功。文化创新的原始素材来源于亚文化和社会运动、媒体神话和品牌资产，在构建品牌价值方面，分为象征价值、社会价值和功能价值。整个文化创新的过程包括以下方面。首先是描绘产品市场的文化正统、辨识消解文化正统的社会断裂、发掘意识形态机遇、采集合适的原始素材、运用文化战术、构建文化战略，最终实现由技术创新到文化创新的转变。[①] 当下，包括中国在内的全球都面临着某种社会断裂，新一代的年轻消费群体拥有着新的意识形态需求，全球政治经济环境的剧变也在不断改变着过去的所谓"文化正统"，断裂正在发生，新的意识形态机遇正在产生。这对所有的品牌都是一个机会，老字号品牌在海外营销的同时是否可以结合不同国家和地区的消费者社会意识形态的新需求创造出属于自身的文化战略？老字号是否可以结合"人类命运共同体"的理念为品牌发展的未来提供一个新的回答？是否可以结合全球社会关注的 ESG 和中华优秀传统文化创造新的文化倡议？笔者认为，老字号作为中国品牌的一分子，过去是传统的和实现现代化转型的品牌，未来应站在全球中国的角度上构建全球中国品牌的概念，秉持构建人类命运共同体的总体理念，在推动形成全球品牌发展的新理念、新路径方面发力。

第三，大胆创新品牌故事的呈现形式，不要局限于广告这一文本形式。除了推销和说服意图明显的内容形式如广告之外，老字号还可以化身为优质内容的来源，赋予品牌故事更好的载体进行深度演绎，如书籍、纪录片、电影、电视剧、话剧、动漫等形式。同仁堂的后代乐崇熙在 20 世纪 80 年代初赴美交流时，与美国学者合作翻译了乐崇熙所著的小册子《中药的故事》(*Herbal Pearls*：*Traditional Chinese Folk Wisdom*)，该书把人参、当归、金银花等 52 种名贵药材拟人化，通过民间传说小故事的方式呈现，这是同仁堂早期通过书籍传播中医药文化和品牌的探索。2013 年，同仁堂在韩国举办世界传统医学博览会时，制作了一本《学中国语》的小册子，通过学习中文来提高

[①] 霍尔特，卡梅隆. 文化战略：以创新的意识形态构建独特的文化品牌［M］. 汪凯，译. 北京：商务印书馆，2013：1-23, 173-194.

品牌的认知度。同仁堂把上山采药的全过程以图文并茂的形式展现出来，引导读者在辨别药材中学习颜色，从采集中学习动词，从环境中学习基本的天气描述等，并编撰了一组去中国旅游到同仁堂购物的环节，还以清代医倌为蓝本设计了卡通形象代言人"同仁堂小医倌"，通过故事化的形式，寓教于乐，公众在潜移默化中认知中医药文化，并了解同仁堂。电视剧也是同仁堂的海外传播渠道，2012年同仁堂集团投资建立了北京同仁堂传媒（香港）有限公司，将《大宅门》《大清药王》等一批有关中医养生知识和中医药发展历程的连续剧及其他电视文化节目"上星"播放（配有英文字幕），在海内外1600多家门店安装接收装置播放，顾客在买药或候诊的时候可以收看。[1] 同仁堂做了一些尝试，但是并不成熟，如小册子与正规出版的书籍还有距离，影响范围有限，电视剧并非为海外市场专门准备，可能会造成传播效果不足，总体来看，老字号对诸多艺术形式的运用尚不多见，未来还可以进行一些更为深入的探索。

第四，在品牌故事的讲述和传播上，可以归纳为以下四个要点。一是结构性地讲，也就是在讲故事的时候要着重讲述冲突，围绕核心矛盾，按照时序或因果关系展开故事，故事要包含开场、过程和结局三要素。二是系统性地讲。也就是在传播的时候要围绕品牌的某一设定的核心主题或品牌宣言，整合多种途径、多个渠道、多版本故事传播同一核心故事主张。也就是说要按照整合营销传播（Integrated Marketing Communication，IMC）的原则传播，营销即传播，传播即营销，老字号的营销过程就是传播过程，营销中涉及的每一个环节都是传播，这一点需要在讲故事的实践中体会和运用。当下，媒体粉尘化、渠道多元化，整合的难度更高，但核心依旧是围绕消费者做文章。三是差异化地讲。在讲故事的方式、时间和场合上需有别于竞争对手，针对不同的目标群体讲述不同的故事（采用不同的剧情、主角、风格和传播渠道）。四是简洁化地讲，用消费者可以理解的语言和方式说，给消费者

---

[1] 张景云，等. 北京老字号品牌营销创新案例研究 [M]. 北京：经济管理出版社，2021：180，200.

留下一定的想象空间。① 总的来看，老字号面向国际市场时，要因地制宜，围绕消费者的特点和需求，整合性、系统性、结构性地做好差异化、精准化传播。

（六）政策制定注重转型创新与国际化发展并重，提高政策的针对性与加大扶持力度

老字号的国际化和中华文化的国际传播离不开政府的支持，政府在该方面已经做了不少工作，取得了一些成效，但还可以在已有成果上继续加强，具体来说可以从以下方面进行优化。

第一，在政策制定思路上应把国际化及国际传播放到更加重要的位置。目前出台的诸多政策均主要服务于老字号的创新发展，聚焦于国内市场。但从企业发展而言，国内发展与国际发展并非对立，国内发展的同时也需要重视或者开始布局国际市场。综观国际化发展较好的老字号企业，均较早开始布局。部分老字号企业虽然实力较强，但缺乏国际化的意识和规划，这就需要一定的政策引导和刺激。现有的政策中，关于国际化的部分涉及较少，处于一个很次要的位置，有必要在未来的政策设计中提高国际化相关内容的地位。老字号品牌发展较好的重点地区如上海、北京、广州等地方政府可以率先探索推动老字号国际化的相关措施，积累可复制的经验。

第二，出台专门性的政策和措施。在政策设计思路改变的基础上，出台专门的政策以鼓励和刺激有条件的老字号加快出海速度，从而扩大品牌在海外传播的规模。如就国际化以及国际传播出台一份专门性的政策文件，设立引导基金，充分发挥资本作为重要生产要素的积极作用，开展"中华老字号走出去工程"等。在制定相关政策的时候不要差异化对待不同性质的老字号企业，如在调研时发现部分老字号企业反映，由于不是国企，一些扶持政策难以享受，在制定国际化相关政策的时候应当注意避免这一点。

第三，由商务部等主管部门牵头设立老字号国际化工作委员会，负责相关政策落实等具体工作的监督和促进。协同相关行业协会建立老字号国际化

---

① 汪涛，周玲，彭传新，等. 讲故事 塑品牌：建构和传播故事的品牌叙事理论：基于达芙妮品牌的案例研究［J］. 管理世界，2011（3）：112-123.

先进带后进、大带小、国际化经验交流等沟通机制。帮助老字号企业化解在国际化过程中常常遇到的商标注册与保护、合规操作等问题。

第四，在本土建立好上海、广州和北京三大老字号品牌集群及历史文化区，促进商业驱动、文旅融合。老字号往往与城市历史街区相联系，是城市文化的一种体现。在具有较多老字号企业的北上广三地打造老字号品牌集群和历史街区具有重要的品牌传播和品牌体验价值。

五、结语：长路漫漫，任重道远

通过上述分析可以发现一个基本事实：老字号品牌作为载体在中华文化国际传播方面具有巨大的潜力，茅台、同仁堂等少数老字号做了大量工作，也取得了一定成绩。但是总体上来看，中华老字号的国际化以及在对中国文化的过程传播上还存在诸多不足。主要表现在整体上老字号实力相对较弱，国际化程度低，国际传播意识和能力差，国际传播缺乏动力，发挥的作用有限。为了打破这种僵局，老字号应当抓住机遇夯实内功，加快转型升级，提高品牌实力，为国际传播提供坚实基础；要把握政策东风，利用跨境电商等新业态新模式积极走出去，尤其要注重"一带一路"市场和海外年轻消费者群体的开发；在"走出去"的过程中要重视品牌传播，充分调动多元主体的积极性，积极融入数字传播大潮，着手构建海外数字营销传播体系；要善于利用品牌故事营销打造品牌，品牌故事的打造中注重中华优秀文化的创造性转化。政府则要在过往政策的基础上进一步提高政策的针对性，加大扶持力度，调动有条件的老字号尽早开展国际化和国际传播活动。

在后疫情和后全球化叠加的"双后时代"，不确定性就是最大的确定，大环境给中华文化和老字号的国际传播带来了巨大的挑战。但另一个确定的任务或者使命是中国品牌必将进一步走向全球，这不仅是品牌高质量发展的内在要求，也是建设社会主义现代化强国的题中之义。习近平总书记指出，要在新的历史起点上继续推动文化繁荣、建设文化强国、建设中华民族现代文明这一新的文化使命，坚定文化自信，秉持开放包容，坚持守正创新。要着力赓续中华文脉、推动中华优秀传统文化创造性转化和创新性发展，着力推动文化事业和文化产业繁荣发展，着力加强国际传播能力建设、促进文明交流互鉴。① 在中华老字号走出去的过程中带动中华文化的国际传播任重道远。需要思考的关键问题是老字号品牌面对国外消费者想打造一种什么样的品牌形象,想传达何种品牌理念和精神价值。在这个不确定的世界,希望老字号品牌能为全球消费者带来一种确定性。

---

① 赵文涵. 习近平对宣传思想文化工作做出重要指示 [EB/OL]. 新华网, 2023-10-08.

第二章

国酒茅台，香飘世界：茅台品牌的国际传播之道[①]

摘　要　面对百年变局，讲好中国故事，传播好中国声音，展示真实、立体、全面的中国，是加强我国国际传播能力建设的重要任务。中国企业品牌是全面展现中国形象、构建我国国际传播体系的重要支点。中华老字号品牌茅台在国际品牌打造上屡创经典案例。从获巴拿马国际金奖初出茅庐，到跟随国家改革开放、"入世"、"一带一路"倡议等调整宣传重心，茅台国际化的每一步都紧跟国家战略，采用多元文化整合的传播策略将政策红利最大化利用。通过对母国文化与东道国文化的融合与协调，利用社交媒体平台和公关活动开展差异化、分众化的国际传播，既展示了中华文化元素，又融入了当地文化，形成了文化协同竞争效应，使跨文化传播中的文化元素具有较大的兼容性与包容性，实现了本土化与全球化的动态平衡。同时茅台还着力建构"茅台美学 MEI"体系，传播"茅台美学 MEI"的同时以中华文化之美引发全球消费者共鸣。茅台的国际传播对提升中国国家品牌的正面形象起到了积极作用，也推动了中华文化走出去。

关键词　国际化；国际传播；茅台；老字号

一、引言

习近平总书记在中共中央政治局第三十次集体学习时强调，要加强国际

[①] 本章由张杨、张驰执笔完成。

传播能力建设,讲好中国故事,传播好中国声音,展示真实、立体、全面的中国。① 值得肯定的是,中国媒体在国际传播建设方面不断加大推进力度,在讲好中国故事、传播好中国声音方面取得了一定的成效。② 但由于长期受"中国威胁论"等负面报道的涵化,西方民众深受本国媒体营造的拟态环境的影响,对中国的好感度持续走低。③ 新闻媒体主导下的国际传播由于意识形态偏见等很难形成建设性对话,在这种情况下,以公民个体、非政府组织等为主体的全球传播的重要性便凸显出来。相比媒体传播的效果,基于文化性、学术性、商业性的专业领域认同,更能减少因语言等因素产生的误读,也更能够在长久意义上形成沟通长效。④ 在"双循环"的新发展格局下,出海企业不仅是国际形象的有机载体和展现窗口⑤,更是国际传播的有效补充,打通国际传播从官方、媒体到目标受众的"最后一公里"⑥。当下大国博弈带来的贸易摩擦,"新冠疫情"蔓延引起的世界格局变更,逆全球化以及民族主义、单边主义的抬头,都让中国品牌被迫面临更复杂的国际舆论生态。因此,中国企业更应该探索国际传播的有效方式,利用品牌和产品讲好中国企业故事,践行习近平总书记多次强调的"深入文明交流互鉴",推动外国民众对中国产生更全面的了解和认同。

众多国产品牌中,老字号品牌是优秀的中国品牌代表,根植于优秀传统文化的品牌基因,是传播中华优秀文化的重要载体。老字号具有原创性、正宗性、自带特定品牌情境等特征,具有深厚的历史底蕴,文化传承价值极

---

① 新华社. 习近平主持中共中央政治局第三十次集体学习并讲话 [EB/OL]. 中国政府网, 2021-06-01.
② 程曼丽. 中国国际传播能力建设的当务之急 [J]. 新闻与传播评论, 2021, 74 (5): 1.
③ 韩德勋, 赵士林. 后疫情时代"国际传播"与"全球传播"之辩再思考 [J]. 全球传媒学刊, 2021, 8 (4): 120-134.
④ 张毓强, 庞敏. 新时代中国国际传播: 新基点、新逻辑与新路径 [J]. 现代传播(中国传媒大学学报), 2021, 43 (7): 40-49.
⑤ 季为民. 中国企业国际传播形象建构的现状及路径 [J]. 人民论坛, 2021 (18): 104-106.
⑥ 姜飞. 新阶段推动中国国际传播能力建设的理性思考 [J]. 南京社会科学, 2015 (6): 109-116.

<<< 第二章　国酒茅台，香飘世界：茅台品牌的国际传播之道

高。[1] 起源于汉武帝时期[2]的老字号茅台酒在经历了助力红军长征、国营改造、募资上市以后，已然成为中国人心中的"国酒"，凭借国家非物质文化遗产级的酿造配方，茅台在 2017 年超过"全球酒王"帝亚吉欧成为全球市值最高的烈性酒品牌；2020 年超过可口可乐，登顶全球食品饮料行业市值榜首。[3] 茅台已然成为中国白酒打开海外市场的主力军，2022 年茅台海外营收出口规模 42.4 亿元，出口额占行业的 88%。虽然海外烈酒市场几乎被威士忌、伏特加、白兰地等品类霸占，但率先开展全球布局的茅台深受国外消费者喜爱，连续多年入选 Brand Finance "全球品牌价值 500 强"，2023 年茅台品牌价值位居第二十一位，比 2022 年的国际排名跃升了十一名。[4] 茅台在海外传播方面也有着大部分老字号品牌所不具备的品牌传播能力——多次蝉联出

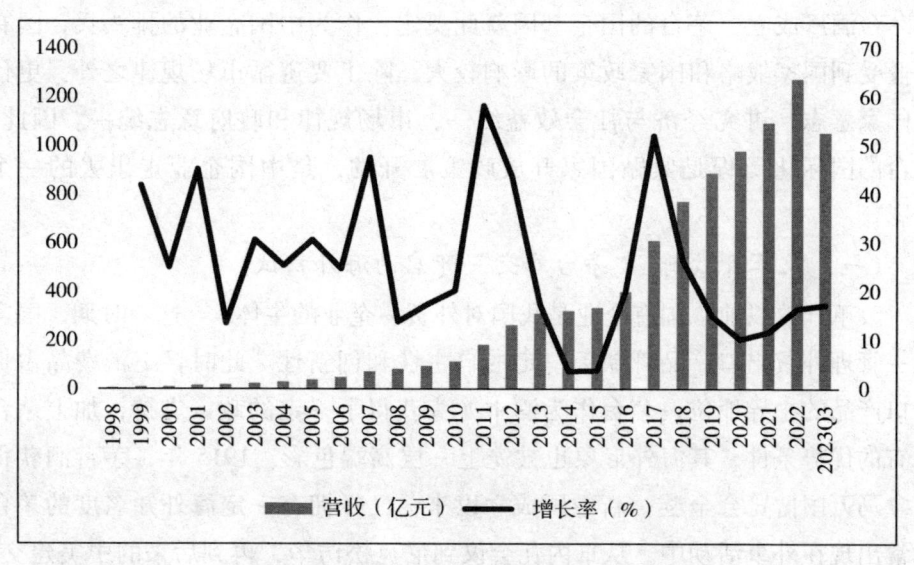

图 2.1　1998—2023 Q3 茅台的营收与增长率
资料来源：本书整理

---

[1] 杨桂菊，徐秀秀，曲旸. 机会窗口、文化传承与老字号创新成长 [J]. 科学学研究，2020, 38 (12): 2271-2281.
[2] 罗仕湘，姚辉. 百年茅台 [M]. 北京：中国文史出版社，2015：131.
[3] 关婧. 1.5 万亿！茅台超越可口可乐 成全球食品饮料第一股 [EB/OL]. 中国经济网，2020-04-17.
[4] 根据 Brand Finance 公开发布的数据。

海品牌社交平台表现力消费品类的前五名①，在海外主流社交网站 Facebook 上，茅台集团的粉丝数量位列中国烈酒品牌第一名。

基于此，本章选取中华老字号品牌茅台为研究对象，总结茅台国际化和国际传播的主要经验，为中华老字号出海提供借鉴和参考，促进企业提高国际传播能力。助力搭建多层次、多主体、多元化、多价值的传播体系，助力对外讲好中国故事和中华文化的国际传播。

二、茅台的品牌国际化历程

品牌国际化是一种动态发展的过程②，这意味着在品牌国际化的不同发展阶段，其品牌推广策略也会随之动态改变。③ 1951 年贵州省专卖事业公司仁怀茅台酒厂成立，茅台的国企基因就此奠定。作为中国企业的排头兵，国有企业受到国家战略和国家政策的影响较大，除了要遵循市场规律之外，更代表国家意志，讲究经济与社会效益统一，市场规律和政府意志统一。因此，茅台的国际化历程是紧贴国家开放政策展开的，是中国企业走出去的一个缩影。

（一）改革开放前："茅台外交"开启的海外初试

改革开放以前，国有企业是我国对外贸易企业的主体。④ 这一时期，国家统一管理外贸出口，品牌缺乏一定的自主性和创新性。此时轻工消费品占据出口产品的主导地位，茅台作为酒中龙头获得了一定的政策支持，加上茅台自有的优势条件，其海外形象也被笼上一层高端色彩。1915 年，茅台酒获得巴拿马万国博览会金奖。新中国成立以来，已经拥有一定海外知名度的茅台时常出现在外事活动中。从日内瓦会议到尼克松访华，再到后来的中美建交、

---

① 根据 OneSight、Morketing 联合发布的公开数据：《BrandOS TOP100 出海品牌社交平台表现力白皮书》。
② HUTCHINSON K，QUINN B，ALEXANDER N. SME Retailer Internationalisation：Case Study Evidence from British Retailers [J]. International Marketing Review，2006，23（1）：25-53.
③ 刘英为，汪涛，聂春艳，等. 如何应用国家文化原型实现品牌的国际化传播：基于中国品牌海外社交媒体广告的多案例研究 [J]. 管理世界，2020，36（1）：88-104，236.
④ 张驰，黄升民. 国有企业品牌 70 年：历史演进与未来展望 [J]. 新闻与传播评论，2020，73（1）：62-75.

中日建交等共和国的重大时刻，茅台酒都是融化历史坚冰，用以交流中外感情的重要工具，茅台也因此获得了更高的国际声誉。1953年计划经济时期，茅台开始通过香港、澳门转口销往国际市场；1955年在中国香港、澳门地区以及马来西亚、新加坡等东南亚国家和地区注册销售。① 由此，茅台的国际化在中央政府的指导下正式开启。但这一时期中国企业普遍缺乏品牌意识，80%以上的注册企业都没有自己的商标②，面对海外市场激烈的竞争环境，茅台遇到了商标歧视、包装改进等问题。为了适应海外市场，茅台逐步尝试做出改变：1966年外销陶瓷瓶一律改用乳白玻璃瓶，瓶盖改用红色塑料螺旋盖；1973年茅台酒内外销包装箱全部改为纸箱；1974年修改茅台外销商标说明书；1975年出口贵州茅台酒一律使用"飞天"新商标；1976年外销茅台酒包装瓶外皮纸取消，改用彩印纸盒，瓶口加挂吊牌，红色丝带系结。③ 1972年尼克松访华时品尝了茅台酒后对其赞誉有加，茅台由此打开了在美国的知名度，这为其后打开欧美市场奠定了基础。

（二）改革开放至"入世"前（1978—2001）：国际大赛助力海外布局

改革开放以前，国内缺乏良性市场竞争的环境，萌生于国家"计划温室"的中国企业在国际上明显缺乏品牌竞争力。随着改革开放的到来，国企的品牌建设的手段也逐步丰富，公关活动、名人广告、体育营销等进入国企的视野。④ 党的十一届三中全会后，国家拨款对茅台进行技术改造和扩建，茅台酒的产量和质量都大幅提升。⑤ 有了产量做硬保证，茅台开始提高品牌软实力，从打造独具特色的品牌包装、品牌广告出发大力提高品牌知名度。后来居上的茅台品牌推广能力迅速提升，先后获得香港"亚洲之星"包装奖、中国出口广告一等奖、法国巴黎"世界之星"国际包装最高奖。这一时期，茅台继续把握其高端的品牌调性，通过积极参加国际名酒、国际美食博览会等专业

---

① 黄桂花. 为什么是茅台：关于"国酒文化"与"茅台精神"的20个关键解读 [M]. 贵阳：贵州人民出版社，2017：45.
② 侯隽. 品牌60年：专家讲述新中国60年企业品牌史 [J]. 中国经济周刊，2009（40）：6-13.
③ 根据茅台集团公开的数据整理。
④ 黄升民，赵新利，张驰. 中国品牌四十年：1979—2019 [M]. 北京：社会科学文献出版社，2019：142-154.
⑤ 罗仕湘，姚辉. 百年茅台 [M]. 北京：中国文史出版社，2015：45.

类比赛进一步提高国际声誉，凭借优秀的品质先后斩获国际美食旅游大赛金桂叶奖、法国巴黎第十二届国际食品博览会金奖、美国国际名酒大赛金奖、日本东京第四届国际名酒博览会金奖等多个国际大奖。① 1993年茅台获得进出口权。基于其高端的品牌调性，茅台率先在美国市场试水，分别在纽约、洛杉矶以及旧金山建立经销中心②，从华人消费者入手，打入美国酒饮市场。改革开放前，茅台的国际化以与中国相距较近的东南亚市场为起点；改革开放后，茅台开拓的第一个国际市场便是消费水平较高的美国。茅台始终把握其高端尊贵的品牌调性，引领中国白酒国际化的新征程。

（三）"入世"后到"一带一路"前（2001—2013）：全面铺设海外营销网络

2001年中国加入世贸组织，在符合世贸组织规则的要求下进一步开放市场，倒逼了中国品牌国际化的进程。这一时期政府开始强调企业的国际化问题，2002年党的十六大指出要"形成一批有实力的跨国公司和著名品牌"，在2003年党的十六届三中全会、2005年国家发布的"十一五"规划、2007年党的十七大报告、2010年国家发布的"十二五"规划报告等重要政府文件中可以发现政府对于企业国际化发展的关切。在国家战略的指引下，茅台集团紧抓国际白酒市场的空缺，全面铺设营销网络，同时通过赞助大型国际活动进一步提高海外知名度，茅台的国际化进程实现了高歌猛进式的发展：改革开放初期茅台跻身全省出口创汇50万美元企业用了20年（1975—1995）；出口创汇增加100倍达到5000万美元用了15年（1995—2010）；而突破1亿美元仅用了1年（2011）；突破2亿美元用了3年（2011—2014）。其创汇速度持续上升。③

茅台精准聚焦高端市场，从2004年开始，茅台集团与法国卡慕酒业合

---

① 根据茅台集团公开的数据整理。
② 酒业观鉴. 国酒茅台国际化之路任重道远 倾力打造国际化品牌 [EB/OL]. 搜狐网，2018-05-26.
③ 黄桂花. 为什么是茅台：关于"国酒文化"与"茅台精神"的20个关键解读 [M]. 贵阳：贵州人民出版社，2017：99.

作①，借船出海入驻了 30 多个国家、60 多个国际机场的 300 多家免税店②。同时开始全面铺设全球直营网络，2006 年智利第一家茅台经销商诞生，茅台正式踏足南美洲大陆；2009 年登陆法国；2014 年进入澳大利亚……到 2022 年，茅台的海外经销网络已经触及 64 个国家和地区，106 个茅台经销商覆盖了亚洲、欧洲、非洲、美洲、大洋洲五大洲的有税市场及重要口岸的免税市场。这一时期，茅台还通过收购等商业行为精准开拓海外高端市场，2013 年茅台集团在法国波尔多成功收购了当地的中级明星酒庄"海玛酒庄"，就地延长营销链。国际化的白酒消费，更深意义上是中国传统文化的国际化消费，因此茅台开展了一系列的境内外文化交流活动，赞助了许多具有国际影响力的活动，借船出海扩大茅台国际影响力。比如，茅台从 2007 年开始连续 10 年赞助博鳌亚洲论坛，并成为该论坛仅有的 4 位钻石级合作伙伴之一；2010 年茅台以白酒行业唯一高级赞助商的身份赞助上海世博会。

（四）"一带一路"提出至今（2013 年至今）：主动对接国家倡议，借"一带一路"东风大步推介

2013 年，习近平主席提出建设"新丝绸之路经济带"和"21 世纪海上丝绸之路"的合作倡议，积极发展与共建国家的经济合作伙伴关系，共同打造政治互信、经济融合、文化包容的利益共同体、命运共同体和责任共同体。从国家经济角度来说，"一带一路"的提倡和践行为中国企业走出去提供了空前的机遇；从传播学视角来看，"一带一路"倡议让中国和其他共建"一带一路"国家身份重新范畴化，从"我们"和"他们"变成了共建"一带一路"国家这个共同的群体身份。③因此，"一带一路"倡议应被视为新型传播结构的建设工程，为国际传播秩序的改变打下坚实的基础。④"一带一路"倡议提出后，茅台抢抓机遇，在巴拿马金奖百年之际，把共建国家的市场推广作为

---

① 钱久平. 国际化：国酒茅台为什么能 [EB/OL]. 南方周末，2015-12-31.
② 王新明. 贵州茅台走上国际化之路 [EB/OL]. 新华网，2015-11-28.
③ 宣长春，林升栋. 文化距离视野下的"一带一路"倡议：基于 4918 篇英文新闻报道的情感分析：2013—2019 年 [J]. 新闻与传播研究，2021，28（6）：24-43，126.
④ 姜飞，彭锦. 以媒体融合促进对外传播能力建设 [J]. 现代传播（中国传媒大学学报），2019，41（8）：7-11.

海外布局的重点，在2015年开启文化茅台"一带一路"行品牌推介活动。① 截至2022年年底，茅台酒已经进入44个共建"一带一路"国家②；在海外组织、策划并赞助的活动有310场，全球几乎每天都上演"茅台故事"③。不同于以往的是，这一阶段的茅台在国际市场供不应求，海外推广的主题从"卖酒"转为品牌传播、文化传播，从为国家赚取外汇转为促进中外文化交流、减少文化壁垒。④

在欧美发达国家，茅台借巴拿马金奖100周年（2015）的契机高调跨出国门，在海外密集展示中国民族品牌形象——以"金奖百年·香飘世界"为主题，先后在莫斯科、米兰、旧金山等多地成功举行纪念荣获巴拿马金奖100周年海外庆典活动。这一系列活动使茅台酒迅速从华人社会走向更宽阔的西方主流市场，其中一个重要体现就是美国旧金山市长在2015年宣布，每年的11月12日为旧金山"贵州茅台日"。茅台在这一时期还通过与国际高端连锁品牌合作拓展销售渠道。在美国，与最大高端连锁零售商店Total Wine & More以及全美最大酒类批发商Southern Wine & Spirits的合作；在大洋洲，依托大洋洲地区Zilver Bondi和Dan Murph等连锁酒行、高端酒店、大型商超走向当地消费人群；在保加利亚，成功进驻保加利亚最大的仓储式商场Casavino，利用其零售和批发渠道扩大茅台在当地的销售网络。⑤ 面对大众消费市场，茅台则根据当地人群的饮食特点和市场需求，通过创新多种口味的鸡尾酒、开发符合当地习俗的节日纪念酒等方式推广茅台品牌，提高品牌声量的同时将中西方酒文化碰撞出新的火花。

三、茅台国际传播的主要策略

国际传播在传播学研究中通常采用其狭义内涵，即以大众传播为支柱的

---

① 董童，杨迪. 一组数据带你看懂茅台"一带一路"行 [EB/OL]. 人民网，2019-04-09.
② 王小军，卓玛才让，王传福，等. 融入开放格局 共创美好生活 [N]. 人民日报，2022-08-12（11）.
③ 张恒. 茅台国际化为什么能：2019贵州茅台海外经销商大会观察 [J]. 当代贵州，2019（48）：44-45.
④ 郭铁. 文化茅台"一带一路"行将再次走进非洲 [EB/OL]. 新京报，2019-05-06.
⑤ 根据"茅台国际"官方公众号公开数据整理。

国与国之间的传播。[①] 除去国家政府外，商业公司同样是潜在的传播主体。[②] 跨国品牌在其全球化进程中应用国家文化原型，通过传播品牌独特的文化资源优势来获取国际消费者的认可[③]，这不仅有利于跨国品牌创建差异化的全球定位优势，也是提升整体国家形象、累积品牌资产的重要战略方向[④]。但是受到国与国之间文化规范（cultural norms）差异程度，即文化距离的影响[⑤]，国家间在文化习俗和语言上存在差别[⑥]，品牌在进入东道国时不仅需要跨越空间距离，更要跨越社会距离以及由此引发的文化心理距离[⑦]，这为跨国公司提出了新的挑战。近年来，全球化、民粹主义、贸易保护主义抬头，面对这种复杂的国际传播环境，茅台集团整体采用多元文化整合的品牌跨文化传播策略，通过对母国文化与东道国文化的融合与协调，利用社交媒体平台和公关活动传播中国特色，并通过线下互动融入当地文化，形成文化协同竞争效应，使跨文化传播策略中的文化元素具有较大的兼容性与包容性，获得良好的传播效果。[⑧]

[①] 史安斌. 全球网络传播中的文化和意识形态问题 [J]. 新闻与传播研究，2003（3）：52-60，95.

[②] 韩德勋，赵士林. 后疫情时代"国际传播"与"全球传播"之辩再思考 [J]. 全球传媒学刊，2021，8（4）：120-134.

[③] CHIU Y L, MALLORIE T, KEH H T, et al. Perceptions of Culture in Multicultural Space: Joint Presentation of Images from Two Cultures Increases In-Group Attribution of Culture-Typical Characteristics [J]. Journal of Cross-Cultural Psychology, 2009, 40 (2): 282-300.

[④] 何佳讯，吴漪. 品牌价值观：中国国家品牌与企业品牌的联系及战略含义 [J]. 华东师范大学学报（哲学社会科学版），2015，47（5）：150-166，223-224.

[⑤] 刘英为，汪涛，聂春艳，等. 如何应用国家文化原型实现品牌的国际化传播：基于中国品牌海外社交媒体广告的多案例研究 [J]. 管理世界，2020，36（1）：88-104，236.

[⑥] KOGUT B, SINGH H. The Effect of National Culture on the Choice of Entry Mode [J]. Journal of International Business Studies, 1988, 19 (1): 411-432.

[⑦] 张景云，杨彬，何昕. 基于传播心理距离理论的品牌跨文化传播策略 [J]. 现代传播（中国传媒大学学报），2012，34（6）：133-134.

[⑧] 公克迪，涂光晋. 品牌跨文化传播理论的演进：基于文化心理距离的视角 [J]. 当代传播，2017（5）：65-69.

（一）抓住数字传播机遇，借力国际主流社交平台打造品牌影响力

以互联网、社交媒体和人工智能为代表的信息技术革命正重塑全球传播景观[1]，既往支撑国际传播垄断局面的传播渠道已经从媒体转向了一般性的媒介，而包括手机在内的媒介终端在"互联网+"的思路，已经无法用"垄断"的思维和手法覆盖，渠道的延伸也实现了多元和无远弗届。[2] 截至 2022 年，全球社交媒体用户已达 47.4 亿[3]，Facebook、Twitter、Instagram 等超级互联网平台正逐渐主宰全球传播，打破了以往由专业新闻机构和影视文化产业所主导的国际传播壁垒，茅台紧抓这一机遇，配合国际化步伐，及早布局海外传播网络，在 2014 年入驻上述各大社交媒体平台并获得官方号认证，由此通过体系化、分众化的策略开展国际传播。根据第一财经商业数据中心发布的《2023 中国品牌出海声量榜》，茅台位列食品饮料板块榜首。[4]

1. 高端品牌传播优质内容，国际传播体系化

茅台在海外主要社交平台上均设有官方账号，并且在各个平台间、传播形式上做到了体系化、统一化。在不同的社交平台上，茅台均使用官方标志（LOGO）做头像，并且官方总号（除 Twitter 上叫 Moutai Global 外）用户名均设为 Moutai China，而针对各国的地区分号则命名为"Moutai+所在国名"；各平台间账号主页背景配色、风格一致，保持平台间的统一性；各平台间账号发布的内容相互呼应，一图多发或一文多发形成聚合传播，增加传播声量。平台间的体系化传播能够促进茅台集团在海外受众心中形成稳定、可靠的印象，增加受众好感度。在传播形式上，茅台在不同社交平台上发布内容的形式保持统一，多为一小段文案配一张或多张海报的形式，海报内容多反映中国特色文化，图文呼应，用简单直接的视觉符号帮助国外受众了解中国茅台，

---

① 张志安，李辉. 平台社会语境下中国网络国际传播的战略和路径 [J]. 青年探索，2021 (4)：15-27.

② 姜飞. 新阶段推动中国国际传播能力建设的理性思考 [J]. 南京社会科学，2015 (6)：109-116.

③ 张春华. Z 世代渴望掌握社交权力？2023 全球社交媒体六大趋势 [EB/OL]. 新浪财经，2023-03-01.

④ 中国年轻品牌批量出海，他们凭什么搞定海外消费者？[EB/OL]. 第一财经商业数据中心，2024-01-12.

这种具有文化底色的软性传播能够在一定程度上减少传播隔阂。

国际酒业品牌在中国通过长期引导消费者饮酒习惯培育市场的做法证实，一种酒的流行背后，其实是某种文化、价值观或生活方式的改变。伴随着全球化背景下文化接触的加剧，全球消费者的世界主义和文化开放性呈现增长趋势，对文化多样性的要求、期望、开放性也在提升[1]，期望国际品牌能够告知他们与品牌有关的来自特定地方的文化[2]。茅台的做法就迎合了消费者这种需求，茅台在海外社交平台上极少直接推荐产品，而是通过介绍茅台酒背后的酱香酿酒文化以及中华传统文化传递品牌理念和内涵，彰显品牌价值观，匹配茅台高端、极具中国特色的品牌形象。比如，茅台集团在2017年的海外经销商大会期间，发布以茅台酒的精细原料选取、独具匠心的百年传承酿酒工艺、茅台工人们的勤劳敬业为核心的纪录片《时光里的茅台》，向全世界人民展示了茅台酒的民族特色。影片在放映期间获得海外粉丝热烈响应，海外新媒体平台视频曝光总量超520万次，视频观看总量近70万次，各新媒体平台获取粉丝点赞、转发、留言等互动超77万次。[3] 茅台海外官方号还会在每一个节气日当天发布相关推文并配以海报，比如，在2020年春分当天，茅台结合中国山村春景图推出春季系列帖文。茅台还会在特定节日统一更换主页封面（Cover Photo），比如，在2018年春节之际更换Facebook主页封面，画面把茅台经典酒的形象作为灯笼悬挂在两侧，配以中国古典建筑物素材和美丽祥云图腾图案，再配上"Happy Spring Festival，新春快乐"的字样，让全世界与茅台共同庆祝中国春节的到来。经过精良专业制作、具有良好视觉效果的图片更能吸引受众的注意力，也更容易获得受众的互动点赞。茅台发布在海外社交平台上的每一张图都是有独特设计的高清海报，因此深受海外受众的喜爱。此外，茅台在发布推文时多带"茅台传奇"（Moutai Legend）、"茅台味道"（Moutai Tasty）、"干杯"（Toast）等相关的标签（tag），方便精准定

---

[1] DOUGLAS P, CRAIG C. Convergence and Divergence: Developing a Semiglobal Marketing Strategy [J]. Journal of International Marketing, 2011, 19 (1): 82-101.

[2] 何佳讯. 中国品牌全球化：融合"中国元素"的品牌战略："李宁"案例研究 [J]. 华东师范大学学报（哲学社会科学版），2013, 45 (4): 124-129, 155-156.

[3] 《时光里的茅台》海外曝光量破500万次，引发全球茅粉热烈反响 [EB/OL]. "茅台国际"微信公众号，2017-12-22.

位目标受众，实现有效传播。

  这一系列操作引起海外消费者的良好反响，各平台都获得了高达数万的互动量。截至 2023 年 12 月 31 日，茅台各海外社交媒体平台全年共发布帖文 1799 条，发布视频 47 条，累计投放多种形式的社交媒体广告 476 次，Facebook、Twitter、Instagram、Pinterest、LinkedIn、YouTube 六大海外社交媒体平台累计粉丝量突破 370 万人，全球曝光总量达 7.29 亿次，总互动量突破 1200 万次。全部帖文中单篇阅读量达到 10 万+的近 1000 条，占比达到 50%以上；互动（点、赞、评、转）10 万+的近 400 条，占比超过 20%，向全球消费者展现了茅台的品牌和文化魅力。来自国际第三方监测平台 Fanpage Karma 的数据显示，通过对茅台、绝对伏特加、杰克丹尼、轩尼诗、人头马、皇家芝华士、百龄坛、真露、三得利等全球 21 个国际知名酒类品牌近半年的社交媒体运营数据对比发现：茅台的整体页面表现远高于行业平均水平。在粉丝增长、帖文互动、平均发帖数量等方面，茅台同样位居前列。①

  这种润物细无声的文化传播，不仅能凸显品牌的关键价值，建立与受众的情感联系，更能为异国消费者带来差异化的联想，满足他们作为全球化消费者的价值需求。② 消费者通过品牌接触，持续地以直接或间接的方式体验到某种文化后，会发展出对此文化的认知表征，进而会期望以这种被激活的文化方式进行思考和行动③，而茅台在海外传播时对"中国元素"的运用不仅有利于其在国际市场中建立差异性定位④，更是用海外受众易于理解和乐于接受的方式，帮助其形成对中华文化的良好感知，达到深化文明交流互鉴，讲好中国故事，传播好中国声音的效果。

---

① 书写最"MEI"篇章！2023 年茅台国际化成绩单，来了！[EB/OL]."茅台国际"微信公众号，2024-02-02.
② STEENKAMP M, MARTIJN G. A Global Investigation into the Constellation of Consumer Attitudes toward Global and Local Products [J]. Journal of Marketing，2010，74（6）：18-40.
③ MORRIS M, CHIU C, LIU Z. Polycultural Psychology [J]. Annual Review of Psychology，2015，66：642.
④ 刘英为，汪涛，聂春艳，等. 如何应用国家文化原型实现品牌的国际化传播：基于中国品牌海外社交媒体广告的多案例研究 [J]. 管理世界，2020，36（1）：81-104，236.

2. 一国一策，"入乡随俗"精准传播

品牌价值主张的表述内容与表达方式与当地文化习俗和消费价值观相匹配，是打动海外消费者内心的前提条件。① 因此，品牌的国际传播既要做到整体统筹，又要做好差异传播，优化国际传播资源分配。② 茅台在国际传播过程中通过设立各国各地区的官方号（或网站），策划符合当地文化习俗的互动活动，实现了传播的分众化，做到了"一国一策"式的精准化传播。面对整个欧美市场，茅台总号 Moutai China 从未缺席西方国家的重要节日，以圣诞节为例，茅台每年都会开展极具互动性的线上活动。比如，在 2020 年圣诞节，茅台开展线上"圣诞三部曲"营销活动，首先发布 16 篇圣诞系列帖文，随后发布节日互动视频调动粉丝气氛，最后通过互动游戏引导受众留言参与。活动获得 460 万次的曝光量和 25 万次的互动量，得到海外网友的主动传播。而聚焦于各地区的特定市场，茅台则采取本土化、差异化的传播策略。在同一社交平台上针对不同地区开设其官方账号，以"Moutai+地名"的模式命名，方便当地受众查找。此外，茅台还设定区域性官方网站，比如，茅台比利时专卖店网上商城覆盖比利时、荷兰、德国、卢森堡等多个地区；茅台大洋洲官网覆盖澳大利亚、新西兰。在茅台大洋洲官网上，集团除了继续推广中国白酒文化、茅台文化以及茅台镇文化以外，还与线下活动联动，发布预热公告。例如，在 2017 年，茅台在澳大利亚举办了"鸡尾酒大作战"的创意活动，活动前在官网发布参赛规则、报名途径等信息，并配上对茅台酒文化的简介；2016 年年末，官方预告皇冠小镇的线下快闪抽奖新年活动；茅台还在悉尼购物日推出满 300 元减 20 元的营销活动，迎合当地消费习惯，拉近与当地消费者的心理距离，实现良好的传播效果。

3. 携手知名媒体和 KOL 营销，聚合高声量掀起茅台热

人际传播因素会影响品牌的跨文化传播，所以在多元文化中寻求一致性

---

① 胡左浩，洪瑞阳，朱俊辛. 中国领先企业的品牌国际化营销之道：以消费电子行业为例[J]. 清华管理评论，2021（3）：14-23.
② 张志安，李辉. 平台社会语境下中国网络国际传播的战略和路径[J]. 青年探索，2021（4）：15-27.

和共同的价值观来克服心理距离,才能建立品牌与受众之间的信任关系。① 茅台在进行海外传播时,时常利用当地知名意见领袖传递品牌价值,如在多哥请当地知名歌手 Fofo Skarfo 作为品牌代言人,并在"新冠疫情"期间举办茅台主题线上演唱会,利用战胜"新冠疫情"这一共同愿望,以当地知名人物为传播纽带进行品牌的跨文化传播,建立茅台与当地受众的信任,进而实现柔性的文化融合与协调。此外,茅台还十分擅长使用贴近西方媒体的表达方式传递品牌声音和中华文化,以 2019 年发表在《泰晤士报》饮食板块上的文章为例,文章以饮料类英文书籍作者德克里·桑德豪斯(Derek Sandhaus)的视角,阐述中国白酒的匠心精神与文化内涵,给受众以真实感和权威感,这种写作方式值得借鉴。

总的来说,茅台在面向海外受众做线上传播时,从国外受众的心理特点和接受习惯出发,从他者的角度策划,通过视觉符号和融入当地特色的活动传播了中国的故事和声音。此外,综览茅台在海外平台发布的内容可以发现,其很少直接让中国元素与当地元素共现,而是依据特定节点的特定内容,有针对性地突出母国文化或东道国文化某一方的特色,以此避免由"文化混搭"带来受众的排斥情绪。② 因为母国文化象征与有着明显差异的外国文化象征进行混搭,在人们感知到外来文化可能污染或改变母国文化,威胁到母国文化的完整性和生命力时,就会引发人们的负面反应。③ 东西方文化差异较大,因此茅台在进行文化融合时,十分注重"文化混搭"的程度,把握东道国和母国文化之间异质性的平衡,遵循了传播心理距离的适度把握原则,这也是其深受海外受众喜爱的重要原因。

(二)借力大型公关活动打造高端形象,代表中国走向世界

茅台集团在国际化进程中,整合多种公关活动,积极融入当地文化,以

---

① 公克迪,涂光晋. 品牌跨文化传播理论的演进:基于文化心理距离的视角 [J]. 当代传播,2017(5):65-69.
② CHIU C Y, MALLORIE L, KEH H T, et al. Perceptions of Culture in Multicultural Space: Joint Presentation of Images from Two Cultures Increases In–Group Attribution of Culture–Typical Characteristics [J]. Journal of Cross–Cultural Psychology, 2009, 40 (2): 282–300.
③ 聂春艳,汪涛,赵鹏,等. 解释框架对文化混搭产品评价的影响:比较焦点和解释策略的调节效应 [J]. 心理学报,2018,50(12):1438-1448.

开放包容的心态助力东道国文化、体育、慈善事业的发展，展现出中华民族企业负责任的气魄与胸襟，提升了中国国家品牌的正面形象。

1. 延续"国酒"传统，与外事活动整合

与其他出海品牌不同的是，茅台天然具备与国事外交紧密联系的优势基因，从基辛格访华邓小平用茅台招待，到铁娘子撒切尔夫人醉饮茅台，再到"习奥会"共举茅台祝酒，茅台总是出现在重要的外交场合。① 茅台也充分把握这一优势，充分发挥主观能动性，大力赞助外交活动，通过参与或举办与外交相关的活动打开在国外高端消费市场的知名度。比如，在2015年习近平主席访问美英两国时，茅台联手国内知名企业分别在世界知名媒体《纽约时报》和《金融时报》整版版面表达对我国领导人出访的祝贺，彰显了中国民族品牌的特殊感情和融入世界经济的自信，开启了中国酒业在西方媒体配合重大外交事件刊登整版广告的先河。此外，每逢中外建交关键节点，茅台都会以赞助商的身份加入建交庆典中，如中泰建交45周年、中保建交70周年、中法建交55周年时，茅台都大力协助中国驻当地使馆举办建交庆典，也由此让更多国外民众了解到茅台这一中国的民族品牌。2024年，茅台首次亮相达沃斯经济论坛。②

2. 公益出海提高品牌好感度，展现大国品牌气度

对任何一个国际化的企业来说，其无法回避的一点是，人们对这个企业的印象是与其母国的印象紧密联系在一起的③，另一方面，企业的产品、服务和其在东道国的行为也塑造了母国的形象。茅台在做海外传播时十分注重公益形象，致力于人类命运共同体的发展建设，展现出中国企业的包容与气度。2021年，茅台集团发布首份双语版社会责任报告，向全世界的消费者展现茅台作为中国大品牌的社会责任担当。实践方面，茅台海外经销商经常在东道国举办或参与慈善义卖、慈善晚宴、公益捐赠等活动，茅台十分关注贫困儿童的生活质量，多次为发展中国家的贫困儿童捐赠慈善物资。"新冠疫情"暴发期间，茅台的海外营销传播聚焦于助推国际公益事业的发展，向老挝、莫

---

① 习近平开茅台 向奥巴马祝酒 [EB/OL]. 人民网，2013-06-10.
② 谢之迎. 万亿茅台，高调出海 [EB/OL]. 21世纪商业评论，2024-01-21.
③ 程曼丽. 大众传播与国家形象塑造 [J]. 国际新闻界，2007 (3)：5-10.

桑比克、莫斯科、马来西亚等疫情防控能力相对薄弱的国家和地区捐赠医用物资。①

值得注意的是，茅台有较强的国际传播意识，通过传播手段让其公益实践被当地群众看到，比如，茅台经销商向老挝新闻文化和旅游部捐赠口罩被老挝国家电视台、《万象新报》等众多老挝主流媒体报道；茅台在其海外社交平台官方号上也会主动发布其做慈善的相关推文。此外，"新冠疫情"暴发之初，茅台在美国时代广场中央大屏投放"中国加油"（Be Strong China）、"武汉挺住"（Wuhan Stay Strong）等标语，还在加拿大、德国等地的华人报纸上投放整版公益广告，在向海外华侨华人传递信心的同时，讲述中华儿女团结抗疫的中国故事，塑造众志成城、不畏险阻的大国形象。

3. 跨界赞助文体活动，户外大屏传递中国声音

在当前国际舆论形势复杂严峻的背景下，加强文化传播对中国企业海外形象建设具有重要意义②，但在品牌跨文化传播中，如果传播在文化上过分贴近异国消费者，突破异域社会文化容忍度，就会触发当地受众的"自我领地意识"，进而引起其心理上的排斥③。茅台在融入当地文化时灵活运用多元整合的方式，以赞助商的身份露脸重要国际文体、酒会等活动，比如，与NBA冠军金州勇士队合作，赞助单赛季中国传统庆典表演赛；在保加利亚举办和赞助了亚洲文化节、国际爵士音乐节、保加利亚歌手巡演等多文化推广活动。此外，茅台还与国际高端品牌跨界合作，借力名流活动展示品牌个性，为品牌精准定位，如赞助洛杉矶 Plate by Plate 慈善晚宴、拉斯维加斯马球世博会、洛杉矶春夏时装周、美国电影市场鸡尾酒展会等高端国际性活动。这种以第三方身份进入东道国文化传播活动的方式既不会引起当地民众的排斥反感，又能有效提高品牌知名度，拉近与当地消费者的心理距离。同其他国家大品

---

① 文化茅台，扬帆海外丨重温2020，持续讲述中国白酒的"出海"故事：公益篇［EB/OL］."茅台国际"微信公众号，2021-02-06.

② 中国外文局中国企业海外形象研究课题组，翟慧霞，孙敬鑫.2020年度中国企业海外形象调查分析报告：以"一带一路"沿线12国为调查对象［J］.对外传播，2020（12）：20-22.

③ 公克迪，涂光晋.品牌跨文化传播理论的演进：基于文化心理距离的视角［J］.当代传播，2017（5）：65-69.

牌一样，茅台也选择在文化包容度较高的户外商圈投放大屏广告，如以麒麟平安、仙鹤迎春、锦鲤报喜、龙凤呈祥等为主题在巴黎戴高乐机场投放立体广告，将茅台品牌与中国传统文化结合，向欧洲消费者展示国潮魅力，提高海外传播声量。

（三）以"美"（MEI）为媒，营造茅台"美学体系"激发全球消费者文化共鸣[①]

中国品牌的国际传播，既要基于自身产品的物质性，同时也必然涉及品牌价值的精神性。如何在文化多元的世界，与国外消费者形成文化共鸣是茅台亟待解决的问题。茅台集团认为，"美"是茅台品牌价值的最重要内核。美酒作为一种饮食符号和文化象征，深深浸透在中国传统文化和中国人的社会生活中。2023年，茅台集团启动"茅台偕美世界行"海外活动，通过美学来传递中国品牌的文化内核，让国外消费者看到中国品牌融传统与现代为一体的价值追求，实现了较好传播效果。当前，中国品牌在全球的文化内核特征并不显著，制约了品牌的国际化，这也是未来中国品牌需要发力之处，茅台的"美学"探索值得关注。

第一，构建茅台独具特色的美学体系。在第十一届中国白酒T8峰会上，茅台董事长从哲学的"高度"、时间的"长度"、空间的"绿度"、工艺的"精度"、文化的"温度"、竞合的"气度"、生活的"美度"七个维度，论证了茅台美学之自然美、形式美、精神美。在第十二届中国白酒T9峰会上，再次从这七个维度，阐述了哲学"高度"的理论体系、时间"长度"的规则体系、空间"绿度"的生态体系、工艺"精度"的科学体系、文化"温度"的融创体系、竞合"气度"的格局体系、生活"美度"的创美体系，从理念到体系，进一步展现茅台对美酒美学的深入思考和实践。

第二，在产品设计上，强调美的沟通。其中，专门为日本消费者设计的"走进日本"和"文化·日本"两个系列的茅台酒，在日本一展示就引发了文化共鸣，因为这两个系列的茅台酒是融合了中国美学和日本美学元素的。

[①] 主要参考丁雄军．搭建审美桥梁：国际化背景下的中国品牌传播研究：以茅台美学体系营造与传播为例[J]．传媒，2023（20）：64-65，67；书写最"MEI"篇章！2023年茅台国际化成绩单，来了![EB/OL]．"茅台国际"微信公众号，2024-02-02.

"走进日本"系列将茅台酒核心元素飞天女神、日本国花樱花、代表友好的日本绳结和代表和平的东大寺深度融合;"文化·日本"系列,在飞天商标和茅台经典的斜杠设计之外,加入了源于日本的纸卷笔、文化名人画像、高僧诗句、浮世绘画作等。

第三,以美为核,讲好品牌故事。茅台品牌奉献的是美的产品、美的品位、美的价值,服务的是美的生活,因此,在国际传播中讲好茅台品牌美的故事是重中之重。在东京,重点讲的是中日两国各具特色的美酒文化,茅台酒在中日两国友好交往历史上的感人故事,由美酒到"美酒+美食",再由"美酒+美食"到美的生活,充分解读了茅台品牌的美学追求。在巴黎,结合法兰西文化的特点,从美是产品、美是态度、美是哲学三个层面向法国消费者传播了茅台美学的核心要义。

第四,多种手段传播茅台的多维之美。一是,以汉语的丰富内涵传递茅台的中华之"MEI"。茅台用汉语拼音"MEI"而非用 Beauty 或 Aesthetic 来阐释美。英文的两个单词虽然都具有美的含义,但前者主要指具象的美,后者则强调的是哲学中的美,而使用"MEI"作为中华之"美"的国际表达,可以描述出物质层面的满足,也能传递出精神层面的富足。这样的创新表达,得到许多外国消费者的认同。二是,文化交流传递茅台品牌之"MEI"。如茅台参展法国巴黎 Vinexpo Paris 2023,带领国外消费者一起"寻找茅台之源";携手雅典时装周,助推中欧文化互动;亮相保加利亚爵士乐音乐节、罗马尼亚"以花之名"高级晚宴等。进出口公司联合国际渠道商在延续品鉴会、展览会、高级晚宴等活动形式的同时,还拓展了选美、车展、音乐节等新颖的活动形式,积极推动茅台品牌与当地文化的深入融合,让全球国际友人可以亲身体验茅台的醇厚酱香,了解茅台的匠心酿造工艺,进一步感受了茅台"MEI"的品牌文化内涵。三是,借力体育赛事,诠释茅台激情之"MEI"。如菲律宾、芬兰、泰国等渠道商举办的高尔夫球赛。澳大利亚渠道商赞助的澳大利亚 V8 Supercars 卡雷拉杯车赛,让茅台与保时捷实现了跨品牌融合。新加坡渠道商组织的武术大赛与半马比赛,是茅台对健康、美好生活方式的倡导。四是,以公益活动,彰显茅台公益之"MEI"。如科特迪瓦渠道商通过参与"慈善无国界,大爱无疆土"慈善捐赠活动,用公益行动架起共建"一带一路"的桥梁；柬埔寨渠道商为柬中佛陀教育学会的学生带去学习用品，并开展了中华传统文化体验活动；德国渠道商参与了联合国儿童基金会2023年晚会，为有困难的儿童捐款捐物；多哥渠道商为天意孤儿院捐赠物资，同时发挥自身的影响力，为孤儿院争取到了更多社会关注；莫桑比克渠道商为莫桑比克首都马普托市欧米莫福利院送去了爱心与温暖，为孩子们带去了圣诞的惊喜礼物；印度尼西亚渠道商举办了2023年印尼雅加达儿童救助院物资捐赠活动，用实际行动履行企业社会责任。

四、结语

国家"十四五"规划中首次提出要"保护发展中华老字号"，茅台集团在其国际化进程中紧跟国家战略步伐，通过自主创新的传播方式和公关策略将政策红利最大化利用，在国际品牌的打造上取得成效，推动了中华文化的国际传播。但是中国出海品牌在属地化的跨文化传播方面仍面临较大障碍，茅台要做到继续精耕细作，提高企业海外传播的时、效、度：在社交媒体平台上做到地区分号全体官方认证，增强推文的互动性和可视化，加大短视频等影视传播的力度；进一步健全海外公关网络，增强协同效应，与所在国媒体、网络意见领袖、专家学者以及其他利益相关方加强联系；充分利用海外电商平台，避免数字传播与销售之间的割裂。未来茅台需不断借助更多本土化传播平台讲述中国品牌故事和中华文化故事，真正做到让更多外国受众听得懂、听得进、听得明白，进一步提升对外传播效果。

第三章

中国青岛，全球畅饮：青岛啤酒品牌的国际传播研究[①]

摘　要　面对百年变局，中国品牌承担着"经济高质量发展"与"中华文化走出去"的双重任务。具备独特历史底蕴与人文内涵的中华老字号是中国商业文明和优秀中华文化的集中呈现。在加强国际传播工作和提高文化自信的背景下，中华老字号的品牌国际营销传播具有重要意义。本章选取拥有百余年历史的中华老字号品牌"青岛啤酒"作为典型案例，梳理其品牌国际化历程，对其应时而变的市场布局战略，借船出海的市场准入战略以及定制化、体验化、数字化的国际化品牌传播策略进行梳理和总结，为中华老字号品牌国际化提供经验借鉴，助力对外讲好中国故事，弘扬优秀中华文化。

关键词　文化自信；青岛啤酒；中华老字号；国际传播

一、问题的提出

自 2014 年习近平总书记提出中国产品向中国品牌转变开始，国家将品牌建设作为顶层战略实施的力度就日趋加大，推出诸多相关政策，其建设路径可分为"经济"与"文化"两条脉络。经济上以品牌为引领，推动制造业转型升级，拉动双循环，改善中国制造的形象；文化上则以品牌为媒，推动中华文化"走出去"，二者汇聚于品牌高质量发展。国家"十四五"规划提出"开展中国品牌创建行动""提高自主品牌竞争力""打造文化品牌""推动品牌走出去"等，特别提到了"保护发展中华老字号"，这是五年规划中首次提

---

① 本章由黄原、张驰执笔完成。

及老字号品牌发展问题。中华老字号天然与中华文化联系紧密，其显著的中国特色对于改善中国制造的形象具有重要价值。从加强国际传播、对外讲好中国故事和推动中华文化走出去的角度而言，中华老字号品牌国际化同样具有重要意义。但目前关于老字号的研究大多从品牌活化与延伸等管理学视角出发，从国际传播角度切入比较少见。

在众多知名的中国品牌中，百年老字号青岛啤酒的品牌发展与国家战略一直紧密共振。作为中国啤酒工业的象征，德国人建厂的青岛啤酒自诞生即具备国际化基因，产品远销海外，拥有近百年的出口历史，出口量常年占据中国啤酒出口额半数左右，是中国啤酒品牌走向国际的主力。当下以"成为拥有全球影响力品牌的国际化大公司"为企业愿景的青岛啤酒远销世界100多个国家和区域，连续20年居中国啤酒行业品牌价值首位，2023年Brand Finance啤酒品牌世界排名第十二位。本章以青岛啤酒为个案，梳理其国际化和国际传播的历程与主要经验，以期为其他老字号走向国际，传播中华文化，做好国际传播提供借鉴。

二、青岛啤酒国际化历程

（一）改革开放前：拥有国际化品牌基因，成为中国啤酒出口代表

作为创立百年的中华老字号，青岛啤酒自建厂起就具有国际化基因，这在老字号类型的企业中并不多见。1903年，英德商人于中国青岛建啤酒厂，全称"日耳曼尼亚啤酒公司青岛股份公司"①。1904年11月，第一批产品面世。1906年青岛啤酒便摘得了慕尼黑国际博览会金奖，获得全球啤酒行业的认可，证明其所制啤酒质量已达世界一流水准。其间，青岛啤酒产品逐步远销至日本、新加坡与越南。②新中国成立后，青岛啤酒更名为国营青岛啤酒厂，进入了民族化时期。当时国家外部环境严峻，经济遭受封锁，青岛啤酒致力于技术攻关与自主研发，民族化程度进一步加深，领导啤酒行业由原有的企业民族化升级为产业民族化。其间取得国家评酒会金质奖，其操作法成

---

① 金志国，巩升起. 一杯沧海 品读青岛啤酒博物馆［M］. 济南：山东友谊出版社，2008：61.
② 青岛啤酒厂. 青岛啤酒厂志［M］. 青岛：青岛出版社，1993：1.

为全国啤酒产业的行业标准。

在提高民族化程度的同时,青岛啤酒也并未停滞国际化的脚步。1954年,随着山东对港澳外贸市场的重点开发,青岛啤酒开始大批量出口香港,并于1959年占据香港当地进口啤酒首位。[①] 1955年青岛啤酒打入东南亚市场,与新加坡等国"再续前缘"。1967年,国家计委和国务院财贸办公室批准青岛啤酒厂出口啤酒的增产措施,并专案款项170万元,使年产量由1.9万吨增至2.6万吨。[②] 1972年,以中美建交为契机,青岛啤酒首次进入美国市场。从此直至20世纪90年代,青岛啤酒的主要任务都是出口创汇,是当时为数不多的主要市场面向海外的民族品牌。

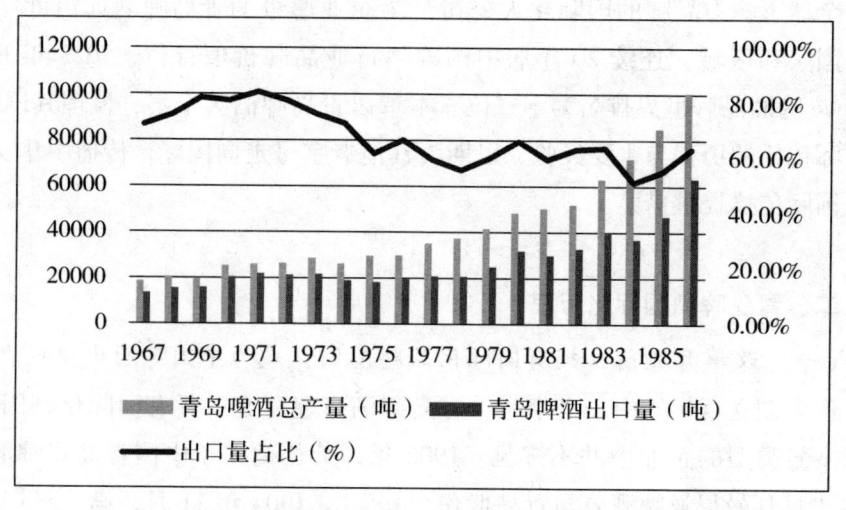

图3.1 青岛啤酒1967—1986年出口量额与占总产量比
资料来源:本书根据公开资料整理

(二)改革开放后:划定"金三角",先行东南亚,"体育+音乐"积极打造国际品牌

1978年,改革开放。国有企业开始摆脱原有的僵化管理体制,啤酒行业迎来了百花齐放的快速发展期。这一阶段,青岛啤酒也在政府的帮助下于国

---

① 山东省地方史编纂委员会. 山东省志·对外经济贸易志:上 [M]. 济南:山东人民出版社,2003:798.
② 青岛啤酒厂. 青岛啤酒厂志 [M]. 青岛:青岛出版社,1993:16.

际市场开疆拓土，尤其在美国市场卓有成效，1981年起于美国接连三次获奖，获得了相当高的声誉与销量。截至1986年，青岛啤酒对美贸易量达1.68万吨，美国成为其出口的最大市场。到1988年，青岛啤酒在美国的销量已经达到124万箱。1987年4月1日，青岛啤酒成为国内同行业中首家拥有自营进出口权的外向型企业，有效促进了国际市场的拓展，产品销往30余个国家和地区。① 1991年，青岛啤酒与地方政府合作创立了青岛国际啤酒节，成为全球四大啤酒节之一。②

1993年，青岛啤酒扬帆入海，寻求破局，成为中国首个境外（香港）上市的公司，正式开启其新国际化之路——出海上市。重新起航的青岛啤酒将国际化版图定为"金三角"——东南亚、美洲、欧洲。其中把"把台湾作为跳板"作为开拓东南亚市场的第一步。2002年，青岛啤酒始出口台湾省，半年内销量位居台湾省第二。2005年，青岛啤酒于台湾省建厂，寻求新的经营方式。2005年7月4日，青岛啤酒股份有限公司在泰国曼谷成立了青岛啤酒（泰国）营销有限公司。这代表青岛啤酒可以在原始设备制造商合同规定下贴印青岛啤酒商标，探索更加在地化的品牌国际化之路。

2005年青岛啤酒成为北京奥运会赞助商，顺势开启"体育+音乐"营销路线以及"三位一体"（产品销售、品牌传播与消费者体验）营销模式，提升了国际声誉与品牌形象，青岛啤酒国货与国际化的双重属性得到了强化。2008年，青岛啤酒秉持这一战略，与NBA签订合作协议成为其官方合作伙伴，其后又有签约刘翔、易建联，赞助英超摩托联赛等动作，成功的营销使当时青岛啤酒的营收在业内发展放缓的情况下仍保持增长。

（三）党的十八大以来：品牌国际化进入转型升级新阶段，国际传播手段更加多元立体

党的十八大以来，啤酒行业达到高点，寡头格局形成，国内啤酒整体消费量出现下降趋势。在行业下滑、成本提高的背景下，各大厂商开始寻求结

---

① 金志国，巩升起. 一杯沧海 品读青岛啤酒博物馆［M］. 济南：山东友谊出版社，2008：72.
② 青岛啤酒厂. 青岛啤酒厂志［M］. 青岛：青岛出版社，1993：38.

构性升级。2012年，青岛啤酒进入"孙明波时代"，以"时尚化、年轻化、国际化"为轴心，开启高端化之路。在国际化战略上，青岛啤酒明确提出高品质、高价格、高可见度"三高"指导策略，在稳固原有市场的基础上以共建"一带一路"国家为轴心开拓新市场，同时促进国际品牌传播手段多样化。

2016年，青岛啤酒选择重点布局韩国市场，结合当地热点推出"羊肉串配青岛啤酒"的口号及相关广告，在当地市场成为进口啤酒销量第一名。2017年8月11日，青岛啤酒在"全球举杯共分享——青岛啤酒远销100个国家暨'一带一路'市场拓展发布会"中提出新全球化概念，其核心是借"一带一路"倡议进行市场的开拓，寻求品牌国际化的转型升级。会上，青岛啤酒宣布将举行首届世界啤酒节，在持续巩固提升海外传统优势市场的同时，沿着共建"一带一路"国家积极开拓新市场，次年，青岛啤酒宣布共建"一带一路"国家出口量已占总出口量近50%，增长率达到50%。其中在哈萨克斯坦、斯里兰卡市场，青岛啤酒均列亚洲进口啤酒品牌第一。2020年，青岛啤酒在越南建立分公司以深化销售网络建设，强化市场推广。

在国际品牌传播上，青岛啤酒创新传播方式，大胆采用户外投放、联名活动、线上互动、节庆活动、定制包装等方式，传播手段更加多元立体。2014年起，青岛啤酒每年除夕在纽约时代广场投放户外广告庆祝新年，传递中华文化，提高品牌声量；2015年，青岛啤酒以"八仙"为主题，在英国展开了一场大型的营销活动——青岛啤酒挑选八名外国演员扮演现代的"八仙"，并赋予其超级英雄形象，以创新形式讲述中国故事。同时，青岛啤酒积极接触海外潮流圈，如在韩国与艺术家联名推出生肖瓶，于纽约时装周跨界亮相，为品牌注入潮流时尚元素，焕新"青岛"形象。2020年起，青岛啤酒开展共建"一带一路"国家啤酒节，将"节庆营销"移植到利比里亚、乌拉圭、肯尼亚等国家，在与受众形成直接触达的同时，通过节日形式使品牌融入，形塑目标市场文化，打造以"青岛啤酒节+城市推广+商旅文化"为主题的国际节会新模式。中国外文局对外传播研究中心发布的《中国品牌与中国国家形象调研报告》显示，青岛啤酒在部分国家啤酒市场的认知度超过90%。《外国人眼中的中国公司》的调查结果显示，青岛啤酒在美、英、澳、日、韩的"产品使用率"中位列第一。①

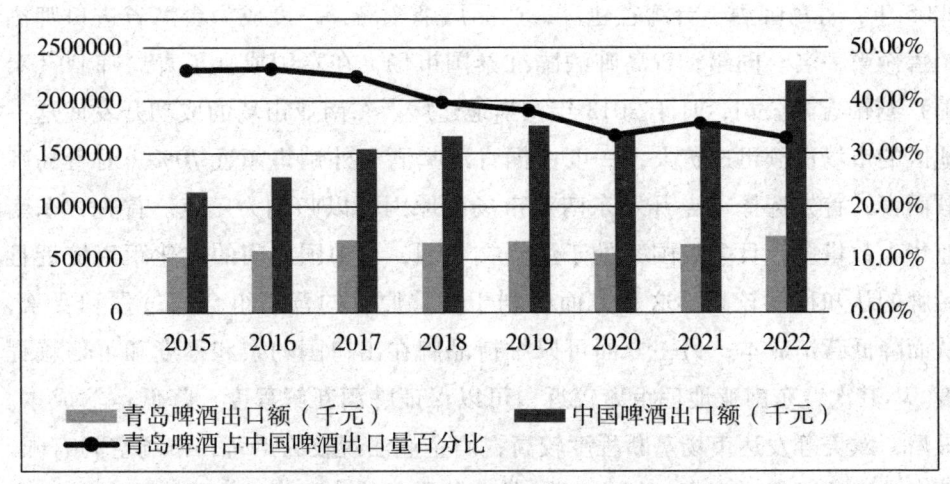

图 3.2 青岛啤酒及中国啤酒出口额
数据来源：本书根据公开资料整理

总的来看，青岛啤酒的国际化过程，是国家战略潜在要求流变的过程，也是中与西、陆与海文化交融并蓄的过程，又是中国品牌从无到有再到进入全球体系的过程。作为成功的中华老字号与国有企业，青岛啤酒的发展以及国际化历程与国家的战略目标难以分离，成为中国经济发展、政策落实、文化传播的独特写照。

三、解析青岛啤酒的国际化与国际传播战略

（一）从"金三角"到"一带一路"：青岛啤酒国际市场布局应时而变

20 世纪 90 年代后青岛啤酒改制，国际市场布局确定为"金三角"，市场开发阶段选择了"三步走"，即确定东南亚、美洲、欧洲为主要市场，在保持欧美发达国家地区市场的同时，先行布局台湾省，再以台湾省为基点辐射东南亚，最后完成欧、美、非洲等市场的拓展。

---

① 文静. 特稿 | 120 岁的青岛啤酒立 flag：进入全球啤酒前三 [EB/OL]. 21 世纪经济网，2023-07-31.

在东南亚市场,青岛啤酒多点出击,动作迅速,首次尝试即获成功。2005年,青岛啤酒于台湾省建厂,产品风靡全岛,一度成为台湾省进口啤酒销售额第一名。同年,青岛啤酒瞄准泰国市场,在泰国成立了青岛啤酒(泰国)营销有限公司,且于2013年在当地建厂。东南亚市场的成功开发使这一地区的市场份额迅速扩大,一度占据青岛啤酒海外销售额近70%。对青岛啤酒而言,首先选择重点开发东南亚市场的原因可以归纳为三点。首先,东南亚华人数量多,且多数国家处于汉语文化圈,与中国之间的文化距离较近且品牌的认知程度较高。这一方面有利于转移原有的营销组合的过程和要素,从而降低营销成本;另一方面可以维持品牌在出口国的亲和程度和可信赖程度。[1] 其次,东南亚地理距离较近,可以保证啤酒新鲜程度,降低运输成本。最后,欧美等发达市场垄断程度较高,酒企业法规较为严苛,市场空间有限。而东南亚地区相对而言市场空间较大,有利于品牌在当地立足。青岛啤酒出海初期即取得相当成就,这种从易到难、符合企业现实情况的国际化战略实为关键。

在东南亚市场取得一定成就后,青岛啤酒逐渐将全球化市场拓展至韩国。韩国一直以来都属于啤酒消费大国,同时喜爱中国的饮食文化。青岛啤酒进驻韩国后,依靠定制化的营销策略及与当地经销商的良好合作,长时间保持在韩进口啤酒销量前二,销量占据青岛啤酒出口额三成左右。

但青岛啤酒的国际化战略与原有的"三步走"预想存在一定程度的偏差。首先,青岛啤酒在中国台湾省和泰国取得初步的成功后,未能进一步稳固住市场地位,成为当地的头部品牌。其次,在韩国等发达国家市场,青岛啤酒正面临一个棘手的问题,即市场状况受国际关系博弈影响较大。以青岛啤酒在发达国家中的重要市场韩国为例,2020年,青岛啤酒在韩销售额降低14%,"新冠疫情"后跌幅严重,在韩进口市场第一的位置被喜力取代。有研究表明,青岛啤酒在韩销量的快速下滑与"新冠疫情"后中国形象在韩国的扭曲

---

[1] GRIFFITH D A, HU M Y, RYANS J K. Process Standardization across Intra-and Inter-Cultural Relationships [J]. Journal of International Business Studies, 2000, 31 (2): 303-324.

息息相关。[1]

泰国的啤酒市场本土品牌极为强势，市场垄断程度较高；韩国市场不稳定性较大，且进口啤酒市场日趋缩小，在原有的市场版图中，青岛啤酒面临着较大压力。跟随国家政策，寻找新兴市场是其破局之法。2017年8月11日，青岛啤酒召开"全球举杯共分享——青岛啤酒远销100个国家暨'一带一路'市场拓展发布会"，将共建"一带一路"国家视作国际化的新重点。经过长时间的市场开发，2018年8月，青岛啤酒宣布超过50%的共建"一带一路"国家业务实现了50%以上的增长，且共建"一带一路"国家销售量占总出口量半数以上。2019年10月，青岛啤酒产品营销覆盖共建"一带一路"国家增加到近60个，且在非洲、俄罗斯、菲律宾等国家地区均有明显涨幅。

对青岛啤酒而言，"一带一路"市场具有巨大的潜力。首先，部分共建"一带一路"国家啤酒市场尚未成熟，如俄罗斯、菲律宾、越南、非洲等地区啤酒市场方兴未艾，增速较快且具有较大的竞争空间。其次，共建"一带一路"部分国家具有减税、建厂等优惠举措，对于青岛啤酒在当地深层次发展存在政策上的利好。最后，共建"一带一路"国家对中国企业的评价较高。[2] 从中国制造到中国质造再到中国智造，中国在这些国家良好的国家品牌形象，更有利于企业借此形成积极的原产国效应，降低营销难度，形成良好的感知质量与品牌声望。[3]

在海外市场渠道的扩张方面，青岛啤酒一直以来都以"借船出海"为主，即与当地经销商对接，直接出口青岛啤酒到当地，由经销商负责售卖。除中国台湾省与泰国有当地工厂，其余地方产品均为这种直接出口的模式。选择借船出海，一是相较收购或建厂而言，这种方式成本低、风险小、控制力

---

[1] KIM I K. Country Image and Consumer Choice: The Case of the Beer Market During the COVID-19 Pandemic [J]. Journal of Industrial Economics, 2023, 71 (4): 1090-1120.
[2] 中国外文局中国企业全球形象研究课题组，翟慧霞，王丹. 2022年中国企业形象全球调查分析报告 [J]. 对外传播，2023 (4): 54-57.
[3] 何佳讯，黄海洋，何盈. 品牌全球化、国家品牌形象与产品品类内外溢出效应 [J]. 华东师范大学学报（哲学社会科学版），2020，52 (6): 137-151, 181-182.

强[①];二是经销商更了解当地市场,有利于青岛啤酒选择合适的铺货渠道。譬如,在欧美市场,中餐厅在当地十分风行,而商超等渠道竞争又相对激烈,因此在这些地区经销商布局中餐馆最为常见,在韩国便利店购买啤酒的情况常见,因此其经销商BK(Beer Korea)对这一渠道着力颇多。对青岛啤酒而言,"先市场后工厂""先品牌后销量"一直是他们海外活动的宗旨,因此直接出口是一种较为稳妥的扩张方式。

(二)定制化、体验化、数字化:青岛啤酒国际品牌传播策略升级

"青岛啤酒出口,出口策略并不是出口量有多大,出口的目的是打造青岛啤酒的品牌。"2013年,青岛啤酒总裁曾对外界如此表示。一直以来,青岛啤酒的国际化战略都秉持"品牌先行"的思路,在品牌传播的方向着力颇多,且成效显著。中国外文局的调查显示,青岛啤酒在海外受众对中国品牌熟悉度榜单中排名第十四;在2022年World Brand Lab发布的"世界品牌500强榜单"中,青岛啤酒位列世界第二百八十八名,为啤酒行业唯一入选品牌。青岛啤酒的品牌传播独到之处可概括为三点:定制化、体验化、数字化。

1. 定制化

品牌的国际化,往往是一个标准化与定制化协调融合的过程。对一个国际化的品牌而言,本土象征性是全球品牌价值的必要组成,这要求品牌"通过本地化生存而获得全球化繁荣"[②],将本土文化融入内在一致的品牌定位。在青岛啤酒实际的国际化动作中可以看到,对于重点市场,青岛啤酒在保留"中国啤酒"这一一致定位的同时,采取了不同的地方定制营销策略,产品、广告、公关活动等方面均根据细分的目标市场情况进行了定制化。

---

① 凯勒. 战略品牌管理[M]. 卢泰宏,吴水龙,译. 3版. 北京:中国人民大学出版社,2009:548.
② 何佳讯,吴漪,谢润琦. 中国元素是否有效:全球品牌全球本土化战略的消费者态度研究:基于刻板印象一致性视角[J]. 华东师范大学学报(哲学社会科学版),2014,46(5):131-145,182.

<<< 第三章 中国青岛，全球畅饮：青岛啤酒品牌的国际传播研究

2002年青岛啤酒首次打入台湾省市场。为了抢占市场先机，青岛啤酒从产品、营销、渠道三方面根据台湾省市场量身定制。首先，青岛啤酒根据台湾当地的喜好将瓶身包装更换为了蓝白相间的"台湾定制色"，同时口味更偏向于台湾喜爱的浓香型。其次，营销方面，青岛啤酒经过调研，决定使用耳目一新的"日本风格"广告。之所以如此，是因为当时大部分中国台湾人认为日式餐馆象征着品位。① 最后，销售渠道上，青岛啤酒与当地经销商紧密合作，因台湾省当时的贸易保护心态较为严重，青岛啤酒选择与经销商合作建厂，成功规避了政策上的风险。种种定制化策略，换得了青岛啤酒在台湾省的一鸣惊人。

除台湾省外，青岛啤酒在韩国的定制化营销也做得相当深入。2015年，"羊肉串配青岛啤酒"风靡全韩，青岛啤酒抓住机会展开广告战，选择搞笑艺人郑尚勋作为代言人，配合韩国人心中的中国代表"熊猫"，通过滑稽搞笑的风格表达出"美食配青岛"的主题。这则青岛啤酒在韩的第一则广告引起了相当大的反响，火爆出圈。除此之外，青岛啤酒也灵活运用多种营销手段，如组织公关事件、搭建青岛快闪店、赞助音乐节与体育赛事等方式来加强青岛啤酒在韩的本土化色彩。产品方面，2018年开始，青岛啤酒每年都会与韩国联名艺术家或艺人共同设计并推出境外生肖瓶与节日限定的包装。对于一些韩国啤酒市场的新兴产品，青岛啤酒的跟进动作也极为迅速。2020年开始，

图3.3 青岛历年境外生肖瓶

图片来源：青岛啤酒官网

---

① 周锡冰. 百年青岛啤酒的品牌攻略[M]. 北京：中国物资出版社，2011：210.

89

韩国无酒精啤酒市场呈两位数增长，嗅觉敏锐的青岛啤酒立即在 2020 年 6 月推出了无酒精啤酒。销售渠道上，青岛啤酒选择了韩国 BK 作为当地的经销商，借助 BK 的便利店、餐馆以及线上等渠道，青岛啤酒无须再消耗大量资源进行渠道开拓。同时，BK 深谙韩国啤酒市场，能够更好地帮助青岛啤酒展开渠道促销以及塑造当地的本土形象。

2. 体验化

"体验感将会成为未来品牌营销的'大势所趋'，……未来从发展角度来说，体验一定是一个巨大的空间。而青岛啤酒在这方面做得很不错。"[1] 青岛啤酒的董事长如此看待品牌营销的"体验化"未来。今天品牌传播已不再是"宣道式"的单向输出，转而成为与消费者"你中有我，我中有你"的携手共建，使消费者主动参与品牌的塑造，形成良好的"体验感"，达到"开源品牌化"[2] 的效果。在青岛啤酒的"四位一体"营销战略中，消费者体验感处在一个相当重要的位置，而事件营销、线上互动以及品牌植入是青岛啤酒在国际品牌传播中塑造消费者体验感的重要方式。

通过策划事件来营造消费者的体验感及形成二次传播的广告效应，是青岛啤酒始终坚持的营销打法。其中的典型案例是 2015 年青岛啤酒在英国展开的"八仙营销"。青岛啤酒根据中国神话故事中的"八仙"形象，讲述了一个现代超能力者的"八仙"故事，并在线下的户外媒体以及线上的网络同步展示，进而设置可参与的续写故事、比赛等方式与消费者进行互动，触达人次超过 2450 万。除却常规的事件策划，"节庆事件"是青岛啤酒深耕的事件营销方式。2019 年以来，青岛啤酒开始在共建"一带一路"国家举办世界啤酒节，将青岛啤酒的节庆营销传统移植到国外，现已在利比里亚、乌拉圭、肯尼亚等地成功举办。作为节庆式事件的营销活动，青岛啤酒节贴合当地文化，将啤酒节与音乐、体育等元素相结合，在多个感官维度最大程度地为参与者提供了体验感。

---

[1] 黄克兴. 青岛啤酒：如何从百年老店到创新潮牌？[J]. 中国酒，2019（11）：58-59.
[2] 何佳讯. 品牌的逻辑[M]. 北京：机械工业出版社，2017：序.

在线上媒体渠道中的品牌传播中，青岛啤酒不限于展示性的内容，还常以拟人化的口吻与受众通过各种线上活动展开互动，主要的方式即为奖励消费者发布与青岛啤酒有关的内容以及投票，借以实现消费者的"互动体验"。2022年，青岛啤酒在全海外媒体渠道举行了一场持续一年的"120 Tsingtao World Tour"活动，号召世界各地的消费者在青岛啤酒120周年庆之际拍摄与青岛啤酒有关的创意照片及视频，如被选中则有神秘奖励。在主力市场韩国，青岛啤酒因地制宜，与粉丝频频互动。如举行"青岛实习生"活动，选择实习生寻找最适合青岛啤酒的佐餐并拍摄视频，最终由网友进行投票一决胜负；邀请粉丝在评论区留下自己想去的餐厅，青岛啤酒会派人试吃并提供真实的反馈。青岛啤酒以朋友的姿态与消费者展开互动，在潜移默化之中打造了热点话题，活化了品牌形象。

在品牌植入方面，青岛啤酒秉持"体育+音乐"植入战略，通过对体育、音乐活动的赞助冠名，让消费者在参与活动的过程中体验青岛啤酒的品牌魅力。体育方面，青岛啤酒积极赞助各地区的体育赛事，如2019年中国澳门地区的国际汽联杯、韩国CT高尔夫杯、2018年英国乒乓球俱乐部比赛、加拿大篮球挑战赛都能看到青岛啤酒的身影。音乐方面，青岛啤酒也赞助各种海外音乐节与艺术家，以获得良好的品牌印象。除此之外，青岛啤酒近年也在时尚领域多有涉猎。2019年2月，青岛啤酒与服饰品牌NPC合作，在纽约时装周登台亮相。通过事件营销、线上互动、品牌植入，青岛啤酒很好地营造起品牌的消费者体验感，使境外受众更立体地感受到青岛啤酒的品牌魅力。

3. 数字化

对今天的国际化品牌来说，海外数字媒体的运营对品牌传播已经不可或缺。青岛啤酒从十年前就开始构建自己的海外新媒体矩阵，其海外媒体按照不同国家进行账号划分并运作，在此基础上有一个主账号发布全球性的主要信息。今天，青岛啤酒在主要的海外媒体平台，即Facebook、YouTube、Instagram、TikTok及官方网站，都有深入的布局。

表 3.1　青岛啤酒目前经营较好的海外新媒体

平台	账号名称/国家地区	创建时间	关注数	更新与否
Facebook	Tsingtao（主账号）	2013 年 7 月 5 日	132.00 万	保持更新
	美国	2015 年 10 月 14 日	3.40 万	保持更新
	英国	2010 年 10 月 8 日	0.70 万	保持更新
	澳大利亚	2013 年 9 月 11 日	0.90 万	保持更新
	新加坡	2015 年 1 月 12 日	1.00 万	保持更新
	越南	2020 年 8 月 31 日	0.30 万	保持更新
	韩国	2013 年 4 月 4 日	7.50 万	保持更新
	厄瓜多尔	2016 年 6 月 2 日	1.20 万	保持更新
Ins	Tsingtao（主账号）	2013 年 11 月 7 日	9.20 万	保持更新
	韩国	2014 年 1 月 16 日	5.40 万	保持更新
	哈萨克斯坦	不详	0.80 万	保持更新
TikTok	越南	2020 年 9 月 27 日	2.00 万	保持更新
Youtube	Tsingtao	2015 年 5 月 20 日	0.09 万	保持更新
境外官网	Tsingtao			
	越南			
	英国	其他多为当地经销商开设的青岛啤酒网站		
	中国香港			
	新加坡			
	加拿大			
	俄罗斯			

资料来源：青岛啤酒海外新媒体平台，整理时间为 2023 年

青岛啤酒的新媒体账号布局很早且分布地域广泛。2010 年起，青岛啤酒就在英国建立了 Facebook 和 Twitter 账号，截至目前已超过 60 个平台账号（不包括官网）。各个地域账号以发送当地市场的活动信息以及广告为主。截至 2023 年 10 月 28 日，青岛啤酒 Facebook 主账号已在百万以上，所有平台账号平均关注数近两万。新媒体传播矩阵的创建，打通了青岛啤酒与海外受众线上交流沟通的渠道，从而更广泛、更直接地触达消费群体。

内容方面，青岛啤酒各个平台账号基本保持图片或视频配文字的形式，

由新品上市信息、品牌形象片、品牌活动、节日海报、互动等内容组成。观察青岛啤酒在新媒体平台上的内容，可以发现青岛啤酒在数字媒体宣传中在"全球化"与"中国化"之间的取舍。有研究者将中国元素定义为"来源于中华文化传统，或在中国现代社会发展中产生的与中华文化紧密联系的符号、精神内涵或实物，它们为大多数中国人认同，消费者能够借之联想到中华文化而非其他国家文化"①。照此定义从过去一年（2022年10月28日—2023年10月28日）青岛啤酒174条的Instagram内容中寻找中国元素，发现相关内容只有两条，分别为"端午节海报"与"120周年庆海报"，占比为1.15%。

这体现出青岛啤酒意图展示出一个全球化的品牌形象。诚然，展示全球化的品牌形象与目标市场当地的文化语言是中国品牌进行国际品牌传播的基础，但具备新奇性与产品文化底蕴的中国元素也需要适时而用。后一方面青岛啤酒的数字媒体内容尚存不足。在文化自信越发重要、中国国家品牌越发强大的今天，中华文化的独特性正日益转化为品牌塑造其优势的关键。因此，在全球文化的语言坐标系中找到合适位置，更多地用全球性的语言叙说中华文化故事，将文化上的新奇与熟悉感相结合，是青岛啤酒作为国际化"急先锋"在数字媒体渠道需要考虑的问题。

四、结语：中国的青啤，世界的青啤

百年风雨，青岛啤酒的国际化经营与传播从未止步。建厂伊始，青岛啤酒即屡获大奖，远销海外；新中国成立后身兼重任，成为全国为数不多出口创汇的民族企业；改革开放扬帆入海，成为中国首个境外上市企业。今日，青岛啤酒以共建"一带一路"国家为轴心开拓新市场，争取全球化的进一步转型升级，逐步实施了由易到难的市场选择、"借船出海"的市场准入战略，以及定制化、体验化、数字化的品牌传播策略。

走向世界任重道远，青岛啤酒在国际经营与传播过程中尚存问题。市场体量上，青岛啤酒国际化营收占比依然很低，海外市场较为分散，缺乏集中

---

① 何佳讯，吴漪，谢润琦. 中国元素是否有效：全球品牌全球本土化战略的消费者态度研究：基于刻板印象一致性视角 [J]. 华东师范大学学报（哲学社会科学版），2014，46（5）：131-145，182.

图 3.4　青岛啤酒 Instagram 账号部分内容
图片来源：青岛啤酒 Instagram 账号

市场。市场准入模式上，青岛啤酒仍以单一的直接出口为主，成本较高，市场动作不够灵活，在利好市场直接建厂或者收购当地强势品牌乃至于 OEM 的品牌出口，是青岛啤酒可以考虑的选择。同时，销售渠道方面，青岛啤酒线上发力不足，如亚马逊、阿里巴巴海外站等大型网站皆未入驻，海外数字传播与电商销售存在割裂。品牌传播方面，青岛啤酒在品牌核心主张的提炼、线下场景搭建、线上账号的管理方面尚有短板。一是对品牌核心主张提炼不够。中国元素使用较少，缺乏有力的品牌价值与品牌精髓。二是缺乏线下场景的搭建。线下场景可以丰富与消费者的互动方式，提高品牌知名度，打造品牌力。三是青岛啤酒海外账号的"停更"现象较为严重，各平台账号中有 27 个处于停更状态，Twitter 中的韩国、英国，Facebook 中的俄罗斯、哈萨克斯坦等重点市场账号均停更。这体现出青岛啤酒在管理其海外账号时存在与市场动作不统一、不同步的情况。在海外媒体报道方面，笔者于外文文献库 EBSCO 选择近五年贸易出版物、杂志、新闻来源检索"青岛啤酒"（Tsingtao Beer）关键词，得到与青岛啤酒相关的英文报道 11 篇，其中未发现直接涉及其营销传播活动的内容。这说明在营销传播方面，海外媒体对青岛啤酒关注度较低，企业主动传播有待加强。

　　中国的青岛啤酒，亦是世界的青岛啤酒。虽然遭遇百年变局但中国品牌

<<< 第三章 中国青岛，全球畅饮：青岛啤酒品牌的国际传播研究

未来必将更进一步地走向国际市场，青岛啤酒势必进入一个更深层次的国际化阶段，完成更高层次的品牌文化输出与全球资源的最佳配置，逐步从"产品国际化"发展到"品牌国际化"与"文化国际化"。这也是"双循环"背景下国家对于中国品牌高质量发展的内在要求。肩负特殊使命的老字号企业应吸取青岛啤酒国际化进程中的成功经验和教训，在实现自身发展的同时，更好地完成推动"中华文化走出去"这一重要历史任务。

第四章

中国中医药老字号的国际传播研究
——以同仁堂为例[①]

摘　要　以中国为代表的新兴经济体正在成为构建全球化新格局的重要力量，在国际传播的过程中，老字号品牌兼具商业与文化属性，是群体消费文化的重要对象。中华老字号具有鲜明而深厚的中华文化底蕴，是建设文化强国和品牌强国的重要载体，是传承与传播优秀中华传统文化的重要支撑。应主动承担国际传播重任，用传统文化、品牌文化讲述真实生动的中国故事，为提升文化软实力增添力量。基于此，本章围绕中医药老字号的国际传播活动进行研究，以同仁堂为例，通过个案分析，寻找有效构建与提升中医药老字号的国际传播路径，以期提供镜鉴。

关键词　老字号；国际传播；文化传播；同仁堂

文化软实力集中体现了一个国家基于文化而具有的凝聚力和生命力，以及由此产生的吸引力和影响力。随着国家战略层对老字号品牌的日益重视，以及中国老字号企业全球化进程的深化，学界关于国家品牌、中国老字号国际传播等研究逐渐增多。在全民健康意识的提高和扶持鼓励政策不断发布的背景下，中医药产业进入了新的战略机遇期。人口老龄化和"新冠疫情"的背景下更加凸显出中医药事业传承发展的重要性和紧迫性。在加强国际传播工作和保护发展中华老字号的背景下，推动中医药老字号品牌走向国际市场，对外讲好中国品牌故事和中华文化故事具有战略意义。由于中医药文

---

① 本章由卜嘉敏、麦迪娜依·阿合买提和张驰执笔完成。

化的历史渊源及民族特色，相关研究多聚焦于中医药文化本身的核心价值及内涵挖掘，研究视角相对单一，鲜少从国际传播角度探讨中医药老字号的国外发展策略。本章正是从国际传播视角探讨中医药老字号的国际化发展问题。

一、中医药老字号"走出去"的现状与同仁堂的品牌出海

中医药文化作为中华文明中最古老的文化因子之一，以世代传承的独特产品、精湛技艺和服务理念传承至今，三者是中医药文化传承发展的重要支撑。但医学理论与文化内涵，没有得到有效挖掘与传播。本不固者，勿丰其末。如果在国际传播中折损文化精髓，势必减耗中医药文化内在价值。因此挖掘具有全球竞争力的中医药老字号企业，助力更多优质中医药老字号"走出去"具有重要意义。

（一）中医药老字号走出去的挑战与机遇并存

中医药老字号企业具备一定的特殊性，因此需要从企业的"中医药"与"老字号"两个属性，分别理清中医药老字号在国际传播中所面临的现实条件。首先，作为中医药企业，由于医药文化及医学理论差异，中医药文化在国际传播过程中，常常面临"不科学""怀疑"甚至是"歧视"，隐形的文化壁垒阻碍了中医药品牌的国际化。在当前中美博弈的大背景下，中医药和中医药品牌也时常成为西方舆论抹黑的对象。其次，作为老字号企业，面临现代商业模式和消费观念的冲击，常常陷入传统经营模式中，难以与时俱进。在消费者观念转变迅速、营销经营方式多样化、市场竞争激烈的情况下，部分中医药老字号企业经营遭遇危机。

虽然中医药老字号在国际传播中会面临挑战，但中医药国际市场认可度也在不断提高，我国中药的出口不断增长，为中医药老字号品牌的发展创造了有利条件。2018—2022年，中国中药产品出口量总体呈增长趋势，2022年我国中药出口量达14.7亿吨。其中，中药材是主要的出口产品，出口量13.5亿吨。目前，中医药已传播至196个国家和地区，我国与40余个外国政府、地区主管机构和国际组织签订了专门的中医药合作协议，开展了30个较高质量的中医药海外中心、75个中医药国际合作基地、31项国家中医药服务出口基地建设工作。① 另据中国医药保健品进出口商会数据，目前，我国中药类产品出口呈现企稳增长态势。2023年上半年我国中药类产品出口额29.15亿美元，同比增长3.63%，中药类产品已成为当下医药"出海"的重要品种。② 随着"新冠疫情"常态化，海外市场需求出现波动。中国海关统计的2023年全年中医药出口54.6亿美元，同比下降3.30%，远低于20.10%的整体医药出口下降情况，中医药品类呈现良好的抗跌性。③

国家相关政策同样有利于中医药老字号走出去。党的十八大以来，习近平总书记就中医药工作做出一系列重要论述和重要指示，为新时代中医药振兴发展提供了根本遵循。党的二十大报告提出要"促进中医药传承创新发展"。国家先后颁布《中华人民共和国中医药法》，出台《中医药发展战略规划纲要（2016—2030年）》，印发《促进中医药传承创新发展的意见》《关于加快中医药特色发展若干政策措施的通知》等，其中不乏对中医药品牌建设和品牌国际化的支持举措。2022年3月，国务院办公厅发布的《"十四五"中医药发展规划》明确指出要扩大中医药国际贸易；要大力发展中医药服务贸易，高质量建设国家中医药服务出口基地；推动中医药海外本土化发展，促进产业协作和国际贸易；鼓励发展"互联网+中医药贸易"；逐步完善中医药"走出去"相关措施，开展中医药海外市场政策研究，助力中医药企业"走出去"；推动中药类产品海外注册和应用。④ 2023年2月，国务院办公厅印发《中医药振兴发展重大工程实施方案》，提出中医药开放发展工程，包括中医药开放发展平台建设、中医药国际影响力提升计划和中医药国际贸易促进计划，明确提出要"培育中医药服务国际知名品牌"。⑤

---

① 王映月.2023年中国中药行业国际贸易市场分析 中药出口规模稳步上涨 [EB/OL]. 前瞻网，2023-05-22.
② 刘亮. 推进优秀传统中药"走出去"中医药高质量融入共建"一带一路" [EB/OL]. 央视网，2023-10-20.
③ 刘思慧.2023年我国中药类产品进出口形势分析及展望 [EB/OL]. 新浪网，2024-02-22.
④ 国务院办公厅关于印发"十四五"中医药发展规划的通知 [EB/OL]. 中国政府网，2022-03-29.
⑤ 国务院办公厅关于印发中医药振兴发展重大工程实施方案的通知 [EB/OL]. 中国政府网，2023-02-28.

回顾历史，中国中药出海顺利完成了从"1.0"到"2.0"的跃升。中药出海1.0阶段，以中药进出口货物贸易往来为主要形式，企业只关注国内供货阶段，缺乏对海外销售情况的关注。中药出海2.0阶段，一些企业不再只做简单的进出口货物贸易，开始尝试自建海外销售渠道，设立海外销售、研发中心，将工作重心由国内转移到海外，促进中药产业同当地产业的有机融合。同时，中药服务贸易与货物贸易共同出海，依托中医药海外中心、中医药国际合作基地开展中医药文化宣传、中医诊疗等活动，促进中医药文化融入海外市场。[①] 面对百年变局，中医药老字号企业加快出海、抓住机遇并制定符合自身情况的品牌国际传播战略是老字号企业出海发展的必由之路，也是走向高质量的出海3.0新阶段的应有之义。

（二）作为中医药老字号"走出去"代表的同仁堂

同仁堂创立于1669年，有300多年的发展历史，直至今日，同仁堂已经成为我国传统中药企业的典型代表，也是中医药文化的传承者之一，拥有深厚的品牌文化与群众基础。相较同为中医药类中华老字号品牌的片仔癀、云南白药和广药白云山，同仁堂的海外经营活动开展较早，可以分为四个阶段。[②] 第一阶段是贸易代理阶段（1950—1992）。同仁堂曾在香港设有代理商，20世纪50年代开始通过进出口公司在香港销售同仁堂产品。第二阶段是海外投资经营开启阶段（1993—2002）。同仁堂通过品牌授权在香港开设第一家门店，为海外市场的拓展奠定了基础。1995年在英国伦敦开设第一家欧洲门店后，陆续在泰国（2001）、马来西亚（2002）、加拿大（2003）等国家以合资方式开设门店。第三阶段是东南亚市场拓展阶段（2003—2012）。进入柬埔寨（2006）、菲律宾（2006）、越南（2007）等市场。第四阶段是西方主流市场突破阶段（2013年至今），同仁堂在欧美主流市场取得了更大的突破。2002—2022年同仁堂的海外营收从1.143亿元增加到11.22亿元，海外营收占比一度超过8%。

---

① 刘思慧.2023年我国中药类产品进出口形势分析及展望［EB/OL］.新浪网，2024-02-22.
② 张景云，等.北京老字号品牌营销创新案例研究［M］.北京：经济管理出版社，2021：173-174.

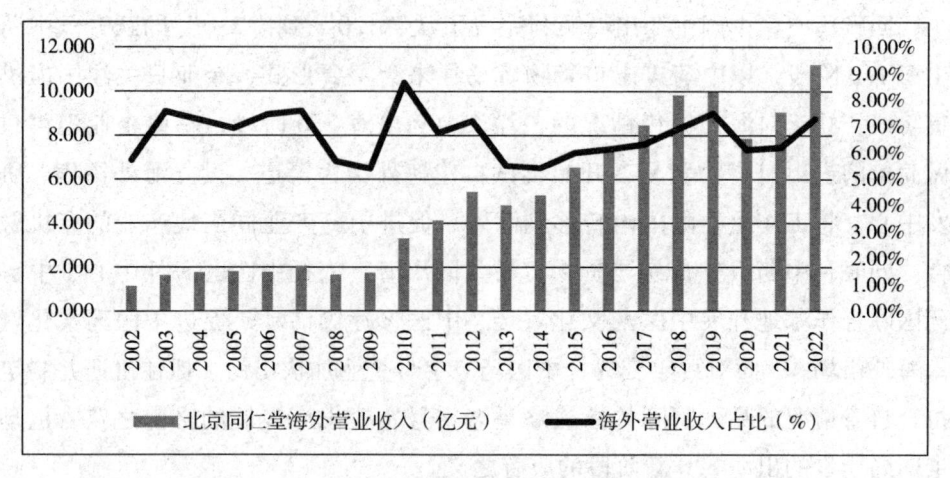

图 4.1　2002—2022 年北京同仁堂海外营业收入及占比
资料来源：根据北京同仁堂历年公开财报整理

近年来，中国北京同仁堂大力推进药品、保健品、膳食补充剂、健康食品等不同产品，在新加坡、马来西亚、阿联酋、波兰、捷克等 29 个国家和地区获得准入资质。还重点推进在境外的终端网点覆盖情况，目前已在境外建立了 162 个零售终端、中医诊所、养生中心和文化中心。[①] 同仁堂的国际化之路是将中国传统中医药文化推广到全世界的过程。同仁堂作为老字号企业能够历久弥新，不仅保持着良好的发展势头，而且展现了强大的生命力和创新力。随着国家对中医药及中医药文化的关注不断上升，以及中医药文化在全球影响力的提高，同仁堂还将进一步深化海外市场布局。

二、同仁堂的国际化与国际传播路径

同仁堂国际具有典型性，在国际市场开拓上，同仁堂采取渐进式、本地化和平台化的策略。在品牌国际传播上，同仁堂通过多维立体的传播活动打造海外中医药第一品牌。同仁堂通过品牌的方式有力地推动了中医药文化的国际传播。

---

① 刘亮．推进优秀传统中药"走出去"中医药高质量融入共建"一带一路"[EB/OL]．央视网，2023-10-20.

(一) 同仁堂的国际化市场策略

作为一家发展历史超过 350 年的老字号,与时俱进是同仁堂走得更远的成功之道。同仁堂作为中国最具影响力的中医药老字号之一,拥有悠久的历史和丰富的中药传统。在科技引领时代的大潮流下,同仁堂利用线上模式推广中医药文化和中药疗效,增加与大众互动。扩展市场和传承中医药文化,在双线发展下更相得益彰。

1. 市场选择:依循文化与空间距离,先易后难,由点到面

在市场选择上,同仁堂一方面注重地理距离和文化差异问题,另一方面注重把握国家战略机遇。总体上走的是一条先易后难、由点及面的市场开拓道路。作为文化符号显著的中医药老字号品牌,第一,同仁堂考虑了物理意义上的区位选择,即优先选择亚洲区域经营。在海外市场拓展的前三个阶段,都聚焦于马来西亚、新加坡、泰国等东南亚国家,在空间上首先贴近中医药文化接受度较高的亚洲消费者,降低文化差异对产品出口影响。第二,由于文化差异和文化认知程度的不同,海外消费者初次接触同仁堂品牌时,难免会受到文化背景、审美预期、语言、历史传统等多方面的制约。为促进同仁堂中医药在海外市场的可持续性,海外华侨华人就成为品牌的外交名片,海外华人能够发挥文化桥梁及纽带作用,让同仁堂产品能更快被海外受众熟知。因此同仁堂在选址建店上优先选择华人聚集地——唐人街。如同仁堂大洋洲的好事围(Hurstville)店、同仁堂新西兰的奥克兰店均处于该国最大的华人聚集地区,不仅具有旅游、宣传和文化推广的作用,更以低成本降低了文化折扣的影响。

2. 产品适应:因地制宜,实施产品本土化战略

首先,根据市场特点,在产品命名、包装方面进行本地化创新。为进入日本市场,同仁堂对"牛黄清心丸"的成分、方单进行重新组合,与日水制药株式会社联手,以"日式清新丸"为名在日本注册。在马来西亚推出"乌鸡白凤丸"时将其重新命名为"北京特制白凤丸",在药品名称上加入西方人熟悉的"北京"字眼,与其他品牌的同类药品实现区分,同时也体现出该产品的原产地。为了适应现代社会的需要,同仁堂还试制了无糖型、浓缩型药物,不仅适合糖尿病患者和老年人,更受到追求健康消费者的认可。其次,

同仁堂根据各国实际情况，开展了产品创新与认证工作，为进入特定市场做好准备。为了使药品成分符合当地用药标准，同仁堂对多种药品进行了二次研发和产品改进。例如，新加坡禁止在药品中添加黄连和黄柏，同仁堂便多次试验，研制出专门针对新加坡市场的"大活络丹"，实现了新加坡市场的顺利扩展。对于不理解植物药和矿物药、不承认天然植物药是药品的美国、加拿大、澳大利亚等国，同仁堂为满足本地市场需求，选择以介于药品和食品之间的天然保健品身份进入。

　　3. 营销模式：六位一体，融入数字大潮

　　面对全球化的数字潮流，同仁堂也在积极推动营销模式的转型，推动线上线下一体化。首先，线下门店由"三位一体"升级到"六位一体"。借力"一带一路"倡议东风，通过开展大规模中医义诊活动、开设零售终端、参与中医药研讨会、成立海外医师进修工作室、收购兼并等多种形式，形成医疗、保健、科研、教育、文化及产业"六位一体"协调发展的中医药集团新格局。同时，积极探索线上基于大数据的平台化转型。随着移动互联网、物联网、云计算等信息技术的不断进步，全球商业环境发生巨大的改变，同仁堂开始进军电商并探索数字化营销模式。在2016年，同仁堂开设"同仁堂国际"网站，旨在以传统医学思想打造新智慧健康服务平台，其中包括"互联网医疗""全球电商""智慧产业"等业务板块，为全球消费者提供高品牌专业化的健康产品与服务，拓宽企业与海外群体的接触面。借助大数据、区块链、人工智能等技术互联服务场景与用户数据体系，整合海内外中医药、植物药等优质资源，借助跨境电商平台服务于中国及全球用户。

　　4. 组织架构：成立针对海外市场的上市公司，搭建专门海外发展平台

　　1997年，成立同仁堂股份有限公司，旗下8条生产线通过澳大利亚GMP认证，开启了国际化战略的第一步。此后，同仁堂发展委员会成立，并提出了"立足全国、面向世界"的口号。作为中医药发源国和最大的临床应用国，由于剂型、疗效、药剂学基础理论得不到国际承认，我国中药一直被排斥在国际医药主流市场之外，难以与韩国、日本的"汉方药"在国际市场中抗衡。为了更好地融入国际市场，同仁堂通过分拆上市、成立独立海外公司的方式加速品牌国际化：2000年10月北京同仁堂科技发展股份有限公司在香港联交

所创业板挂牌上市；2013年5月北京同仁堂国药有限公司在香港创业板上市。作为首个分拆并再次登陆香港的国内企业，同仁堂国药是同仁堂集团旗下唯一属于非中国市场（日本除外）分销中国制造的同仁堂品牌中药产品的下属公司，起着推动同仁堂集团走向国外的平台作用，经营境外市场同仁堂集团药品的生产销售并提供服务等相关业务，这些措施在一定程度上提升了企业管理效率，为企业国际化发展提供了组织保障。

（二）同仁堂的品牌国际传播策略

同仁堂在国际传播上同样可圈可点，良好的国际传播是同仁堂品牌走向海外的重要保障。

1. 文化先行：以文促知，降低文化传播门槛

同仁堂海外经营模式的独到之处，就是经济实体和文化载体双轮驱动。[①] 中医药老字号出海过程中，文化差异是中医药企业走向海外的最大壁垒。因此，同仁堂确立了"文化传播"的海外发展原则。首先，为增强中医药品牌对海外国家的渗透力和影响力，同仁堂创新性利用大众文化，结合多种传播形式，将传统中医药文化以通俗易懂的方式传递给大众。其次，通过线下终端展示中华文化。通过装潢的统一化，展示企业形象和品牌特色，同样能体现悠久的历史和浓厚的文化氛围。同仁堂医药同馆的经营模式，使海外门店既是经济实体，也是文化载体。最后，通过丰富的文化体验活动化解中西方文化壁垒。有学者指出，面对文化差异，我们常常主观性认为自己的主体意识是完整的，缺乏与"他者"的对话，导致理解和沟通的偏差。因此，需要处理好信息触达、解码和认同这三个关键节点，提升国际传播效能。对此，同仁堂开展形式丰富、参与度高的线下传播活动，将健康生活的企业理念潜移默化地传递给海外群体，同时提供近距离了解中医望闻问切等内容的渠道，为海外群体提供相关咨询服务。从长远角度来讲，同仁堂在国外获得良好的生存发展环境，关键在于能够主动地弘扬好中华文化，在日常经营中结合所属行业、地域、产品特性等多让当地人接触，了解中医药文化，提升国际传播效果。

---

① 同仁堂：从中华老字号到国际化品牌[J]. 商业文化, 2014 (30): 92-93.

2. 平台赋能：数字时代运用国际主流数字平台触达全球消费者

数字平台成为品牌与消费者互动沟通的重要阵地，数据显示，42%的海外消费者通过社交媒体网站/平台了解中国的产品与服务。① 老字号在社交媒体上利用故事化叙事和热点话题营销，既能促进品牌文化的传播，也能达到产品推广以及树立企业形象的效果。通过新兴技术与传播手段提升企业品牌价值，为企业创造新的市场机会以及实现企业与消费者的良性沟通。同仁堂在数字化转型过程中，积极树立数字化传播理念，在流量管理、品牌管理与运营管理中共同发力。具体来看，同仁堂在 Facebook 等多个主流海外数字平台设立了官方账号，传播的内容也较为多样。同仁堂自 2016 年 3 月在 YouTube 上注册官方账号后，便上传了 11 条同仁堂在中国香港、澳门地区和澳大利亚、马来西亚、新加坡等国家销售的小型纪录片《北京同仁堂海外传奇》，展示老字号同仁堂品牌理念和商业运营的品牌故事。同仁堂海外分店在 Instagram 上设立官方账号，创建"medicine""clinic""Beijing""Chinese herbs"等话题引发用户互动和转发，借中医药科普和拳头产品输出优质中医药文化与健康知识，不仅建立了企业私域流量，同时也提升了企业与消费者之间的互动。此外，借大数据之力，为消费者打造品牌、内容、产品全链路体验机制，激活老字号品牌的同时构建有价值的传播矩阵。

3. 品牌管理：注重品牌建设，扩大中医药老字号品牌影响力

同仁堂注重品牌故事的演绎和传承，将中华传统人文精神融入其品牌定位，以"同修仁德，济世养生"的经营理念，凸显企业名号。② 在巧妙地讲述扣人心弦的民间故事、神话传说当中，将自身品牌的渊源由来有机融入其中，无形之中增强了品牌的历史感、神秘感和权威感，并通过长时间的持续传播演绎，使品牌感染力持续增强，直达人心。同时，重视以社交媒体为代表的新兴媒介给企业国际传播带来的新变量，通过对社交媒体平台规则的掌握，深入挖掘国际传播新趋势、新事物与新技术，深度嵌入当地社交网络，实现二次甚至多轮传播。此外，同仁堂在顺应新媒体潮流的同时，也不完全

---

① 《中国企业形象全球调查报告 2022》全文发布 [EB/OL]. 国际传播发展中心网站，2023-01-10.
② 赵聪超. 医药老字号品牌符号及其传播策略研究 [D]. 苏州：苏州大学，2011：14.

依赖新媒体平台，而是能够跳出技术中心主义的单维传播逻辑，从多种渠道建立多层次、多领域传播矩阵。如借助国际性文化活动、会议、赞助事件等外交渠道手段提高品牌影响力。每逢同仁堂海外药店开业，都会举办大型的义诊活动，还利用重大节日与所在国大使馆及其他中资企业一起在报纸出专版，举办义卖义演、送医送药等特色活动。可以说，同仁堂在国际传播中，始终抱着"创新""探索"的精神，不拘泥于某种特定信息传播方式，而是大胆探索文化传播形式，将传统中医药文化以一种更加具有说服力的方式嵌入国际传播环节。

三、同仁堂国际传播的优化策略

中医药文化在对外传播过程中，出现节译、错译、漏译及中转式编码，造成信息失真，使传播内容偏离中医药文化内涵，直接影响了中医药国际沟通效率与效果。同仁堂的品牌国际化，一方面推动了中华文化和中医药文化走出国门，提高了中华文化的国际影响力；另一方面有助于加强中医西医的互鉴，推动中医药文化传承与创新。尽管同仁堂的国际品牌打造取得了成绩，但还有进一步改善的空间。当下，中医药迎来了国家战略和市场需要的新机遇，传播上未来需在加大国际主流数字媒体平台运用、提高海外媒体可见度以及创新叙事方式等方面进一步发力。

（一）搭乘数字快车，优化传播效果

同仁堂虽然进驻了不少国际主流数字平台，但是运营效果较为低效。如同仁堂海外账号上的营销传播活动缺乏创新，大多只是简单地发送品牌和产品信息，消费者互动效果差；账号多而杂，缺乏常态化、统一化的运营和管理；一些重要的数字平台没有及时进驻，如何强化国际主流数字平台的运营效能，是同仁堂应该重点关注的方向。

对中医药老字号来说，"互联网+"的营销传播模式和品牌建设成为提升国际传播效能的突破口。一方面，需要同互联网公司、战略咨询公司开展充分合作，并将内容扩展到大数据、人工智能市场、企业经营、本土化流媒体宣传、海管网建设等一系列方面。在跨境电商层面，需要积极建设海外仓，扩大出口。充分结合品牌本土化战略，通过举办跨境电商消费体验节，加强老字号企业与出口跨境电商的资源对接，为二者搭建国际平台，支持国产好货"走出去"。在跨境电商平台上，可以利用搜索引擎优化来提高品牌曝光率和知名度，通过优化网站内容、完善关键词搜索等方式，提高品牌在搜索引擎上的排名，吸引更多的海外消费者。由于群体行为受制于特定的语言、文化环境，在具体落实执行中，需要加强对产品浏览、加购、销售、售后等数据的分析，基于精准传播意识，避免机械执行"固定动作"，及时对总结效果用数字管理方法，将传统中医药理论知识和中医药传统处方进行编码，进行信息化管理，有助于中医药文献信息资源的共享，改变医疗模式、教育模式和传播模式等。对古籍进行数字化整理保护，用现代科学技术手段重现与认识中医药发展的历程；以现代网络为载体，展示线上中医药博物馆等，有助于消除东西方文化屏障，解释中医药的有效机理和文化内涵，让世界范围内更多的人理解、信赖中医药。①

（二）强化海外团队，打通传播渠道

在企业个人层面，建立本土化经营机制，对本土雇员及有跨文化背景的专业人士适当赋权，以便根据当地民众和目标受众的价值选择定制企业传播策划。情感体验能够改变顾客对企业的认知，决定消费行为与消费决策。② 基于对本地市场和文化氛围的精准把握，提升企业文化适应度，从情感上获取民众认同。这既要发挥中方员工的"在地"优势，也要发挥外籍员工的"共在"优势，在互动交往中真正用好"中外合塑"的组合拳。

在企业整体层面，需要专业部门负责与国际媒体的对接，提升海外媒体可见度。品牌的传播离不开媒体的宣传，但通过 EBSCO 新闻报道数据库的检索发现，海外主流市场对同仁堂的报道较少，其中夹杂不少虚假的负面报道。而中国外宣媒体如 China daily 虽然报道更多，但并未引起国际媒体的转载，传播效果有限。同仁堂未来还需进一步理顺并加强与海外主要媒体关系，重视新闻机构的力量，从而获得更多深度、积极的报道机会。与国外合作方建

---

① 景佳，廖景平．我国中药产业国际化现状、问题与对策分析 [J]．广东农业科学，2011，38（1）：207-209．

② KHUONG M N, TRAM V N B. The Effects of Emotional Marketing on Consumer Product Perception, Brand Awareness and Purchase Decision: A Study in Ho Chi Minh City, Vietnam [J]. Journal of Economics, Business and Management, 2015, 3 (5): 524-530.

立一种集体身份,形成协同发展的模式,有效规避由于国情、价值观念和文化信仰不同而造成的文化信息的不对称和误读①,更快融入当地,获得文化认同,成为中国和世界各国交流和合作的重要平台。尤其在新的对外传播形势与任务面前,"一篇通稿打天下"的粗放式的传播方式必须改变。转而在一线实践中结合自身业务探寻新的传播形式,避免依赖固化的、中国化的惰性思维,将中医药文化真正落实到有益于当地的民生,推动他国民众对中医药老字号企业的主动理解,形成长久吸引力与信赖感。

中医药老字号的国际传播,既需要政府官方层面的统筹规划与部署,也需要非官方渠道的配合,从中医药教育、学术、产业、旅游等方面,整合海内外各方面资源,形成跨学科、跨领域、跨行业的中医药文化对外传播战略新格局。使国际传播人才队伍不单一、成规模、能流动,才有可能切实解决中医药老字号国际传播缺乏长效机制的问题。

(三) 立足全球视野,宏观规划与微观执行双线并行

基于当下国内整体对国际传播的战略性重视,中医药老字号国际传播需要在话题体系层面建立全球视野。尤其在动荡的国际市场环境下,品牌传承是企业获取长期竞争优势的重要方式。② 迈入消费者主权时代,用户需求是品牌发展的根本动力与导向。随着人口年龄结构演变、消费能力升级,传统消费观念与模式正在被颠覆,对品牌的发展路径与营销手段也提出了新的要求。品牌不能局限于过去的资产积累,而是要贴近用户市场因势而动,深入挖掘用户需求,与新消费主力人群建立精准有效的沟通,从而开拓潜在市场促成用户转化。

一方面,同仁堂要重新建构用户市场对老字号的认知,通过产品定位、渠道拓展、营销传播等维度创新重塑品牌,在保证品质与口碑的前提下,挖掘传统价值的年轻化、现代化表达。另一方面,同仁堂要加强针对性研究,在中国港澳台地区、东南亚、西欧北美等市场进行前期调研,掌握不同区域

---

① RICHARD J, PAYNE R. The Clash with Distant Cultures: Values, Interests, and Force in American Foreign Policy [M]. Albany: State University of New York Press, 1995: 78.
② HAKALA U, LATTI S, SANDBERG B. Operationalising Brand Heritage and Cultural Heritage [J]. Journal of Product & Brand Management, 2011, 20 (6): 447-456.

的文化氛围，制定不同的传播战略，促进文化适应和传播。特别在文化议题上，由于不少海外民众与中医药文化之间存在心理距离，因此需要结合该地区的认知偏好，以本地化传播方式贴近民众心理，弥补他们对中医药文化的认识鸿沟。结合海外消费者的品牌认知习惯，创新叙事方式。从检索的海外报道可以看出，国际媒体对我国老字号在战略上的新动态、为当地人做出的贡献以及文化遗产保护等议题更有兴趣，同仁堂需要把握住展示机会，认真考虑目标群众接受心理。"态度较少受到短期变化的影响。它们来源于终身的强化和阅历，因此它们往往需要时间和努力才能发生改变。"[1] 因此，要尽可能规避文化壁垒，探索出一条适合当地文化，同时又不失老字号精神的当地品牌之路，助力本土扩张。针对海外不同国家，开展人性化的叙事方式，对外讲好中国故事和中医药文化故事，让世界更好地了解同仁堂的同时也更了解中国。这就要求同仁堂继续发挥主观能动性，体现个性化传播魅力，将宏观顶层设计与微观具体执行有机结合。

四、结语

文化是一个国家、一个民族的灵魂，文化自信是一个国家、一个民族发展中最基本、最深沉、最持久的力量。但我国的文化形象在较长时期内还停留在"脸谱化"阶段。虽文化符号在世界范围已经具有一定的影响，但是深层次的文化理念和价值观的传播力和影响力仍有待提升。国际上起主导作用的价值观念，包括自由、民主、平等、人权、法治等，话语权仍然被西方掌握。其中主要的原因在于我国对外传播的各层次文化产品的质量还不尽如人意，尤其是反映当代中国发展面貌、当今中国人核心价值观和精神风貌的文化作品有限。[2] 作为传统文化对外传播的载体，中医药老字号任重道远。中医药老字号应有所为、主动为，明确自身的中医药文化是世界上唯一拥有五千年连续历史、独立于西医的文化体系。既不能为了适应他者文化结构而抛弃中医文化底蕴，也不可固守陈旧，脱离现代产业发展格局。当下以同仁堂为

---

[1] 程曼丽. 国际传播学教程 [M]. 北京：北京大学出版社，2006：65.
[2] 金曼. 扩大对外文化交流和文化贸易 推动中华文化走向世界 [N]. 人民政协报，2007-03-12（C2）.

代表的中医药老字号在传播的持续创新层面还有待提升，如何利用创意话语、创新叙事引起他者兴趣，与全球群体建立情感联系并激发企业认同，这需要企业进行全方位自查，以破釜沉舟的决心、洞察时局的智慧、全面深入的策略，长远立足，久久为功。

第五章

中华老字号品牌的数字化创新营销策略研究
——以五芳斋为例[①]

摘　要　中华老字号是我国优秀国产品牌的代表，更蕴含着独特的民族精神和优秀传统文化，且拥有特殊的社会、经济、文化价值。但随着新时代市场经济体系竞争加剧与数字化浪潮的影响，老字号亟须完成品牌创新转型，恢复品牌活力。本章选取数字化创新营销作为老字号品牌转型的切入点，首先对所选案例五芳斋的品牌发展史、品牌目前所处的环境以及优劣势等背景进行梳理分析。然后运用4Ps（Product、Price、Promotion、Place）和STP营销（目标市场营销）理论，结合具体案例和数据，对五芳斋的产品创新、传播媒体、营销手段、营销模式和品牌形象进行深入剖析。最后提出老字号品牌数字化创新营销策略建议如下：秉承"传承"与"创新"的双元价值进行创新转型，融合新媒体技术与现代表达进行品牌传播，数据创新驱动赋能营销模式。

关键词　中华老字号；创新营销；五芳斋；品牌创新

一、问题的提出

中华老字号品牌作为中华传统文化的重要载体，拥有悠久的历史和独特的文化魅力。同时，现存的中华老字号通常都经历了数百年的商业经营摸索与竞争，多年的经验积累已经形成了无形的品牌资产，具有重大的经济、社会和文化价值。近年来，随着国家国有品牌意识的加强和对文化自信提升的

[①] 本章由高睿瞳、张驰执笔完成。

倡导，政府高度重视中华老字号品牌的传承与发展。国家"十四五"规划中，明确指出要"保护发展中华老字号"。随着互联网和数字化技术的迅速发展，我国逐渐建立起数字经济意识和配套基础设施支持，传统老字号品牌消费面临着新的挑战和机遇。数字化趋势在消费者端主要体现为民众消费环境和消费习惯进一步朝着线上化、数字化的方向进行转变。在品牌经营者的角度，数字化经营模式为经济发展提供了新的空间和新的可能，而"新冠疫情"的影响更是凸显了数字经济转型的重要性。以受"新冠疫情"影响最严重的餐饮住宿和商业行业为例，在"新冠疫情"停工期间，有542家以传统模式经营的老字号品牌受到了巨大冲击，占到老字号品牌总数的48%，而数字化水平较高的品牌则受影响较小。[①] 消费习惯和环境的转变与"新冠疫情"的常态化，都驱使中华老字号向着数字化的方向转型创新。

  目前已有研究大多从管理学和传播学视角切入，对老字号品牌的衰败原因和振兴活化策略进行讨论。斯坦·马克兰（Stan Maklan）和西蒙·诺克斯（Simon Knox）认为品牌老化的原因在于品牌价值无法满足消费者不断变化、逐渐增加的价值需求，进而被淘汰。[②] 还有学者运用品牌周期理论解释一些品牌逐步衰老的问题，他们主张品牌也像产品一样拥有特定的生命周期，经过创立、成长和成熟后必将走向老化衰亡。[③] 严欢和胡洋以北京珐琅厂为例，提出品牌老化的实质其实就是品牌资产的流失。[④] 基于众多对品牌老化原因的分

[①] 商务部流通产业促进中心. 老字号数字化转型与创新发展报告［R/OL］. 商务部流通产业促进中心网站，2021-08-17.

[②] MAKLAN S, KNOX S. Reinventing the Brand：Bridging the Gap between Customer and Brand Value［J］. Journal of Product & Brand Management，1997，6（2）：119-129.

[③] WANSINK B, GILMORE M. New Uses that Revitalize Old Brands［J］. Journal of Advertising Research，1999，39（2）：90-98.

[④] 严欢，胡洋. 中华老字号品牌激活中的营销创新：以北京珐琅厂为例［J］. 青年记者，2016（6）：93-94.

析，有更多学者从品牌延伸[①]、品牌资产[②]和品牌创新[③]等方面提出了针对老字号品牌的振兴活化策略。其中，为了顺应当前数字化的消费趋势，近年来针对老字号的品牌创新和转型策略的研究有所增加。如魏崇红和王金玉提出在新媒体语境下，中华老字号品牌应从品牌定位、产品创新、丰富传播、线上线下双线融合、引进人才五方面进行优化创新建设。[④] 吕倩针对"互联网+"背景下老字号企业的转型发展情况，提出了互联网全渠道营销战略转型体系。[⑤] 徐欣然同样主张老字号品牌应紧跟数字经济发展的时代潮流，借助数字技术和手段实现品牌的转型升级。[⑥]

总体来说，品牌创新营销在数字化转型中至关重要。数字经济所引起的最重要的变化便是消费环境，品牌数字化也是为了更好地适应新消费环境，为品牌带来源源不断的价值与收益；而品牌创新营销涉及品牌形象[⑦]、品牌传播[⑧]、销售渠道等多方面，是与消费者关联度最高的数字化转型视角。但目前市场上成功完成数字化转型的老字号品牌并不多，大多数老字号品牌都缺乏数字化营销的经验与策略，学术界有关其数字化创新营销策略也并未得到深入研究。由此，本章选取中华老字号数字化创新营销的典型品牌五芳斋作为案例，重点分析其数字化创新营销策略，关注五芳斋在产品和业务组合、品牌传播、营销模式、市场策略等方面的内容；梳理总结中华老字号品牌数字化创新营销的策略模式，帮助品牌从产品、传播、营销模式等多层面进行创

---

① 陶骏，李善文. "中华老字号"品牌复兴：品牌延伸及反馈［J］. 经济管理，2012，34（2）：97-106.
② KELLER K L. Managing Brands for the Long Run: Brand Reinforcement and Revitalization Strategies［J］. California Management Review，1999，41（3）：103-124.
③ 张继焦，柴玲，黄莉，等. 传承与发展：老字号企业创新研究［J］. 青海民族研究，2016，27（4）：33-37.
④ 魏崇红，王金玉. 新媒体语境下中华老字号品牌创新路径研究［J］. 山东社会科学，2020（9）：168-173.
⑤ 吕倩. "互联网+"背景下餐饮类商业老字号转型升级研究［J］. 商业经济研究，2021（12）：130-134.
⑥ 徐欣然. 浅析数字经济下老字号企业的转型发展［J］. 老字号品牌营销，2020（4）：3-4.
⑦ 陆瀚. 数字时代中华老字号品牌传播的创新［J］. 青年记者，2020（8）：17-18.
⑧ 齐二娜. "中华老字号"官方微博传播现状研究：以80家中华老字号官方微博为例［J］. 品牌研究，2017（6）：27-36.

新营销，为中华老字号的现代化、年轻化、数字化创新转型贡献微薄之力。

二、五芳斋品牌的发展历程与现状

（一）五芳斋品牌发展历程

浙江五芳斋实业股份有限公司（以下简称五芳斋），主要从事食品的研发、生产和售卖，产品业务范围集中在糯米制食品和中华节令食品。其发源于1921年嘉兴的一家民间粽子铺，经过百年间的多次改革创新与发展，目前已经成为中国粽子食品行业的龙头品牌与知名企业。根据五芳斋的发展目标与品牌大事记，可将其百年来的发展历史分为以下四个时期。

1. 品牌初创期（1921—1984）：开启老字号的百年征程

1921年在浙江嘉兴城内，一位叫张锦泉的商人开始在弄巷中叫卖粽子。随着生意慢慢做大，他又和几位同乡租了间门面，开了一家正式的粽子店，取"五谷芳馨"之意，定名为"五芳斋"。20世纪40年代初，五芳斋粽子以"糯而不糊、肥而不腻、香糯可口、咸甜适中"的特色被誉为"粽子大王"。随着五芳斋的粽子在民间逐渐盛行，嘉兴又诞生出多家五芳斋门店，竞争越发激烈。直至1956年，多家商铺通过公私合营，统一为"嘉兴五芳斋粽子铺"。此时五芳斋通过口口相传的方式，初步形成了一个简单的口碑品牌，生产营业模式还是以传统的"手工制作、前店后厂"为主。

2. 标准化发展期（1985—1997）：走向工业化、专业化的粽子生产

1985年，随着技术的升级变迁和销量的增加，五芳斋对粽子店的工艺设备、店面风格等进行了大规模改造，五芳斋粽子的销量和名气节节高升。1992年，在国家改革开放的政策及资金扶持下，五芳斋成立了嘉兴五芳斋粽子公司。1995年，嘉兴五芳斋粽子厂投产，成为全国首家专业化粽子生产厂，其后建立起多座厂房，从此结束了传统作坊式经营，走向工业化、标准化生产。

3. 现代化改革期（1998—2014）：品牌全国化发展新时期

这一时期，五芳斋在企业改制、基地化生产、品牌宣传方面的努力，始终在贯彻其提出的"三个转型"战略思想，即追求中高端产品、全国品牌、上市企业的转型发展。

1998年，借着国有企业改革的春风，五芳斋在原公司的基础上，实行股份制改革，成立了浙江五芳斋实业股份有限公司。公司股份制改革后，五芳斋开始建立、完善企业的现代化经营系统，使其便于企业管理与开拓全国销售市场。2004年又进一步成立浙江五芳斋集团，并被评为"中国驰名商标"。2005年，五芳斋产业园在嘉兴秀洲区竣工投产，成为全国生产规模最大、技术水平最高的粽子专业生产、配送基地。2006年商务部重新评定老字号时，五芳斋便名列第一批中华老字号的认定名单。2008年，五芳斋在成都设立生产基地，开启全国化扩张进程，同时向产业链上下游延伸，建立黑龙江优质水稻基地及江西靖安野生箬叶基地，实现主原料的基地化生产。2010年，五芳斋在上海成立营销总部。同年，五芳斋凭借在国内市场拓展的成功经验，正式开始运作五芳斋（香港）公司作为五芳斋对外贸易的平台，准备开拓国际市场。

在这一时期，五芳斋的品牌意识逐步觉醒。五芳斋通过赞助大型展会、举办公益活动、拍摄纪录片宣传等方式，树立品牌形象，扩大品牌声量。2010年上海举办世博会期间，五芳斋作为餐饮服务供应商之一，在展会园区开设了两家门店，通过世博会的平台与自身优质的产品和服务，给来自世界各地的游客留下了优质形象。紧接着五芳斋在2012年参与拍摄了系列美食纪录片《舌尖上的中国》，借着央视的平台和传播力提升了品牌在全国的知名度。

在品牌形象的建立上，五芳斋力求从产品层面向精神层面升级，不仅要做"粽子大王"，更要成为一个"有责任、有担当、幸福安康"的品牌。2011年五芳斋举办了首届"分享幸福的味道"活动，通过网络宣传、九城路演、门店活动等方式，吸引了3000多万人次参与活动，极大提升了品牌美誉度。同时设立"五芳斋奖学金"，通过赞助残运会、向灾区定向捐赠等公益行为，彰显了企业担当。

4. 转型提高期（2015年至今）：开启品牌数字化、年轻化转型

五芳斋属于较早一批实行数字化转型的老字号品牌，其在发现数字经济带来的转型趋势后，逐渐在公司结构调整、销售渠道融合和品牌形象建设等方面推进企业的数字化、年轻化转型。

2015年是五芳斋数字化转型历程中的重要转折点。当年9月11日，五芳斋召开了信息化高级业务蓝图规划项目启动大会，对公司的职能部门和流程体系进行了一次全面的梳理和调整，以适应数字经济下的市场需求。改革后，五芳斋的各个事业部不再根据业务内容独立运营，而是采取"大平台、小前端"的组织架构①，即在后端利用数字技术，建立一个公司内部的资源共享平台，前端则采用门店、端口等更小更直接的方式与消费者接触。五芳斋近年又接连开设产品经理、用户增长中心、大数据等新的职位和部门，以互联网的思维进行企业数字化转型。

在具体的数字化建设上，五芳斋也进行了许多创新和尝试。早在2009年五芳斋就成立了电子商务部，开始在淘宝、官网等平台试水电商渠道，2014年全年的电商销售额直接破亿。2019年签约建立电商产业园区，进一步完善电商渠道中的物流、包装、运送等辅助业务。除了拓展电商销售渠道，2016年五芳斋开始重点推广连锁餐饮的外卖业务，通过合作主流外卖平台与自送服务实现双线发展。同时全面推进微商城、会员积分、电子卡包等互联网业务，积累用户数达到230余万，为后续用户数据管理与精准营销奠定基础。2018年，五芳斋携手阿里巴巴推出首家无人智慧餐厅，主打"数据赋能、自主体验"，成为第五届世界互联网大会合作伙伴。2019年，五芳斋全面启动"糯+"战略，与江南大学共同组建协同创新中心，并设立院士工作站。2021年，五芳斋在成立100周年之际成立新总部大楼。2020年开始建设数字产业智慧园，推进生产车间、产品研发等技术的智能化改革，并于2022年竣工投产。同年五芳斋成功在A股主板上市。

同时五芳斋积极采用数字网络渠道进行品牌建设，创新树立品牌形象。近年来其不断与迪士尼、盒马、喜茶等时尚品牌合作，拍摄创意广告片投放网络平台，结合快闪、直播、HTML5等进行数字营销，在"新冠疫情"期间也积极参与防疫援助和公益活动，树立年轻化又有社会担当的品牌形象。

经过多年发展，五芳斋已经成为中国粽子品类的龙头品牌。2021年，五

---

① 徐姝静. 五芳斋"不老"之术［J］. 创新世界周刊，2019（8）：76-79.

芳斋占据天猫粽子市场份额的37%，远超其他品牌。① 2022年，位居中国粽子品牌排行榜第一，以94.01的金榜指数位居榜首，远超出第二、第三名的稻香村（78.70）、知味观（78.65）。②

（二）五芳斋品牌现状分析

1. 内部优势

第一，历史悠久，老字号品牌深入人心。五芳斋品牌创立于1921年，距今已有百年历史，拥有庞大稳定的消费者基础和顾客忠诚度，同时又获评"中华老字号""中国驰名商标""国家重点龙头企业"等多项荣誉，奠定了产品及品牌的口碑优势。艾媒咨询每年对企业综合实力、媒体传播评价、用户口碑检测等多个维度进行评分与排名，在其发布的端午节粽子品牌排行榜中，五芳斋已经连续三年占据榜首，充分彰显了五芳斋的品牌优势。

第二，行业龙头，产品技术成熟。五芳斋凭借百年来不断改进的生产技术和产品品质，目前已经形成了一套成熟的粽子生产加工技术，包括百年传承的经典配方、优质完整的原料供应链、规模化自动生产设备等，充分奠定了五芳斋在粽子行业的龙头地位。在行政地位上，五芳斋在我国食品工业协会的粽子行业委员会中担任会长单位，从2004年起已经多年主持修订我国粽子行业标准的制定，并在2019年受托牵头起草粽子的国际标准，推动中国粽子行业迈向国际市场。

第三，拥有成熟的分销网络和渠道。经过多年的经营和发展，五芳斋已经建立起了较为成熟的分销网络，使用线上和线下销售双线并行的模式，直营和经销等模式相互补充。线下销售门店和商超代理作为早期五芳斋的主要销售渠道，近年来随着公司市场规模的扩大，销售终端也不断增加，目前五芳斋已经建立了474家线下门店。而五芳斋作为较早一批布局线上渠道的老字号品牌，目前已经全面入驻淘宝、京东、抖音等大型电商平台，且电商销售额连年增长，2022年已突破8.2亿元。成熟的销售网络可以为五芳斋在争取市场和维系消费者中增加渠道优势。

---

① 欧阳. 五芳斋市占37%，榴芒一刻月销超百万，新老品牌齐聚的粽子市场有哪些新玩法？[EB/OL]."魔镜洞察"微信公众号，2022-06-01.
② 艾媒金榜｜2022年中国粽子品牌排行榜Top15 [EB/OL].艾媒网，2022-06-01.

2. 内部劣势

第一，产品季节性明显，易出现产能及市场浪费。五芳斋的主营产品为传统节令食品，如端午粽子、中秋月饼、清明青团等，此类产品具有较强的销售季节性，在节日前后市场需求较大，其余时间则销量平平。五芳斋招股说明书中呈现的数据显示，相较第三季度和第四季度，五芳斋前两季度的产能利用率较高，营收比也较高。四个季度不平衡的产能利用率和营收，会导致产品处于销售淡季时，生产资料和市场份额的浪费。

第二，对主要产品依赖度高，制约了品牌的进一步发展。粽子作为五芳斋的发迹产品，一方面帮助五芳斋将品牌逐渐做大做强，另一方面也使品牌的业务出现局限。根据近三年公司的产品营收占比可以发现，五芳斋的收益主要来自粽子产品，其收益占比平均每年都达到七成左右，其他产品则表现平平。

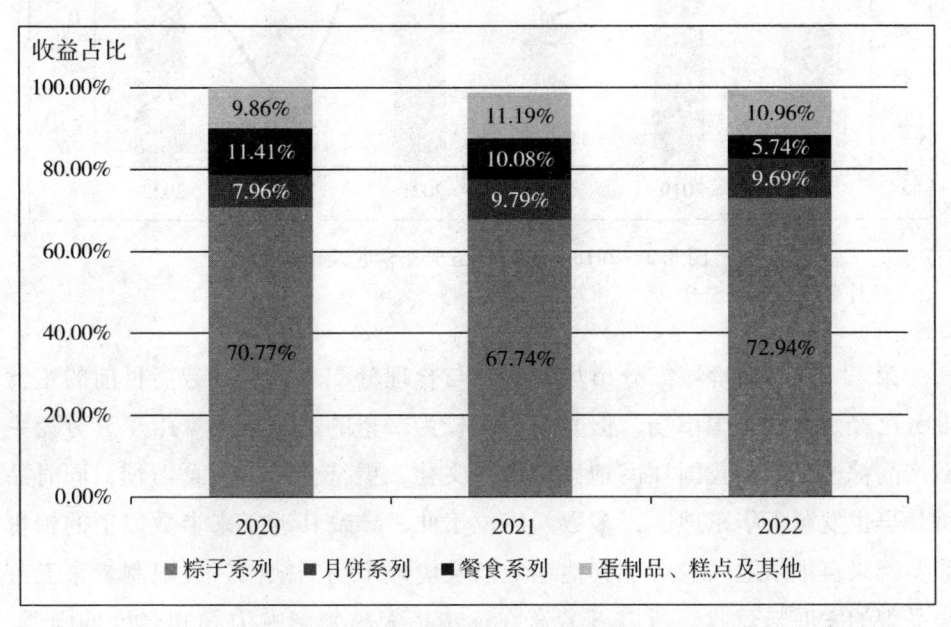

图 5.1 2020—2022 年五芳斋各类产品营收占比情况

资料来源：五芳斋招股说明书及财报

首先，由于粽子往往和端午节绑定在一起，具有较强的时令性，会造成产能不均的问题。其次，粽子本身在特殊节日外，并不是居民日常饮食中购买频率较高的物品，其市场空间有限。根据行业专家评估，虽然未来粽子市场短期内不会达到饱和，但其增长呈现放缓的趋势。且与其他行业相比市场规模本就不大，加之近年来越来越多的综合食品品牌如思念、三全等，开始进军瓜分粽子市场，作为行业龙头的五芳斋更易触及行业天花板，2018—2023年，五芳斋的营收始终没有突破30亿元大关，而是在25亿元徘徊。

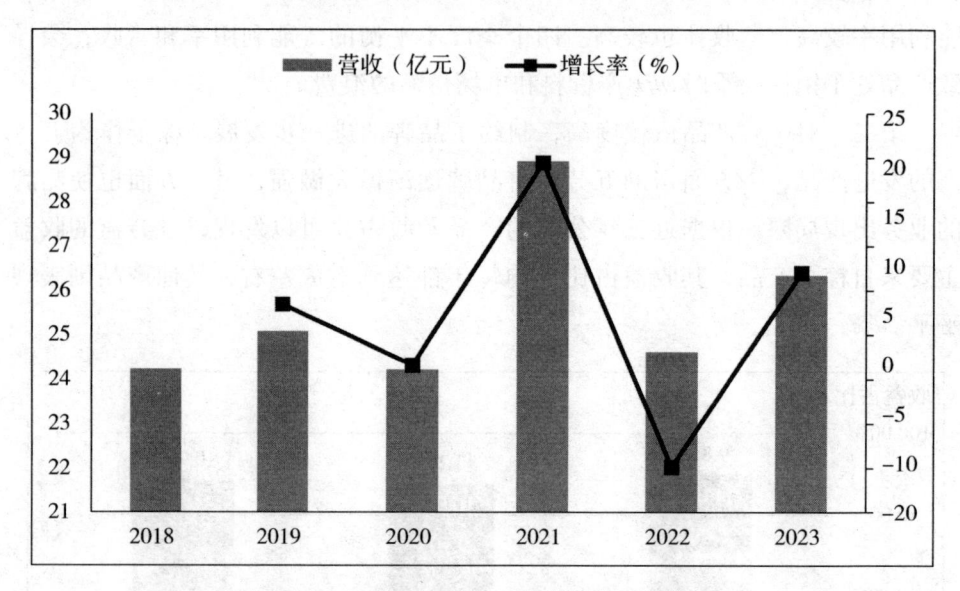

图 5.2　2018—2023 年五芳斋营收及增长率

资料来源：本书整理

第三，缺少对地域细分市场的重视与合理分配。虽然五芳斋目前的主营业务已经延伸到全国市场，但其仍存在较为严重的地域倾向。由于五芳斋主营产品粽子发源于我国江南地区的糯米文化，更符合江南饮食习惯，同时品牌最早也发源于华东地区，多数门店位于此，导致其近年来半数以上的销售收益都来自华东地区。对于其他地域以及境外市场的缺失，会限制未来五芳斋品牌的发展与营收。所以五芳斋在逐步扩大品牌影响力和知名度的同时，也应注意地域细分市场的需求和分配，通过研发适应当地饮食习惯的产品、增加销售渠道等，有效拓展市场。

3. 外部机会

第一，国家政策持续高度关注老字号复兴。近年来，党中央、国务院对老字号的传承和保护工作予以高度重视。商务部2006年推出"振兴老字号工程",2008年和2011年连续印发"做好中华老字号保护与促进工作"的通知文件。2017年党的十九大报告中重点提出,要促进优秀的中华传统文化向着创新创造的方向发展,从"积极构建老字号的保护"逐渐提高到"推动老字号的改革创新"。在国家"十四五"规划中,更是强调要鼓励中国本土品牌的崛起,保护与发展中华老字号品牌。国家对老字号发展的大力关注与支持为中华老字号的复兴与改革转型提供了良好的政策环境。

第二,国潮时尚构建良好市场环境。近年来,随着我国国民经济的增长和民族文化自信的增强,兴起了一阵国潮时尚。在消费理念方面,随着中华传统文化的大力宣传与创新设计,消费者们逐渐加大了对"国风元素""中国风""中国色"等元素的喜爱。在国货品质和品牌实力方面,中国制造业不断升级创新,国产品牌的品质和声量也随之提升,2023年中国品牌力指数(China Brand Power Index,C-BPI)调查数据显示,在169个被调品类中,中国品牌占据了71%品类的龙头地位,其中连续五年蝉联榜首,获得黄金品牌的比例增至49.2%,中国品牌的长期性建设及可持续发展正在得到强化,中国品牌的品牌资产进入良性积累通道。[①] 相较进口产品,国产品牌具有物美价廉的优势,消费者对其信任和喜爱也更加深厚。消费者市场对于国潮风格的追捧和对于国产品牌的信任都为中华老字号的发展与转型提供了良好的市场环境。

第三,行业发展前景乐观。五芳斋所属的食品制造业是我国居民消费的刚需行业,用于保障民生的基本需求。近年来随着我国国民经济的稳步提升,居民消费水平也逐渐提高,促进消费升级,形成了有利于食品制造业快速发展的社会环境。并且也正是源于食品制造业在国民产业链中的重要地位,国家对其发展给予了大力支持和严格监管,优化产业结构的同时提高准入门槛,从政策层面保障了食品制造业的健康发展。

4. 外部威胁

第一,Z世代消费者需求日益多样化。在数字经济时代,随着信息技术

[①] 2023年中国品牌力指数(C-BPI)研究成果权威发布 品牌的时代性和长期性二者不可或缺[EB/OL]. Chnbrand(中企品研)官网,2023-04-18.

和生产力越来越发达,消费者选购商品不再只停留在对基础功能的追求,商品外观、品牌形象、明星代言等附加价值也被纳入考量。而根据京东发布的《端午消费趋势报告》,90后消费者目前已经成为"粽子"市场的购买主力军,消费占比达到52%。在保证产品质量和品牌文化的基础上,该如何迎合Z世代消费者更加个性化、定制化、娱乐化、体验化的消费需求①,如何通过与消费产品共鸣而满足其独特的个人需求,对于五芳斋这样的老字号是一个较大的挑战。

第二,市场竞争越发激烈。数字经济也深刻地改变了老字号品牌所处的市场环境。国际竞争方面,全球互联使得更多国外品牌得以入驻、瓜分国内市场。国内竞争方面,许多新兴品牌的进场,使得市场竞争更加激烈。新兴品牌的优势在于,其不存在固有品牌文化的牵绊,能够快速捕捉新消费环境下的细分人群痛点,又搭上了互联网电商平台和新媒体流量红利的快车。这些新品牌不仅在产品卖点和品牌形象上更加贴合现代消费者,同时他们对新媒体传播手段与传播热点的运用也得心应手。面对如此激烈的市场竞争环境,老字号品牌若仍保有传统的经营模式势必被市场淘汰。

三、五芳斋数字化创新营销策略分析

(一)产品创新:积极创新延伸,优化产品矩阵

第一,产品延伸,多元发展。通过开发子品牌或延伸品牌至新产品,往往可以达到丰富产品结构、扩大目标市场的目的。五芳斋最初以生产和售卖粽子为主营业务,逐渐建立起了品牌口碑和声誉。但随着品牌的发展壮大与业务范围拓宽,五芳斋意识到粽子类产品具有很强的时令性和局限性,又属于低频消费产品,品牌的主要盈利收入都集中在每年的端午节前后,不仅其余时间的市场被大量浪费,且单一的产品结构更易触及行业天花板。为了优化产品结构,充分利用消费市场,近年来,五芳斋开始在原先的基础上不断延伸、创新产品矩阵。其每年都投入了大量的资金用于产品研发,招股说明书显示,五芳斋用于研发产品的资金投入逐年增加,从2020年的1008万元

---

① 王茜. "互联网+"促进我国消费升级的效应与机制[J]. 财经论丛, 2016(12): 94-102.

增长到 2022 年的 1505 万元，可见公司对于产品延伸的重视。在延伸产品时，五芳斋秉承着江南风味点心的市场定位，研发了月饼、汤圆、青团等新节令食品，或是糕点、饭团、蛋制品等日常高频消费食品，来填补非端午季的产品空缺。其目前已经形成了以粽子为主导，月饼、糕点、蛋制品、卤味等为辅的丰富产品矩阵（见表5.1）。值得注意的是，五芳斋始终秉承着品牌的江南文化底蕴和中国传统美食的特点，没有急功近利地盲目开发与自身毫无关系的网红产品。

表 5.1 五芳斋产品体系

主要产品	新鲜粽	速冻粽	真空粽	粽子礼盒		
延伸产品	月饼	糕点	蛋制品	米制品	餐食系列	速冻点心

资料来源：本书整理

第二，产品创新，不忘传承。产品创新是企业在市场竞争中获取竞争优势的重要手段，通过对产品的不断推陈出新，企业可以满足不断变化的市场需求。产品创新往往不必追求极致的颠覆，根据消费者的感知和需求，结合自身的品牌形象在功能、形式、服务等方面进行创新亦是可取之道。[①] 五芳斋的产品创新就主要体现在对消费场景和人群偏好的洞察上。五芳斋主营的粽子、月饼等食品受众面广，适宜的消费者群体年龄、地域、收入等特征跨度大。但不同群体的消费者偏好差异大，为了迎合不同群体的消费需求，五芳斋根据市场调查和大数据分析结果，针对不同的细分市场进行了产品创新。例如，根据消费场景的不同，五芳斋推出了适于日常食用、长期保存的真空粽、速冻粽，推出了适于端午节期间偶尔食用的新鲜粽，推出了适于送礼场

---

① 付二晴. 基于产品创新视角的老化品牌激活研究［J］. 商业经济研究，2017（8）：33-35.

景的粽子礼盒,甚至适配更高端送礼需求的"传世臻粽"系列产品。

对于年轻消费群体的迎合是近年五芳斋的重点产品创新方向,这不仅是因为五芳斋通过对消费人群数据进行分析,发现 80 后、90 后等年轻消费者,已经取代 70 后慢慢成为品牌的主力消费群体。更重要的是,可以通过吸引年轻群体的关注和喜爱,促进品牌的年轻活化,打破老字号陈旧的品牌形象。以粽子类产品创新为例,京东大数据研究院分析表明,相比于传统的肉粽、枣粽,年轻人对新奇的冰粽、水晶粽、小龙虾粽等网红粽子更感兴趣,五芳斋随即推出了"榴梿粽""螺蛳粉粽"等网红新口味迎合消费热点。同时五芳斋注意到 Z 世代消费群体对"国潮热"和"娱乐化消费"的追求,结合自身富含"中华传统文化"的品牌内涵,为产品创新了许多新奇的附加价值。例如,五芳斋联合字节跳动与中国文物保护基金会,在 2021 年中秋推出了"永乐流芳糯月饼礼盒"。"糯月饼"的产品在口味上创新融合了年轻人喜爱的西式糕点,如草莓芝士、桂花蔓越莓;同时礼盒风格典雅质朴,内附《永乐大典》"湖"字册拼图,精准把握了年轻消费群体对于包装精美、国潮时尚、娱乐体验的追求,同时也契合五芳斋重视传统文化保护与传承的品牌形象。礼盒一经推出,购买好评率达到 98%,为企业提高业绩的同时,也巩固了品牌形象。

图 5.3　五芳斋永乐流芳糯月饼礼盒(左)与附赠拼图(右)
图片来源:五芳斋官网

(二)品牌传播:布局新媒体平台,打造整合营销传播体系

调整传播观念与传播方式、充分利用媒体资源进行品牌宣传是老字号进

行品牌活化的有效方式。① 而在新媒体时代到来之前，五芳斋就积极运用传统媒体渠道宣传自己的产品与品牌，2012年其通过央视打造的《舌尖上的中国》纪录片，借助官媒的传播力与公信力，一举将五芳斋的品牌打响，随后又引发更多媒体约访参观的连锁效应。数字传播技术和网络传播平台出现之后，五芳斋作为老字号品牌中的先行者，敏锐地积极布局新媒体平台，并且拥有较强的传播意识和传播能力。笔者对五芳斋官方账号在目前主流新媒体平台的入驻时间、粉丝数量、传播表现等数据进行统计分析，可以发现，五芳斋作为中华老字号品牌较早就全部布局了多个新媒体平台，并且在各个平台保持着较高的发布更新频率，以此及时将品牌的最新消息传递给受众。在发布内容上包括新品发布、品牌新闻、重大节日及公共事件、广告直播等，从产品广告到公关形象一应俱全。到目前为止，其在各个平台也积累了一定的粉丝数量，五芳斋积极发挥新媒体平台的互动优势，经常发布互动抽奖、趣味HTML5等内容，调动受众的参与积极性，促进社交媒体自我传播。

表5.2 五芳斋新媒体平台传播情况

新媒体平台	入驻时间	粉丝数	30天发布量	受众互动
微信公众号	2014年	/	24篇	/
微博	2011年	42.1万	96条	174.8万
抖音	2021年	34.4万	45个视频、30场直播	28.3万
小红书	2020年	1.3万	29条	5.9万
B站	2019年	4.9万	18条	48.8万

资料来源：2023年本书整理

同时，五芳斋利用各个新媒体平台的互通性，在重大营销活动上统一口径与内容，形成整合营销传播。充分发挥各个平台的特性与受众特点，环环相扣，使其达到"1+1>2"的效果。例如，五芳斋2022年借势北京冬奥会打造的营销活动"五芳斋奇奇怪怪运动会"，其营销主体是一组将五芳斋产品类

---

① 丛珩. 北京老字号企业自媒体品牌传播现状及问题解析：以新浪微博为例[J]. 新闻界，2015（10）：47-52.

比为奥运会赛事的创意视频广告，借势冬奥会的热点宣传自身产品。

图 5.4　"五芳斋奇奇怪怪运动会"整合营销传播过程
资料来源：本书整理

微博作为社交属性最强、到达人群最广的新媒体平台，五芳斋选择前期每天在微博发布海报造势；上线当天在微博、微信、B 站、腾讯视频等平台同时发布视频，并征集互动抽奖。微信公众号由于有每天发布条数限制，内容多为以图文为主的深度阅读，通过"关注—推送"机制可以直达受众，无须提前推广。同时五芳斋在微信推文和 B 站置顶评论中嵌入商品信息和购买链接，推动引流、落地销售。视频上线后两周内五芳斋继续在微博平台通过趣味海报和话题讨论维持热度。最终此次营销活动在主流新平台收获了不错的传播效果，视频广告播放量达到 551 万次，"奇奇怪怪运动会"话题共计 1.9 万次讨论和 5085.5 万次阅读。

（三）营销手段：多元营销打法，贴近年轻群体

第一，跨界联名，引流出圈。五芳斋作为一个中华老字号品牌，长久以来的主要受众都是中老年群体，形成的固有印象偏传统老旧。为了迎合年轻消费群体的喜好，增强品牌在年轻群体中的知名度、好感度，五芳斋选择与网红品牌、新兴品牌跨界联名，塑造品牌年轻化的形象。例如，针对年轻群体喜爱的"个性化""定制化"消费，五芳斋与盒马、喜茶等新兴品牌合作，推出定制款 FANG 粽礼盒、奶茶味粽子等新潮产品；同时也将粽子带出传统产品圈，跨界融合乐事和钟薛高推出"咸蛋黄肉粽味的薯片"和"粽香味的雪糕"；与迪士尼、王者荣耀等火爆 IP 合作推出联名礼盒。跨界与新潮品牌和 IP 联名不仅可以使五芳斋的品牌形象更加贴近年轻人，也可间接引流其他

品牌的粉丝到五芳斋，直接促进产品销售，可谓一举两得。以五芳斋与王者荣耀联名为例，根据京东平台提供的销售数据，五芳斋传统粽子礼盒的Z世代消费者只占全部销量的6%，而与王者荣耀联名的粽子礼盒，Z世代的销量占比提升至25%。

第二，魔性风格，打破刻板印象。五芳斋作为一个百年老品牌能够频繁"出圈"，被称作"最会玩的老字号"的第二个原因在于，其在营销风格上没有受限于老品牌的传统包袱，反其道而行之走起了年轻人喜欢的"魔幻沙雕风"。五芳斋深谙现代的消费者已经是对广告格外敏感的一代，五芳斋就跳脱出传统的广告风格，走起娱乐化、去广告化、脑洞大开、无厘头的风格，用年轻人喜欢的语言和风格来拍摄制作，内容设计更贴近年轻人的生活，最终成为五芳斋在营销风格探索上的一条成功路径，其拍摄的《白白胖胖才有明天》《朋友们蘸起来》等广告片都引起了广泛的讨论。值得注意的是，五芳斋在践行玩味营销的时候，内容时刻紧紧围绕着产品展开，最后达到让受众为其魔性创意称奇，又了解到产品信息与卖点的目的。以五芳斋在B站播放量和互动量最高的视频《咸鸭蛋广告新编》为例，广告用一本正经的播音腔讲述着沙雕的文案，再配上夸张恶搞的画面，这种"又怪又吸引人"的风格一下就击中了年轻群体的心。大笑着看完广告后又会发现五芳斋其实把咸鸭蛋的生产过程、主要卖点、消费场景都讲齐了。根据对视频下方的3000多条评论进行词频分析并归类统计（见表5.3），我们可以发现受众明显认同了这种沙雕的风格，也注意到了产品信息的传达。

表5.3 《咸鸭蛋广告新编》评论词频统计

词语类型	包含词语	词频占比
正向评价词	哈哈哈、喜欢、好吃、鬼才、成功、有趣、厉害、好笑	27.45%
风格认定词	沙雕、裂开、有毒、鬼畜、一本正经、创意、搞笑、泥石流、恶搞	6.01%
产品相关词	咸鸭蛋、五芳斋、鸭蛋、鸡蛋、蛋黄、吃鸭蛋、咸蛋、蛋白	19.48%

资料来源：B站平台视频评论区资料整理

（四）营销模式：数据驱动的线上线下双线融合营销

五芳斋在销售渠道上主打"线上全渠道，线下数字化"的策略，拓展线上电商渠道触及更多消费人群的同时，线下门店也采取数字化技术赋能，打造"双线联合"。

线上渠道方面，五芳斋早在 2009 年就开始布局电商，开设淘宝网店、官方网站，短短两年间便包揽了淘宝粽子品类的大半市场。后续与更多电商平台、数据银行建立合作，引入大数据分析技术，实现精准营销。短视频及直播带货模式走红后，五芳斋也迅速响应。2021 年"6·18"期间，五芳斋借"抖音超品节"入驻抖音平台，接连发布多款商品与短视频广告，每天保持至少一次的直播频率，重点节日如端午期间更是每天开启 170 余场直播关联，加大宣传力度。近年来五芳斋的线上电商渠道的收益占比更是逐年提升，到 2022 年电商销售占比已经占据所有渠道的 34%，目前已经成为五芳斋最主要的销售渠道之一。

线下渠道方面，五芳斋为了追踪消费者数据，帮助品牌更好地根据其喜好生产产品，其根据线下渠道的消费场景，为商超代理渠道和直营门店外卖制定了不同的数字化策略。对于依靠卖场和经销商代理，五芳斋采取"一物一码"的策略，绕过代理商用产品触达消费者。对于门店和外卖渠道，五芳斋计划从数字支付建立链路，通过电子导购引导消费者在点单支付时注册会员、关注品牌，并通过会员、积分、储值等形式联通线上渠道与线下门店。

（五）品牌形象：创新与传承的二元统一

五芳斋在品牌形象上注重"传承经典的品牌内涵"和"年轻创新的品牌个性"的二元统一。传承意味着充分发挥老字号品牌的原有优势，利用长久以来形成的品牌资产价值；创新意味着顺应时代的变化和消费趋势，探索新的营销模式使品牌持续拥有活力和营收。

具体而言，五芳斋在品牌形象的塑造上追求"五芳斋＝中国节令美食"的品牌认知和年轻化的品牌风格。"中华节令美食"是五芳斋对于自身品牌的市场定位，这样的定位首先是基于长久以来五芳斋所经营的产品都属于"中国传统美食""节令食品"，五芳斋深谙以往在消费者心中已经形成的传统认知，更具有认可度和传播度，并且在国潮背景下具有新兴品牌所没有的优势。

其次也是五芳斋对现有产品的一次拓展性的重新定位，五芳斋期望打破受众对其"粽子大王"的简单标签，希望围绕"中秋、春节、元宵、清明、七夕、重阳"等更多的中华节令场景，将自己打造成一个代表中华节令文化的综合形象。"年轻化"是五芳斋对于自身品牌形象和品牌创新的建设目标，也是五芳斋在数字化背景下发掘的一条转型道路。

明确了品牌形象的建设目标后，五芳斋在产品、传播、营销、渠道等多方面协同发力，通过多元创新重塑五芳斋年轻化的品牌形象。具体的创新营销策略已在上文中分析，在此不再赘述。本节从品牌整体的角度，分析五芳斋在品牌形象的建设上采取的创新策略。

五芳斋对于数字化前沿与时代热点具有敏锐的洞察力和实践积极性，使得受众时常可以感受到其品牌数字化、年轻化建设的魄力与决心。对于年轻化品牌形象的建设，以 2021 年兴起的元宇宙潮流为例，元宇宙意味着一个独立于现实的虚拟数字世界，在企业营销中多体现为虚拟偶像、数字收藏品等形式。五芳斋在洞悉这一热点后，马上在 2022 年 3 月 29 日正式发布了品牌的虚拟代言人"五糯糯"，进一步拉近与 Z 世代的距离。

图 5.5　五芳斋发布首位品牌虚拟代言人形象（左）和微博账号（右）
资料来源：五芳斋公开资料

五糯糯可以说是五芳斋品牌形象的具象化体现，在人物的设计上依然紧贴中国传统文化与江南韵味。同时，五芳斋赋予了她"五芳食坊主理人"的身份设定，还为其注册了个人社交媒体账号，旨在通过社交分享的方式与消费者进行沟通，弱化广告的概念，来宣传产品信息与品牌理念。

四、结论

中华老字号品牌作为中华民族长期商业摸索与竞争后留下的精品，具有重大的经济、社会和文化价值。本章通过对五芳斋案例的剖析，结合4Ps和STP营销理论，提出了老字号品牌数字化创新营销的三大策略。

首先，秉承"传承"与"创新"的双元价值进行创新转型。老字号品牌在进行创新营销时面临的最大问题就是如何平衡"传承"与"创新"之间的价值悖论。对老字号品牌而言，"传承"与"创新"并非两个对立面：品牌首先应当基于自身的文化内涵与市场定位，将其作为创新的背景与基调；再结合最新的市场需求与消费特征，确定具体呈现形式与营销手段，以完成科学创新和传统传承的双元平衡。从而达到既不破坏消费者对老字号品牌的固有情感和品牌认同，也能通过产品创新、创意宣传等方式，适应新的消费环境，重塑品牌形象。

其次，融合新媒体技术与现代表达进行品牌传播。品牌传播是老字号创新营销中重要的一环，在技术渠道和内容选取上都要注意贴近现代化表达。老字号品牌应当充分洞察媒介环境的改变，意识到新媒体与传统媒体在传播方式、受众特征、运营方式等方面的差异，积极布局新媒体平台，灵活运用新媒体技术。在帮助品牌实现有效推广的同时，也能触达更多细分群体。根据每个平台的传播特征，扬长避短，实行不同的运营策略；平台之间注重配合统一，打造整合营销传播体系，在重大传播事件上共同发力。在内容表达上，老字号品牌可以贴合目标受众的兴趣热点、风格形式，将品牌信息故事化、娱乐化传递给消费者。同时要善于借助品牌联名、趣味热点、重点节日等效应制造话题、赋能品牌传播。

最后，数据创新驱动赋能营销模式。数据目前对传统企业而言，是数字化转型的重要生产要素与动力源。作为亟须创新转型的老字号品牌，更应将数据作为创新营销的核心资产加以利用，加强数据与营销模式的融合。具体而言，老字号品牌在营销战略的制定上可以通过与新媒体平台、数据银行等建立合作，通过大数据分析把握市场方向，实现精准营销。并通过数据反馈，及时调整营销战略。在销售渠道上,老字号品牌应当重点开拓电商渠道,并做好各平台的互通引流,同时做好线下渠道的数字化融合,促进线上转化。积极利用数据创新驱动,不仅可以优化老字号品牌的营销模式,在一定程度上也有利于年轻化品牌形象的建设,可谓一箭双雕。

第六章

数智时代中华老字号品牌激活效果及提升策略研究
——基于消费者访谈的同仁堂个案研究[①]

摘　要　随着数智时代的日益成熟，第三产业的蓬勃发展与消费升级促使各产业纷纷顺应时代结构调整转型，互联网"原住民"已经成为市场的消费主力军之一，消费者的需求从商品的使用价值逐渐转向对文化精神与品牌价值、创意与个性等精神层面的关注。老字号品牌在长期的发展过程中，虽然积累了丰富的品牌资产并在消费者信赖度、知名度、品牌形象等方面都有很大的优势，但与之相反，其落后的营销模式、一成不变的信息传播手段、固化的品牌形象以及逐渐与新一代消费阶层产生的隔阂都是传统老字号品牌如今在市场竞争中的致命伤。有鉴于此，本章将以中华老字号品牌同仁堂为例，经由文献探讨方式整理和归纳过去学者们认为品牌活化所需要的条件、时机、问题与解决方法，从品牌多元营销方式与消费者访谈观点的角度切入，了解个案在面对品牌老化的危机下如何透过品牌活化，替品牌持续巩固既有的声势。根据以上观点，本章认为倘若跨界营销与社交媒体营销在品牌活化策略中运用得宜，亦能对下一世代的消费者创造出独特的品牌吸引力，而这也是本章所关注的焦点。

关键词　数智时代；品牌活化；老字号品牌；同仁堂

---

① 本章由周靖雯、张驰执笔完成。

一、问题提出

所谓"老字号",就是指拥有悠久的历史,以独特的产品、服务或记忆,受到人们普遍爱戴与认同,具有很好的口碑和丰富传统文化底蕴的老商号品牌。在新一轮科技革命和产业变革中,现今市场随着网际网络的发展,进入人类交易市场诞生以来变化最快速且最复杂的一个时代。数字经济蓬勃发展,推动社会生产力和生产要素供给方式的改变,为经济社会发展打开了全新空间,也为产业升级提供了新动力。随着国家经济稳步发展回升和消费结构的升级,人们对消费产品和服务的需求也在不断变化。同时,消费者也更多地从技术层面上追求便捷化,比如在线购物、移动支付等,从而更好地满足个人的消费体验。然而部分老字号企业对产品创新没有给予足够的认识,没有跟上新的消费需求变化,无法很好地满足年轻一代的消费需求,黯然退市。虽说如此,老字号品牌们并没有就此停滞不前,而是借助新产品品类、新营销方法、新渠道平台搭建等途径正在迎来品牌复兴,进一步拉近与年轻用户间的距离,通过迎合当下热门的消费趋势和消费者喜闻乐见的内容抢占年轻人的心智,在为年轻人注入文化自信的同时潜移默化地构筑出属于老品牌的新活力。

品牌活化的最终目的不外乎重建消费者与品牌的联系。2020年开始,一阵新的咖啡风潮在各大社交媒体平台上兴起,掀起人们大量的关注和讨论。同仁堂推出中药咖啡、枸杞拿铁、山楂陈皮美式等多种新颖口味的咖啡产品,获得了众多消费者的青睐。在这股浪潮之下同仁堂再次进军饮品领域,与名为"制茶司"的茶饮店联名,"人参奶茶""熬夜水"等充满中药材气息的奶茶再度成为热门话题。2018年,同仁堂打造出旗下品牌大健康超级概念店"同仁堂知嘛健康",从传统的"卖中药的老铺子"转变成为新消费人群提供健康生活方式,以"餐饮+医馆+体验+社交"的复合模式贴合当今坚持朋克养生的年轻人市场。

本章对运用社交媒体和跨界产品等新兴手段成功打造传统老字号品牌的品牌价值进行了深入分析。通过借鉴最新的营销思路与方法,本章指出将传统老品牌注入新媒体营销的意义及价值,并进一步深化了老字号品牌在新兴市场中的发展途径和方式，为其焕发新生机提供契机。综上来看，可将研究问题大致分为以下两点。第一，同仁堂品牌活化策略如何开展？第二，同仁堂品牌如何通过跨界营销重新定义品牌价值？不同世代的消费者对此的态度如何？本章希望通过对以上问题的回答，为后续各大老字号品牌的营销战略布局提供参考性的帮助。

二、文献背景与理论基础

（一）老字号品牌活化

凯文·莱恩·凯勒（Kevin Lane Keller）指出，品牌活化是品牌长时间管理至关重要的举措，基于此，他提出了基于顾客的品牌资产概念并建立起品牌活化的主要原理。[①] 而品牌活化从社会心理学的角度来看强调的是品牌的复活，唤醒消费者的"怀旧情结"是品牌意义复活的作用机理。[②] 因此，具有象征意义的文化符号是能引起群体共鸣最有效的记忆体，而文化价值也是传统老字号品牌的重要价值，体现在文化记忆中传达象征性含义与社会生活记忆，凝结于老字号的特色工艺与产品里并伴随着消费者的成长过程。

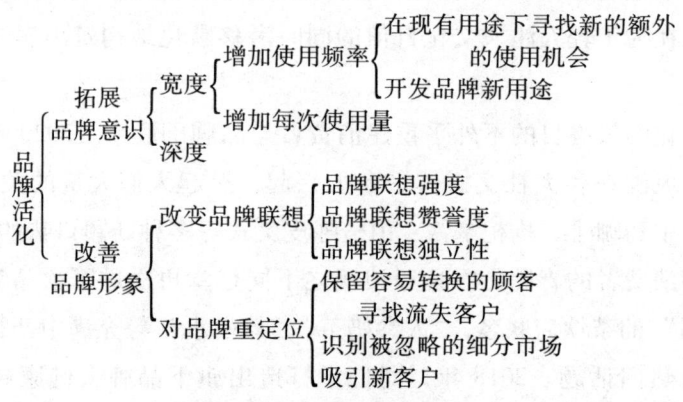

图 6.1 品牌活化原理结构图

资料来源：本书整理

[①] KELLER K L. Managing Brands for the Long Run: Brand Reinforcement and Revitalization Strategies [J]. California Management Review, 1999, 41 (3): 102-122.

[②] BROWN S, KOZINETS R V, SHERRY J F. Teaching Old Brands New Tricks: Retro Branding and the Revival of Brand Meaning [J]. Journal of Marketing, 2003, 67 (3): 19-33.

<<<　第六章　数智时代中华老字号品牌激活效果及提升策略研究

以认知心理学为基础的品牌活化，主要是从消费者的认知心理出发，利用一系列的营销活动来提高品牌意识，最终实现对重建品牌资产的重构。社会心理学视角则主要从品牌本身的内涵、意义、本质等方面入手，通过品牌故事、社群、怀旧型广告等激发消费者与品牌之间的社会心理联系，从而实现消费者和品牌亲密关系的恢复或建立。[1] 但学者经过进一步研究后两种角度的看法似乎存在矛盾性，创新与怀旧的概念在品牌营销决策的过程中直接产生碰撞，从消费者的态度呈现来看，对于老品牌"变"与"不变"的营销要素莫衷一是。[2] 这两种视角直接而简要地来看是相互对立的，但在实际中却是紧密联系。因此，在品牌活化的过程中应当将两种理论综合看待，在保留品牌自身原有的优秀且复古的元素的前提下，伴随市场变化而不断更新产品与服务。有学者以此思路为基础为老字号品牌复兴提出了更为详尽的解决思路，实行品牌延伸，不断探索可行的品牌管理模式达成经营目标。[3]

上述学者借助西方品牌活化理论与中国老字号品牌实践相结合，聚焦于老字号品牌管理中传承还是重塑的重要性，也有学者整合品牌真实性与价值迁移视角观察老字号品牌研究个案何以实现品牌活化，更为突出企业主体在进行品牌活化过程中的主观能动作用。[4] 此外，已有文献还提及了消费者感知视角，有学者提出以情感关系连接和以怀旧倾向构筑的品牌与消费者关系是老字号品牌活化的关键动力，消费者感知偏好在其中起到驱动作用。[5] 从相同视角出发，同样也有学者对其进行实证分析，得出在消费者层面上，怀旧倾向对消费者感知产生明显影响从而显著动摇消费者的购买意愿与老字号品牌

---

[1] 何佳讯，李耀. 品牌活化原理与决策方法探窥：兼谈我国老字号品牌的振兴 [J]. 北京工商大学学报（社会科学版），2006（6）：50-55.
[2] 何佳讯，秦翕嫣，杨清云，等. 创新还是怀旧？长期品牌管理"悖论"与老品牌市场细分取向：一项来自中国三城市的实证研究 [J]. 管理世界，2007（11）：96-107，149.
[3] 彭博，晁钢令. 中国传统老字号品牌激活研究 [J]. 现代管理科学，2012（3）：90-92.
[4] 许晖，张海军，冯永春. 传承还是重塑？本土老字号品牌活化模式与机制研究：基于品牌真实性与价值迁移视角 [J]. 管理世界，2018，34（4）：146-161，188.
[5] ROMANIUK J，DAWES J，NENVCZ-THIEL M. Generalizations Regarding the Growth and Decline of Manufacturer and Store Brands [J]. Journal of Retailing and Consumer Services，2014，21（5）：725-734.

创新决策。① 尽管许多研究表明，相较新品牌的引入，品牌激活无论从投入还是从效果上来看，都更适用于企业的品牌建设，但是，并不是所有的品牌都值得被激活。有学者通过对 84 个品牌展开调研，总结出了品牌激活的条件。②

表 6.1　品牌激活条件

品牌激活条件	详细释义
价格	该品牌所提供的产品或服务，其价格无法与同类竞争对手产品相持平。如果产品或服务的价格高于竞争对手，而又无法降低，则该品牌将无法进行活化
宣传	与其竞争者相比，该品牌的媒体宣传力度和推广明显较少，或者比同行业的平均水平更低
销量	如果这个品牌没有太大的价值，但是产品销售量非常大，并且有一定的知名度
历史	该品牌具有久远的历史，拥有较大的品牌资产价值，而且在某些方面能够唤起消费者的共鸣
差异化竞争优势	这个品牌与它的竞争者相比，在产品、沟通、包装、形式等方面具有差异化的竞争优势
核心价值	品牌的核心价值很长一段时间内在市场上占有较大的比重，而且通过激活与当前的消费者群体利益保持一致

资料来源：本书整理

事实上，品牌激活的策略方法有很多，而最为关键的就是保持策略的一致性。在进行品牌活化的策略执行时，除了必须重新调整老字号品牌的营销策略外，品牌的核心价值与原有特性也是要保存和维持的重点，如此一来，才不会使得老字号品牌失去原有的特性。然而，关于品牌活化的具体方式，早期研究中众多学者曾提出不同要点。诺曼·C. 贝里（Norman C. Berry）认为品牌活化策略具有七大重点，致力于提供良好的品质、让消费者知觉品牌

---

① 吕庆华，林炳坤，梅雪芹. 老字号品牌创新的前因后果：基于消费者感知视角 [J]. 华侨大学学报（哲学社会科学版），2019（1）：75-86.
② WANSINK B. Making Old Brands New [J]. American Demographics, 1997, 19 (12): 53-58.

为了提升品质所做出的努力、管理消费者与品牌之间的关系等。① 阿克亦根据自身品牌权益模式，提出具体活化方式，着重于找回品牌失去的品牌权益，并且为品牌注入年轻的形象包含七种活化面向。② 在前人研究的基础上，法国学者让-马克·胡勒（Jean-Marc Lehu）认为，当消费者开始忽视品牌的时候，代表品牌开始衰老，更进一步在其研究中分析目标市场老化的原因，共分为产品生命周期、产品老化与消费者相关等三类（见图6.2）③。

国内也出现基于不同案例与研究视角的大量实证研究，从文化契合度出发，应充分挖掘其特有的传统文化优势，在最大程度上降低对其忠诚度的影响。④ 从消费者的品牌态度出发，对品牌态度和消费者的怀旧情结产生的作用进行深入探索，研究结果表明消费者怀旧情结与消费倾向之间呈现负相关趋势。⑤ 而在具体的营销策略方面，学者从品牌重构、产品创新、消费者激活三个角度，为振兴中华老字号品牌开辟了一条新的研究路径。⑥ 越来越多研究者将流行文化、网络新媒体传播的媒介平台发展红利等纳入对老字号品牌活化研究的探讨，并对当下自媒体传播所面临的困境和问题进行反思。⑦

---

① BERRY N C. Revitalizing Brands [J]. Journal of Consumer Marketing, 1988, 5 (3): 15-20.
② 参见 Aaker 在 1991 年出版的 *Managing Brand Equity: Capitalizing on the Value of a Brand Name*。中文版参见阿克. 管理品牌资产 [M]. 奚卫华，董春海，译. 北京：机械工业出版社，2006：235.
③ LEHU J M. Back to Life! Why Brands Grow Old and Sometimes Die and What Managers then Do: An Exploratory Qualitative Research Put into the French Context [J]. Journal of Marketing Communication, 2004, 10 (2): 133-152.
④ 许衍凤，范秀成，朱千林. 基于文化契合度的老字号品牌延伸对品牌忠诚的影响研究 [J]. 北京工商大学学报（社会科学版），2018, 33 (2): 62-72.
⑤ 李耀. 中国老字号品牌重振策略研究 [D]. 上海：华东师范大学，2007：50.
⑥ 王克稳，徐会奇，栾惠洁. 基于消费者怀旧的中华老字号品牌营销 [J]. 北京市经济管理干部学院学报，2010, 25 (3): 24.
⑦ 丛珩. 北京老字号企业自媒体品牌传播现状及问题解析：以新浪微博为例 [J]. 新闻界，2015 (10): 47-52.

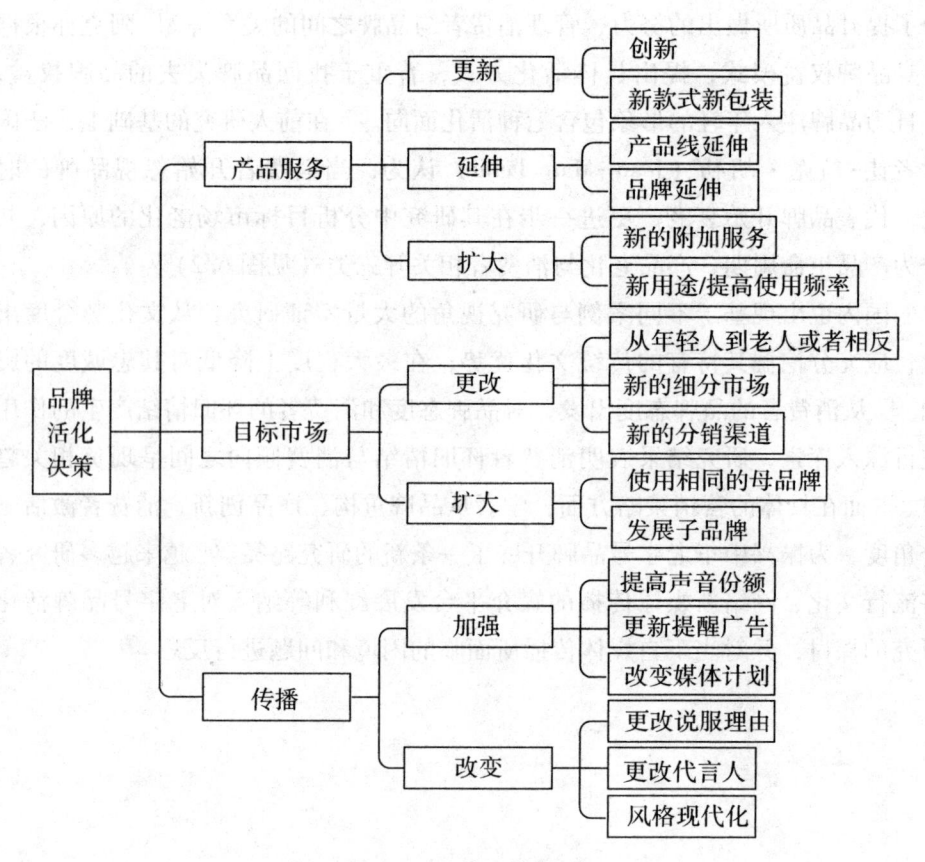

```
                    ┌─ 更新 ──┬─ 创新
                    │         └─ 新款式新包装
         ┌─ 产品服务┼─ 延伸 ──┬─ 产品线延伸
         │          │         └─ 品牌延伸
         │          └─ 扩大 ──┬─ 新的附加服务
         │                    └─ 新用途/提高使用频率
         │          ┌─ 更改 ──┬─ 从年轻人到老人或者相反
品牌      │          │         ├─ 新的细分市场
活化 ─────┼─ 目标市场│         └─ 新的分销渠道
决策      │          └─ 扩大 ──┬─ 使用相同的母品牌
         │                    └─ 发展子品牌
         │          ┌─ 加强 ──┬─ 提高声音份额
         │          │         ├─ 更新提醒广告
         └─ 传播    │         └─ 改变媒体计划
                    └─ 改变 ──┬─ 更改说服理由
                              ├─ 更改代言人
                              └─ 风格现代化
```

图 6.2 品牌活化模型

资料来源：本书整理

（二）消费者世代

生长于同一年代的人常有许多相似的价值观、社会态度与生活方式[1]，也就是世代（generation/cohort）的概念[2]。每个世代都有与其他世代不同的中心趋势，如果可以了解时代的价值观和动机，便能较为轻易打动消费者的共

---

[1] STRAUSS W, HOWE N. The History of America's Future 1584—2069 [M]. New York: William Morrow and Company, 1991: 43-58.

[2] 参见迈克尔·所罗门（Michael Solomon）在 1995 年出版的 *Consumer Behavior: Buying, Having, and Being*. 中文版参见迈克尔·所罗门. 消费者行为学：第 12 版 [M]. 杨晓燕，等译. 北京：中国人民大学出版社，2018：346.

同的记忆、感觉或态度,因此"世代"是一个良好的区隔变数。[1]

本章回顾了中外学者对中国消费者市场细分世代的划分,其中霍尔马特·斯屈特将中国消费者世代划分为三代,国内学者则在斯屈特的基础上提出了五代人的划分标准。[2] 此外,也有西方社会学者对世代划分有着不同的倾向,认为Y世代一般是指在1980—1990年后期成长的青年群体。[3] 西方社会学者则倾向于将1980—1984年出生的一批青年人命名为"Z世代",但随着时代的发展,这种划分标准已经不再适用。目前Z世代人群指1995—2009年出生的一代人。[4]

学者们普遍认同20世纪60—70年代出生的群体是X世代,他们在进行网络上社交时有清晰目的,根据自己的喜好来选择特定的社交对象,品牌力和实体体验是购买影响因素,亲身体验产品或服务以获得更真实的体验感受。[5] Y世代又被称为"千禧一代",指出生于1980—1994年的人群,他们成长时代伴随着网络与电子科技的发展,但与Z世代不同,他们更注重生活品质与体验,消费主要目的以能满足个人需求、兴趣或享受为主。因此,他们相对更理性看重产品与服务的价值是否可以达到其目的和期待,在享受物质繁荣的同时也经受着为了过上更好的生活所带来的巨大压力。[6] Z世代是指出生于1995—2009年的人群,也被称为互联网世代。根据国家统计局数据调查,当前我国Z世代总人数约为2.6亿。追求个性鲜明和与众不同,这让他们在消费过程中特别重视个人消费体验。"颜值即正义",产品的外观与设计更容易影响Z世代的消费决定。

---

[1] SMITH J W, CHURMAN A. Generational Marketing [J]. Marketing Management, 1998, 7 (3): 6-9.
[2] 刘世雄,周志民. 从世代标准谈中国消费者市场细分 [J]. 商业经济文荟, 2002 (5): 19-21.
[3] NEWMAN D M. Sociology [M]. New York: Sage Publications, 2013: 219.
[4] 敖成兵. Z世代消费理念的多元特质、现实成因及亚文化意义 [J]. 中国青年研究, 2021 (6): 100-106.
[5] 2019年中国社会化媒体生态概览白皮书 [R/OL]. 凯度 KANTAR, 2019-07-30.
[6] 龙耘,王蕾. 谁是青年:"Y世代"在中国语境中的解读 [J]. 中国青年社会科学, 2015, 34 (4): 11-16.

以 Z 世代为代表的互联网"原住民"已经全面崛起，正在引领中国新消费市场，而 X 世代和 Y 世代仍然是消费产业的主力军，三个世代的消费同频所释放出的消费潜力与市场规模是空前的。聚焦于案例品牌同仁堂所处的中医药市场，我们可以发现在中成药市场也呈现该代际趋势，虽然 80 后消费者仍然是中成药消费市场的主力军，但 Z 世代、90 后不断成长，他们的消费增长速度却明显高于其他代际，消费比例显著提升，中药养生、中医药保健等方面正在逐步吸引着越来越多年轻人加入。[①] 因此，不同世代的消费群在目前市场上都是具有商机的，以此为研究视角可以从实践方向为同仁堂发掘更多经营策略中的可改进之处。

（三）消费者态度

在消费者行为的研究中，态度调查一直被广泛地应用在营销策略且贡献良多。态度研究中受到普遍认可且较为常用的模式为三成分态度模型。模型中主要包括认知成分、情感成分和行为成分，个人对于某件事物的态度，即这三部分会趋于一致，当其中某一部分改变时，其他部分也会跟着改变。[②] 态度是由认知成分、情感成分及行为成分三部分所构成。[③] 态度组成的第一元素"认知"是指对态度对象所持的信念，其中包括了较为理性的部分而不涉及主观的情感和情绪。"情感"指的是消费者对于商品、服务和企业形象等所直接形成的喜欢、不喜欢，好坏的情绪性、评价性的字眼。"行为"的部分即营销和消费者调查中最重要的关键因素——消费者的购买意图。根据以上的文献分析，我们可以得知跨界营销在老字号品牌活化中的运用从消费者的角度来看源自消费过程中所带来的享受与乐趣。品牌应该为消费者提供既能触动其情感又可以适应其文化语境的方案，使他们能够从生活与情景的体验中对品牌认识更加全面，以此强化消费者对其品牌的认同与忠诚度，进而改变其消费行为。一般而言，态度是影响消费过程的因素之一，若消费者在消费过程前后对所购买的产品或服务产生正向的态度，其再度消费的可能性会很大，

---

① CBNData. 2020 中式养生行业洞察［EB/OL］. 第一财经网，2020-12-07.
② HIRSCHMAN E C, HOLBROOK M B. Hedonic Consumption: Emerging Concepts, Methods and Propositions［J］. Journal of Marketing, 1982, 46 (3): 92-101.
③ ROSENBERG M J, HANLAND J C. Low-Commitment Consumer Behavior［J］. Journal of Abnormal and Social Psychology, 1960, 16 (2): 367-372.

也有极大的可能性使该消费者拥有高度的品牌忠诚度。

三、研究设计

（一）研究方法与流程步骤

本章将主要采用三种研究方法。一是，文献研究法。研究通过广泛的资料搜集，掌握品牌活化策略发展的历史脉络，通过学术文献、官方资料和非正式资料等多种文献资料来深入了解品牌活化策略对社会的影响及意义，并通过归纳与分析来说明相关背景。二是，个案研究法。研究将以老字号品牌同仁堂为例，通过追溯同仁堂的发展历程，分析同仁堂在数智时代下的品牌活化策略布局，并结合有关文献、官网、官方社交媒体账号以及创始人与品

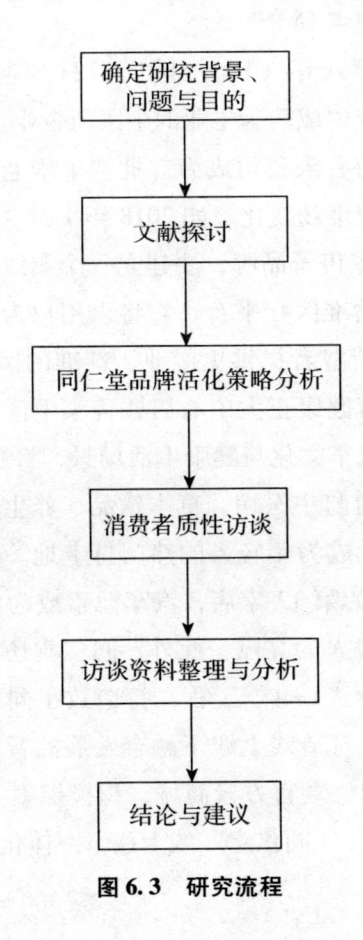

确定研究背景、问题与目的
↓
文献探讨
↓
同仁堂品牌活化策略分析
↓
消费者质性访谈
↓
访谈资料整理与分析
↓
结论与建议

图 6.3 研究流程

牌代表的相关演讲、采访等资源，探索其如何将产业拓宽至新式茶饮与咖啡领域，拓宽消费者受众群体，抓住新兴市场。三是，深度访谈法。因为考虑老字号品牌同仁堂消费者为单一独立个体，在分别访谈过程中可以透过不同消费者的个人经验、选择偏好来详细探讨主题。采访过程选用"半结构性访谈"，最终把受访者的想法利用录音与截图整理成文字稿，根据研究目的进行资料分析并整理成研究成果。本章利用立意抽样针对特定研究对象进行个别访谈。由于同仁堂知嘛健康新式体验店的展店数与普及度尚未形成大众主流，选取采访样本时曾消费同仁堂新式产品（咖啡茶饮等）的样本具有稀少性，鉴于便利性则运用立意抽样方式选取熟悉同仁堂品牌与咖啡茶饮爱好者作为受访者。

（二）研究个案选取与简介

同仁堂始建于清康熙八年（1669 年），1723 年起负责皇家御药的供方，是一家以生产和销售传统中成药为主业的中医药企业。2006 年 12 月，经商务部认定，北京同仁堂股份有限公司成为首批"中华老字号"企业之一。同仁堂近年来积极创新以适应市场变化。如 2018 年 1 月 9 日，同仁堂健康集团正式发布"知嘛健康"新零售子品牌，要建立一个集线上线下服务、产品矩阵与产品联盟等为一体的精准医疗平台，它将以用户为中心，结合大数据与人工智能等先进技术，为消费者提供更专业、精准的医疗服务。2023 年 8 月，同仁堂健康药业公司知嘛健康正大中心店暨首家生活方式体验店在北京商务中心区开业。该店融合汽车文化与健康生活场景，将超级跑车发动机和座椅、脚下透明可视的超级赛道与中医馆、草本饮品、养生膳食进行跨界组合，形成多元化社交生活场景，成为年轻人的热门打卡地。这是同仁堂知嘛健康新零售自 2019 年以来开设的第 12 家店，汽车元素成为继咖啡元素之后同仁堂知嘛健康又一个吸引年轻人的亮点。此外，同仁堂还实施数字化战略，推动转型发展。实施电子商务"1+4"工程，打造数字同仁堂；推进零售药店连锁化标准化智慧化建设，打造线上线下融合发展的智慧药房，升级同仁堂服务。努力建立自有平台同仁堂官方云商城，积极探索 5G 和 AI 应用，不断提高线上市场竞争力。搭建"i 同仁堂"线上线下一体化平台，赋能线下商业零售终端。① 2023年前三季度，同仁堂增势良好，实现137.21亿元营收，同比增长25.88%，其中医药电商板块实现成交额超5300万元，同比增长25%。

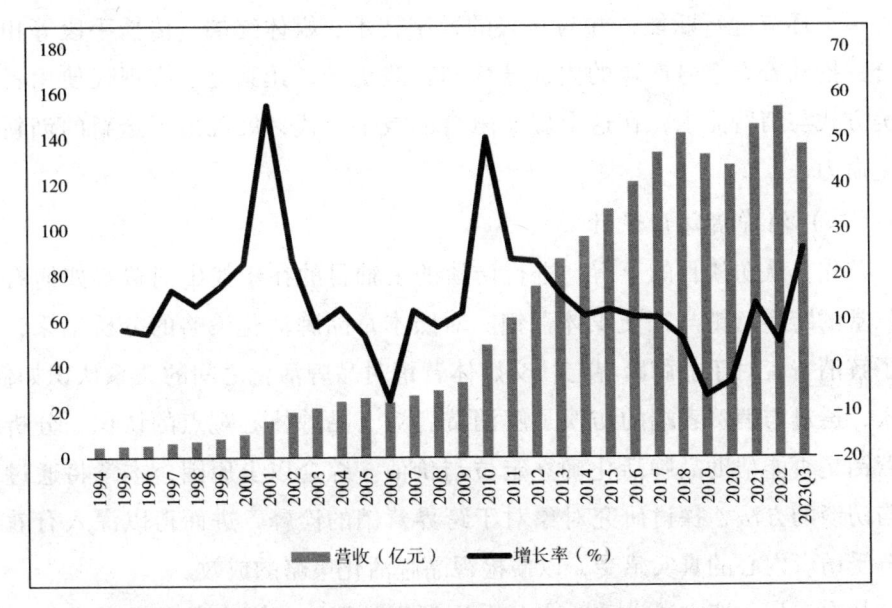

图 6.4　1994—2023Q3 同仁堂营收及增长率

资料来源：本书整理

"一块招牌，就是一段传奇"，在经历了漫长的竞争与淘汰之后，在各个行业中，都会产生出一批经久不衰、深受消费者喜爱的商品与服务项目，这就是老字号的由来。近年来，在国货国潮兴起、数字技术赋能的大背景下，一批老字号品牌主动适应新时代发展趋势，加快了创新转型的步伐。老字号企业能够切身感受到数字化的重要性，也就更愿意投入资金进行数字化转型，数字经济受到政府与企业的重视。除此之外，国家也在加快5G网络、数据中心等基础设施建设为老字号提供数据支撑并出台相关政策来推进老字号保护与发展工作，老字号数字化转型成本进一步降低。老字号创新相关信息声量显著走高，推陈出新、守正创新已经成为每家优质老字号企业的必修课。新视觉、新产品、新营销、新服务与新模式是当前老字号创新的核心，致力于

---

① 传承精华 守正创新 同仁堂集团谱写高质量发展新篇章 [N]. 人民日报, 2024-01-24 (8).

打造集产品生产创新、品牌营销传播创新、场景消费创新、智慧服务创新于一体的老字号生态。在此进程中，数字化正在以多种形式对老字号品牌链条的每一个环节进行赋能，并与新兴的数字技术、媒体终端、传播手段等相互融合，推动着老字号产业的内部迭代与自我更新，让其更适应现代使用者的审美方式与消费需求，在这个虚实融合的数字时代，展现出了全新的创新力与生命力。

（三）消费者访谈设计

首先，从访谈目的上看，进行访谈的主轴目的在于找出消费者如何看待同仁堂的跨界营销与社交媒体营销。对照本章品牌活化策略的分析结果，从而了解消费者对于品牌跨界与社交媒体营销对品牌活化之间的关系认识如何。其次，透过与消费者端的访谈了解消费者对于品牌核心观点的认识，分析跨界营销是否能帮助品牌活化确立定位与价值。综合以上原因，本章将通过观察与访谈的方法，探讨研究对象对于跨界营销的诠释，进而得以深入有效地了解受访者内心的真实感受，以便检视品牌活化策略的成效。

其次，从访谈方法上看，本章采用深度访谈法，因为考虑老字号品牌同仁堂消费者为单一独立个体，在分别访谈过程中可以透过不同消费者的个人经验、选择偏好来详细探讨主题。采访过程选用"半结构性访谈"，此访谈范式既不会过于限制受访者答题内容，受访者回答问题也不会没有主题性而过于发散。最终把受访者的想法利用录音与截图整理成文字稿，根据研究目的整理成研究成果。本章利用立意抽样针对特定研究对象进行个别访谈。由于同仁堂知嘛健康新式体验店的展店数与普及度尚未形成大众主流，选取采访样本时曾消费同仁堂新式产品（咖啡茶饮等）的样本具有稀少性，鉴于便利性则运用立意抽样方式选取熟悉同仁堂品牌与咖啡茶饮爱好者作为受访者。本章总共访谈七位消费者，除了两位男性外，其余受访者皆为女性。年龄13~27岁（Z世代）共三位；28~42岁（Y世代）共两位；43~57岁（X世代）共两位。受访者中一位居住于北京，一位居住于福建，一位居住于江苏，两位居住于深圳，两位居住于上海，平时皆有饮茶或享用咖啡习惯，对同仁堂品牌的了解程度各异，具体访谈人员情况如表6.2所示。本章采取个别深入访谈，时间以受访者方便为主，采用网络访谈（微信访谈）与电话访谈，即在宿舍进行访谈记录,访谈时间为 15~30 分钟。正式访谈前已告知受访者本访谈有录音截图等需求,而且基本资料不会对外公开。在访谈过程中受访者对于题目有疑惑时,访谈人会给予相关解释与说明,在访谈结束时感谢受访者的配合。

表 6.2　受访者基本资料一览表

编号	受访者	年龄（岁）	居住地
X01	陈女士	52	深圳
X02	周先生	53	深圳
Y01	陈女士	32	上海
Y02	季女士	36	上海
Z01	陈女士	21	江苏
Z02	祁女士	22	北京
Z03	周先生	26	福建

资料来源：本书整理

四、资料分析与研究发现

（一）品牌活化策略

借助技术进步建立起以消费者为中心的品牌活化策略,使得老字号品牌在全链路上认识消费者与市场需求,助力品牌焕新重构影响力,是未来老字号品牌长远发展的关键。以同仁堂为例,其品牌活化策略主要可以归纳为以下三方面。

第一,产品研发数字化。在消费者市场竞争日趋激烈的情况下,不断通过品牌的推陈出新来保持用户对产品的新鲜感,成为产品复购的关键。老字号品牌需要学习如何利用数字技术来提升产品创新的速度和成功率。通过消费者数据分析,了解用户画像和偏好,明确产品创新方向,这样就可以更好地确定产品的创新方向,缩短产品的研发周期,进而提升新品的上市成功率。同仁堂知嘛健康零号店于 2020 年 7 月在北京同仁堂健康大兴基地开业,将实体店铺划分为四个主题单元"象、食、养、医"。菜品以药膳为主,根据二十四节气推出食疗套餐,同时宣传适合当代年轻人食用的养生粥和养生茶等,并选择"咖啡+中药材"的模式推出益母草玫瑰拿铁、罗汉果美式、枸杞拿铁等草本咖啡。知嘛健康的产品经理曾说:"我们并不是把枸杞和咖啡放在一块儿就行,而是以中医药的角度做新式饮品。经过一系列复杂而精确的中医配伍、汤液经法、五味格局计算,最终达成了现在的完美平衡状态,这也是同仁堂独门绝技。从萃取方式到食材搭配,都对应着一定的药理。"①

同仁堂产品更新迭代的实力可见一斑,新奇的品类结合也理所当然抓住了年轻人的眼球。在2021年的淘宝造物节上,同仁堂知嘛健康推出了猎奇的咖啡产品"五味人生咖啡",开设"良药苦饮"主题店,直击消费者的痛点,不仅能唤起年轻人的情感共鸣,更能将品牌主张植入消费者的心中,增强年轻人的健康意识。设置新老中医问诊、互动咨询、本草纲目装置体验等功能,实现品牌与用户间的双向互动。继入局咖啡赛道后同仁堂又开始探索全新的茶饮领域,2022年2月8日同仁堂与新式茶饮品牌制茶司在杭州滨江区开业,以"自然养身"概念为核心打造养生理念,定位健康气质与同仁堂品牌形象相契合。同仁堂与制茶司的合作敏锐抓住消费者又想喝奶茶又想养生的矛盾心理,提出将养生与茶饮相结合的全新方式,在阳春茉莉龟苓膏、熬夜水和胶原玫瑰鲜乳等产品中融入中草药药材成分,赋予其全新的养生特色,加上百年老字号同仁堂的中医理疗理念背书,受到年轻一代的欢迎。

第二,渠道数字化。传统销售渠道存在着众多问题,如对渠道控制力不强、消费者数据碎片化、营销效率低下等,老字号品牌需要借助数字化工具与平台,打通渠道数据,同时通过智能门店洞察、动态销售数据分析等方式,提升对经销商、终端门店、线上渠道的管理能力及其营销能力,提高渠道运营效率。2015年,同仁堂推出了第一款专供电商销售的养生茶,并在天猫淘宝、亚马逊、京东商城等各大电商平台上广泛分销,茶包业务为同仁堂业绩带来了新的利润增长点。数据显示北京同仁堂在2021年1月至8月天猫平台上的销售量为315.8万件,销售总额约为1.61亿元,占据了饮料冲调茗茶品类的榜首。同仁堂并不是只有茶包这一品类贯彻了药食同源的理念,打开同仁堂的电商平台网站就能看到各式各类的商品,如西洋参饮料、枸杞汁、燕

---

① 王利. 对话同仁堂知嘛健康:中医养生走向"好玩"|老字号新生 vol.2 [EB/OL]. 36氪, 2022-03-01.

窝、枇杷雪梨膏、破壁灵芝孢子粉胶囊等，从不限制产品形态，每种都能精准把握不同人群的养生需求。根据同仁堂最新披露的财报，2023年上半年同仁堂实现了营收 97.61 亿元，同比增长了 30.02%，且报告指出营业收入同比上升主要是因为公司大力进行营销改革并对部分产品价格进行调整，从侧面证明同仁堂的转型成效。

第三，营销数字化。随着消费者触点的增加，流量成本持续升高。老字号品牌需要借助数字化工具，不断提高品牌的综合运营能力，开展全链路、全媒体、全平台传播和精细化运营。通过公域和私域流量的结合，激活潜在消费群体、增强用户黏性，提高营销转化率。不论是跨界推出中药咖啡，还是联合新式茶饮品牌进行全新茶饮领域的探索，抑或是跟随潮流拓宽新的销售渠道形式，同仁堂都在一定程度上带动了网络热议，大大增加了消费者对品牌的关注。然而在获得足够的曝光和讨论的同时，也会出现质疑的声音，如何控制舆论使得其向有利于品牌的方向引导也是营销的重点。此时，"中华

图 6.5 同仁堂社交平台分享截图

老字号"的名牌就是最有力的证明,带来了一种心理上的可靠与安心感,让消费者认为中药咖啡等新奇的产品具有可信度愿意去尝试。品牌的营销通过对"中药咖啡""老字号""养生奶茶"等关键要素的大力宣传,使新产品逐渐被消费者接受。随着KOL对各种饮品、各类门店的打卡,同仁堂成功进入更年轻的消费群体。

从同仁堂品牌社交媒体的营销路径来看,其营销过程的每个阶段都符合了AISAS消费者行为模式,这也是其话题并不只是给它带来短暂热度,也为其带来了新的消费群体的原因。如表6.3所示,首先"同仁堂推出中药咖啡""卖咖啡的中药铺"等话题都带有一定吸引消费者的猎奇成分,因此在AISAS模式第一个环节就快速吸引了一大波关注度;其次话题激起了消费者的兴趣,消费者通过主动搜索相关报道或相关探店心得分享取得信息然后采取行动,在线上或线下渠道主动购买相关产品;最后,部分消费者会选择把感想以文字、图片或视频的多样化形式分享出去。在这一环节中,搜索(Search)与分享(Share)两个S环节是互相影响循环的,对于品牌来说是一个良性的循环。

表6.3 同仁堂AISAS消费者行为模式表

Attention 注意	话题出现,引起了消费者的关注	"同仁堂推出中药咖啡"被各大新闻媒体报道,话题被曝光在消费者的眼中
Interest 兴趣	谣言式的话题激起了消费者的兴趣	消费者由于猎奇心理产生关注兴趣
Search 搜索	消费者开始主动搜索相关信息,如KOL们的探店分享和口感品尝等信息	消费者开始主动搜索同仁堂咖啡馆的门店基地与产品类别等进行了解
Action 行动	部分消费者也加入探店的行列中,购买相关产品	产生兴趣的消费者主动前去探店体验相关服务
Share 分享	体验过的消费者在社交媒体或视频网站主动分享体验心得	良好服务促使消费者主动分享感受,推荐给更多新的消费者

资料来源:本书整理

(二) 效果评价

通过第一阶段的访谈我们可以发现前期调研对象基本遵循不同世代消费者群体的消费喜好与特征。X 与 Y 世代的受访者普遍多为生活用品或维持家庭生计而消费支出，其余的金钱用作储存积蓄或购买基金等投资，呈现出较为保险的金钱观念；Z 世代受访者的消费行为则普遍为了满足自己的生活需要或爱好，其余的金钱留作改善生活品质，呈现出较为自由开放的金钱观念。受益于中国电商过去几年黄金时代的蓬勃发展，Z 世代出生于互联网的环境下自不用说，X 世代与 Y 世代的消费者也跟随时代潮流更多采用便捷的线上购物。在线上渠道方面，淘宝、天猫、京东这三大主流电商平台还是占有绝对优势，以叮咚买菜为代表的新兴渠道也有所提及。线下的通路主要集中在便利店与大型仓储超市（山姆、大润发）等，这些渠道得益于折扣力度大、毗邻居民生活区、日常生活用品供货能力强等优势依然是受访者的选择之一。从消费方式来看，受访者普遍表现为以计划消费为主，偶尔会为了心动的商品冲动消费，X 世代表示会坚定地执行计划消费，Y 世代与 Z 世代受访者除了关注使用需求、产品质量、性价比等因素之外也有部分提到品牌、产品设计、商品颜值、新鲜感等因素，价格可能在一定程度上不再是 Z 世代消费中最重要的因素，看中他人在社交平台上的相关推荐信息，了解他人的真实反馈后增强对产品的信任度最终综合考量下选择该品牌，更加趋向于享受型的消费。

基于不同世代的消费喜好与消费习惯，我们首先调查同仁堂品牌在不同世代的心目中所呈现的形象。经过初步访谈了解到，受访者都听说过同仁堂这个老字号品牌但对其了解程度存在差异。X 世代和 Y 世代的女性受访者基本上都有过购买同仁堂旗下产品的经历（包括自主购买与亲友赠送），Z 世代受访者有一位曾经体验过门店的相关服务（……我去同仁堂测过一回近视度数，对药品的了解就是市面上比较常见同仁堂旗下的一些中成药，类似于六味地黄丸等，Z02）。靠谱安全、老字号国货、值得信赖、历史悠久，所有的受访者不论世代都对同仁堂品牌形象有着良好的认知，其中两位受访者还提到与同仁堂有关的电影或电视剧（……历史老牌，在电影、电视剧里出现过，X02；……我记得小时候播过一个电视剧，叫《大宅门》，好像讲的就是同仁堂，给人的感觉就是很厉害的百年老店，Y01）。总结而言，受访者在了解品牌活化策略之前基本上是透过品牌年代、产品特性与既有的品牌印象这三个切入点，回想品牌形象。例如，通过回忆购买产品经历、以往的消费体验或是曾经看过的电影、电视剧、广告作品等，来描绘该品牌的特色与其留下的印象，并以此作为同仁堂有别于其他中成药品牌的定位，进而推断品牌的理念与核心精神。

其后，调查人员将同仁堂跨界营销策略基础资料提供给受访者阅读后，询问受访者对于同仁堂品牌跨界营销的看法。基本上，受访者在阅读同仁堂品牌活化策略后，对于品牌形象的认知发生显著差异。X世代与Z世代的受访者普遍认为该举措与同仁堂品牌本身契合度并不是很高，某种程度上甚至存在冲突感（……刚开始听觉得很突兀，无法想象二者之间的关联……我觉得二者是很不相关、差距很大的事物，X01；……同仁堂属于中医领域，而咖啡是具有强烈西方文化色彩的事物，二者的结合会让人感到很强烈的冲击与矛盾，Z02），后续部分受访者表示能够理解并接受，且会因为网络的反馈较好或好奇心驱使而期待尝试（……我觉得茶饮适合纳入同仁堂的业务范围，而与咖啡联合有猎奇成分，但仔细想想二者确有共通性，都是植物饮品，差别只是在直观上中药有副作用，咖啡茶饮没有，Y01；……不排斥尝试，如果有合适的机会愿意去尝试，但不会特意尝试，Z02）。

整体来说，受访者对同仁堂采取跨界营销策略的态度做法均表示赞许，基于不同面向展现了正面的态度。产品方面能够融合传统中药与咖啡对消费者来说可以在获得健康的同时享受饮品的口感，达成了"1+1>2"的成效（我觉得这种跨界联合挺好的……这样我喝这类饮品之后既有喝饮品的感觉又感到有利于健康，应该是不错的选择，X01）。品牌延续方面，中草药咖啡茶饮作为一种桥梁联系了新旧品牌的特点，对扭转同仁堂在X世代人群中的品牌印象可能有一定的影响力（……作为新世代和老世代的交接延续，这样的创新点子是很适合社会大众做尝鲜的动作与新的尝试的，X02），但Y世代的受访者均表示了存疑的态度，认为没有必要推出这样的产品，茶饮原本就是同仁堂的业务范围，这样反而会导致消费者将之和其原本的中药材茶类产品混淆，不必纯粹为了迎合现代市场需求去做与自己差异较大的新品，应当坚持做好国货自身的产品（……不必为了迎合现在大家喜欢喝咖啡、喜欢喝奶茶这样做……这样的搭配会不会起到相应的疗效，我是持怀疑态度的，Y02）。

值得注意的是，大部分的受访者对产品质量、口味和良好的口碑极为关注，如果能够维持好这两点将能够有利于增强同仁堂品牌的中医药文化特色，以新颖的方式给消费者带来全新的体验，但如果没有谨慎对待产品的创新过程与后续的评估反馈可能会导致负面影响而适得其反（……但只要品质控制稳定、味道好，就会很乐意接受，但是如果难喝，昙花一现，就可能会是砸招牌的行为，还是取决于产品品质，Y01；……我认为要先求得质量跟口碑，这两项如果都没有，未来就没有，如果这两项都有，再加以不断的创新和良好的服务，可能市场后期可行，X02）。

综上，同仁堂推出咖啡茶饮这样全新的产品，成功地引导受访者以"追求创新""品牌年轻化"这两个角度，重新诠释对品牌形象的定位，并间接带领受访者意识到同仁堂的改革与努力。不同世代的消费者都大多明显感受到同仁堂的品牌蜕变与年轻化，并慢慢认知到转型中的同仁堂，是期待与年轻人所喜爱的便捷化有所扣连结合的。然而，这个认知是否彻底深入消费者的心还有待日后更多的观察。

（三）提升策略

综合受访者对其好处的陈述后得出同仁堂实行该举措利大于弊，好处在于突破目前饮品店产品品类的同质化问题，打造属于自己品牌的特色，拓宽销售渠道从而开拓全新的市场。加之"新冠疫情"期间中药的认可度进一步上升，促使中医药产品更加日常化且为更多人所接受。Z世代中的两位受访者进一步指出其不利之处：随意将中药与新兴领域结合会引起旧有产品忠实消费者或老年群体的不满（……年龄较大的群体可能本来就对咖啡的接受度低，与中药结合更会令他们感到无法接受，原本的品牌应该坚持原本的道路做下去，加入新元素可能会引起原本忠实消费者的不满，Y01）；咖啡爱好者也会有类似的情绪，中药的加入使得咖啡原本的风味不再纯正而失去了原有正宗的咖啡含义（相反，一些很喜欢正宗咖啡的人也会批判，对掺入其他成分产生不满，Y01）；这种创新会影响老字号原本的"招牌"，使大众对其专业性产生怀疑（这样的创新可能会在某种程度上影响自己的"招牌"与专业化，Y02）。

不同世代的受访者从未来发展角度及建议方向来看并未随世代有着极为鲜明的区别，X世代与Y世代的受访者秉持开放态度居多，逐渐学会从Z世代的角度接受新事物，对待创新能够尝试着适应与接受。大致有以下诉求。

一是，产品方面在包装设计上建议推出便携式且根据使用者需求配比的中草药包或是将蕴含特殊成分的原料经科学配比的新式产品改良为挂耳包、粉状等形式（咖啡类产品，如果想要方便而且不用去实体店就只能推出挂耳包了，Z01；他们有比较科学的配方，或是经过多次试验得到合适的配比，能够做成方便包供我们购买在家冲泡会比较便利吧，X01）。鉴于受访者大多无法实地体验其新式的产品与服务，通过少量尝鲜装能够激发起购买欲望，相较传统的中草药煎煮方式更加平易近人与便捷化，也更为贴合其跨界尝试的目的，Y世代与Z世代的受访者对于中草药滋补功效认知不够清晰，缺乏科普与理解。在品类上建议在甜品糕点、零食等更有距离的领域持续深耕，结合日常饮食推出全新跨界产品或许能够更为接近消费者的生活需求（元气森林和同仁堂联名，我一定买，Y01；我觉得既然已经开拓了咖啡和茶饮领域，现在的人也比较喜欢吃甜食，所以还可以往甜品方向发展，Z01）。

二是，营销宣传方面，本质还是讲述故事，将老字号的服务、文化、历史通过年轻人喜闻乐见的形式说给年轻人听，以更加贴合年轻人的方式在新媒体平台宣传全新产品或科普中草药的功效也是同仁堂改进创新的必经之路，辅以精准的广告投放及推广方式能让广告效果事半功倍吸引大众的眼球，而不停留在传统媒体如新闻、报纸上的广告投放。

三是品牌延伸方面，以同仁堂为例的老字号品牌在推出其子品牌时需要注意与母品牌的故事连接，告诉消费者品牌间的必要联系，并不是孤立的两个品牌，即要彰显中医药老字号的工匠精神与历史底蕴，坚守传统技艺与新技术新品类结合，巩固其在消费者心目中的高品质地位。

综上，我们需要理清的一点是跨界创新拉近与消费者之间的距离是一个长期与消费者对话的过程。其中，最需要把握好的基础还是产品本身，口味能否让消费者自愿为它买单，在尝鲜过后如何转化为持续性常态化的购买。对同仁堂来说，根本还是要回归到其积累百年的药材专业上来，让子品牌吸引的新用户不止于对新产品的认可，也要对母品牌同仁堂有更深的了解与认同。同时，流量池变得更为多元，那么更需要依靠数字化技术来感知趋势的变化和诞生，快速做出业务层面的调整。各个世代的受访者都对老字号品牌活化策略抱有积极的看法，也表示能够接受这样全新的尝试。

此外，在媒体的碎片化、场景化时代，当消费者面临信息过剩和商品过剩的情况时，品牌越来越难给他们留下深刻印象。那么老字号品牌在营销方面也需要采取相应的措施，除了更加准确定位目标群体，还可以用模型化的方式了解消费者，并在消费者所处的不同阶段，通过相应的媒介与内容反复触达。在这一过程中，数字化工具则成了老字号品牌深入消费者心智的关键引擎。

五、结论与讨论

（一）中华老字号品牌激活

一方面以同仁堂为代表的中华老字号品牌利用社交媒体营销重新打造出一种有趣且敢于创新的新形象，年轻消费群体更容易被这种特质吸引。同仁堂准确把握茶饮赛道养生茶饮新趋势并以此作为突破口，吸引追求与众不同与新鲜感的年轻消费者，同时将充满情怀感的老品牌跨界产品呈现在消费者眼中，借助品牌特色与信誉自然而然收获了好感与信任感。食品饮料领域的KOL群体以各种各样的形式分享自己流量至上的时代，制造冲突话题是最快吸引话题关注度和讨论度的方法，这也为老字号品牌进行品牌活化提供了流量基础。

另一方面在近几年国潮风之下，传统老字号品牌几十年、几百年积攒的品牌信誉使得消费者普遍对传统老字号碰撞新产业的跨界营销手段持较为开放的态度，老字号品牌此举所带来的"挑战精神"和"颠覆传统"的感受更受年轻人的喜爱。在跨界过程中，初次尝试年轻世代关注的领域难免有一定的不和谐感，在这一过程中面对质疑态度如何坚定初心，秉持品牌理念创造出更多颜值与质量兼具的产品来挽回这种不和谐感将是老字号面临的难题。

（二）数智时代老字号的品牌提升策略

从老字号品牌所处的外部环境来看，我们可以发现，我国的经济发展正从高速增长转向高质量增长，在短期之内，消费者的购买需求和购买力将会因为新冠疫情的缓和而改变。从老字号品牌发展的内在动力方面来看，新一代的消费者已经具备了足够的知情能力和自主选择权。对企业来说，只有与消费者建立起密切的联系，对消费心理和需求进行充分的把握，才能赢得消费者的好感，从而实现品牌好感度和业绩的提升。数字化转型是提高老字号企业竞争能力、推动其未来发展的必然选择。企业在进行数字化转型时，必须从大局出发，从消费者的视角出发，对其进行全渠道、全生命周期和全链路的规划整合，构建基于消费者长远价值的全方位增长战略，同时，借助数字化技术的武器，实现品牌和消费者之间的数字化管理，从而促进其销售增长。

从老字号品牌活化的角度来看，企业将根据产品特点和消费人群特征，选择微博、微信、短视频、直播等线上营销方式进行组合营销。同仁堂健康新零售的运营团队对服务场景进行多维度的验证与尝试，持续优化用户全场景的线上平台小程序场景，融合门店点单小程序、抗衰与医馆服务管理、用户健康管理、线下各门店商品线上化呈现的整合，来提升整体运营效率。

突破产品、品牌的跨界营销也是未来的主要方式，通过置换不同老字号品牌的用户资源，以增强双方的优势互补，共同开展联合营销，以提升品牌知名度和市场占有率，实现双赢。以"草本咖啡"为出发点，知嘛健康团队持续优化并打造出全新的国潮保健爆款。产品研发基于中医药的药物学原理，围绕新一代消费者的健康需要，以新消费群体养生需求为核心，不断向外延伸。

线下门店与消费者的互动体验将进一步增强，场景化消费氛围的深入打造，旗舰店、体验店、景区店、快闪店等新型门店将加快布局。同仁堂也使用不同门店主题来尊重用户对知嘛健康的全新体验，例如，北京正大中心店以科技和力量为主题在店内设置了代表永恒能量的永动装置，蓝色港湾店则以海洋为主题代表对生命的探索与尊重……这种体验感将是新零售中的重要环节之一。

数字技术的进步与应用探索日新月异，当前最大的确定性来自老字号品牌升级的数智化方向，鼓励老字号加强与第三方互联网平台合作，利用平台上的海量数据，能够对用户的消费行为及其模式进行深度分析，从而让年轻消费群体时尚化、个性化等新的消费需求得到满足，助力品牌在质量、服务、设计、审美等方面进行创新，重塑品牌活力，赢得更多元化的新市场空间。此外，依托短视频、直播等的持续输出，老字号扩大了品牌影响力，加深了消费者对品牌的印象，为老字号线下门店赋能，打造数字化、体验化、个性化的智慧门店。

同时，数智化方向与时代热潮也为老字号品牌升级提供了最大程度的确定性。在过去，老字号品牌理解消费者主要是通过长周期的、滞后性的市场调研，而往往受限于数据样本的采集难度高、时间周期过长等情况，导致误读消费者并据此做出错误的营销决策。而数智时代下，在消费行为、交易场景全面数字化转型和线上化迁移的过程中，品牌正在逐渐从传统的以广告宣传为主的方式转向获取更多直接触达消费者信息的方法，他们通过社交媒体平台与消费者进行深度互动交流，及时反馈意见和建议，并以此进行品牌共创，提升品牌影响力。而这个过程所带来的流量与交互，都能够沉淀为老字号品牌的数据资料库（行为数据、兴趣数据、购物数据等），让老字号品牌的营销行为实现"可追踪""可度量"，以更微观的视角实时地掌握消费者的兴趣心理、消费场景、消费行为等，将消费者画像、需求、场景等多维度交叉从而找到更好的品牌活化升级目标。

第七章

如何走向一流：洋河品牌高质量发展研究[①]

摘要 洋河集团拥有"洋河""双沟"两个"中国名酒"和两个"中华老字号"，具有"绵柔基因、创新创造、梦想底色"等鲜明品牌烙印，在传承与开拓中不断绵延。洋河发展历程展现出稳步扎根、积极探索、持续更新，以蓝色铸就经典，以绵柔强化品牌，以"双名酒"战略推动品牌复兴的壮阔图景。通过系统梳理，我们发现，品牌、文化、营销和传播等方面的显著优势是洋河缔造蓝色神话、勇攀高峰、不断超越的隐藏密码。在国家老字号品牌迈向高质量发展阶段、白酒产业端与消费端发生巨大变革的背景之下，洋河将如何抓住机遇、迎接挑战，培育企业新增长极？如何在保持品牌优势、文化优势、营销与传播优势的基础上奋力争高，迈向一流？如何顺应智能技术推动下品牌营销传播新潮流，讲好品牌特色故事，呈现中国白酒之美，进而打造飘香全球的"中国品牌、中国名片"？这些问题亟待思考与探索。

关键词 洋河；双沟；中华老字号；品牌高质量发展

一、品牌发展历程回顾

洋河发展历史悠久。其品牌前身"洋河酿酒"因得天独厚的自然环境、深厚的人文底蕴、精湛酿酒技艺的传承为洋河发展奠定了良好基础。1949年至今，洋河发展经历了国营洋河酒厂时期、改制探索缔造蓝色神话、积极应变向高端迈进、"二次创业"全面升级四个阶段。

（一）阶段一：1949—2001年声名鹊起，夯实根基

1949年，国营洋河酒厂建立。1979年，洋河荣获"中国名酒"称号，入

[①] 本章由牛昆、张驰执笔完成。

选中国八大名酒。洋河大曲的独特风格获得广泛认知与关注。1992年，在美国纽约酒类国际博览会上，洋河大曲系列酒荣获国际金奖，深受国际酒类专家和消费者的青睐。20世纪90年代末，市场环境发生变革，白酒行业环境面临巨变，传统糖酒公司历经重组，市场竞争日益激烈，洋河品牌发展面临全面挑战。

（二）阶段二：2002—2012年改制探索，缔造蓝色神话

伴随企业改制、持续激发企业活力，洋河迎来发展新起点。此阶段的洋河在产品推新、形象塑造、创新营销等环节全面发力，完成跨越式升级，从此奠定了其在中国酒业的重要地位。在产品推新方面，洋河大胆突破固有认知，占领蓝海市场。2003年，洋河推出绵柔型白酒质量新风格。2008年，"绵柔型"作为白酒的特有类型被写入国家标准。在形象塑造方面，洋河以"蓝色经典"作为品牌塑造关键元素，将品牌理念与视觉传播充分整合，启用蓝色元素作为主基调，在一众竞争产品中脱颖而出，并推出其经典广告语。在创新营销方面，洋河瞄准主流消费市场，采用精准定价策略，填补当时白酒价格带的空档。为更高效触达核心目标消费群，洋河创新采用"1+1"与"盘中盘"营销模式。2009年，公司上市，洋河迎来发展新阶段。2010年，洋河、双沟合并，成为双名酒企业。在营收100亿阶段，洋河完成了从产品到品牌的全面建构，打造了天之蓝、海之蓝等多个细分市场的明星产品，逐步实现全面品牌化。

（三）阶段三：2013—2020年积极应变，向高端化持续迈进

2013年至2015年，面对市场环境与目标消费群变化，洋河品牌加强"海之蓝"单品的营销传播，占位大众主流消费带。2015年开始，白酒行业进入深度调整期，高端化趋势明显，品牌竞争日趋激烈。在此背景下，洋河战略重心转向次高端及以上产品，开启不断向高端化迈进的新征程，逐渐完成主导产品的跃迁升级。2017年，"梦之蓝"销售收入突破40亿规模，占比达22%，首次超过"天之蓝"。伴随着在"梦之蓝M6"基础上焕新升级的"梦之蓝M6+"的上市，洋河在高端白酒竞争格局中的地位得到进一步巩固。同时，洋河积极开拓全国化布局，在品牌形象塑造、品牌印象提升、消费者忠诚度提升等方面持续发力。在营销与传播方面，洋河升级"盘中盘"模式，

充分发挥消费群体中意见领袖的重要作用。2015年至2018年洋河省外营收增速维持在20%以上，省外市场营收占比自2015年的40%提升至2018年的49%。① 在营收200亿阶段，洋河以高端、次高端超级单品为引擎，迈入全国化、高端化的新进程，实现品牌建设的调整巩固与不断突破。但是2019年和2020年营收出现负增长，面临调整压力。

（四）阶段四：2021年至今"二次创业"，品牌全面升级

2021年以来，洋河开启"二次创业"新征程。在"名酒复兴"与"全面升级"背景之下，洋河品牌势能获得新释放。洋河围绕高质量发展主线，保持"稳中求进、进中有优"发展态势，坚持"双名酒、多品牌、多品类、全渠道"发展战略，推动"名酒复兴"，加强品质建设，优化产品布局，持续推进高端化、全国化、数字化进程，围绕生态洋河、文化洋河、数智洋河、梦想洋河建设不断发力。自开启"二次创业"以来，洋河股份迈入高质量发展的新阶段，改革成效持续呈现，2022年公司实现营业收入301.05亿元，同比

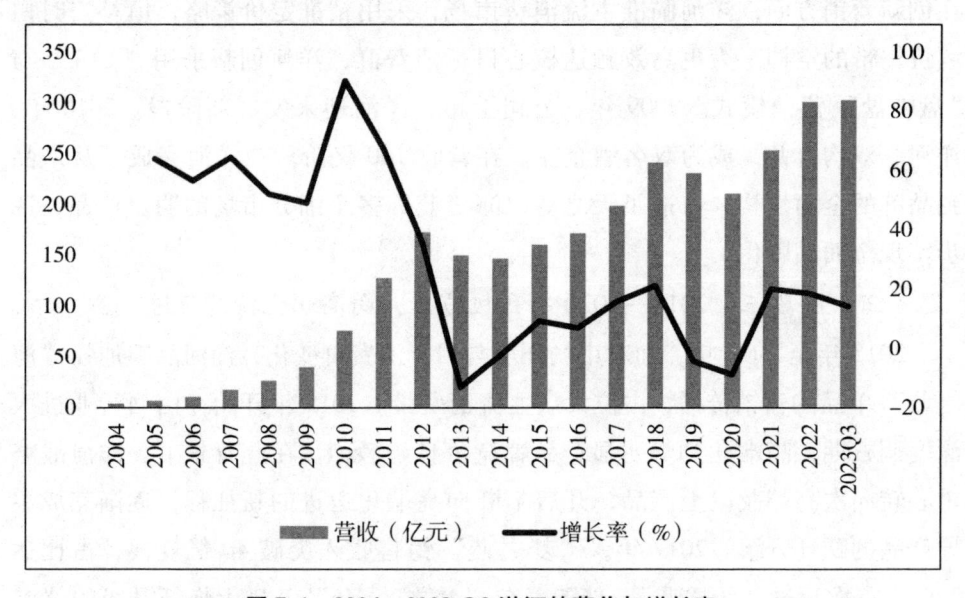

图7.1 2004—2023 Q3 洋河的营收与增长率

---

① 本章大部分数据根据洋河历年上市公司公开财报整理，下文不做特别说明，数据均来自洋河财报。

增长 18.76%，2023 年前三季度营收已经超越 2022 年全年营收。在营收 300 亿阶段，洋河凸显名酒基因，淬炼品牌文化，推进"双名酒"发展战略，积极探索新品类、新技术、新营销、新传播等创新路径，以产品结构升级驱动高端化和深度全国化进程，进入品牌复兴与全面升级新阶段。

二、品牌发展现状与核心优势

（一）品牌优势：始于名酒，成于"绵柔"，深耕品质，不断突破

首先，洋河具有独特的名酒基因，历史悠久、品质卓越。从地域与产区来看，洋河酒厂股份有限公司位于中国白酒之都、"世界三大湿地名酒产区"之一——江苏省宿迁市。洋河坐拥"三河两湖一湿地"，下辖五大酿酒生产基地和苏酒集团贸易股份有限公司；成功孕育两大"中国名酒"、两个"中华老字号"，拥有六枚中国驰名商标。得天独厚的生态环境为洋河发展提供了极具优势的先天条件，优良品牌基因助力洋河积聚起高知名度与高美誉度。

首先，从发展历史来看，洋河品牌经历了从"洋河酿酒"到"洋河股份"的悠久历史绵延。洋河酿酒，始于汉代，兴于隋唐，隆盛于明清，曾入选清朝皇室贡酒。双沟被誉为"中国最具天然酿酒环境与自然酒起源的地方"。泗阳酿酒源于秦汉时期的"泗水古国"。贵酒是贵州省属酱香型白酒酿造企业，传承 400 年手工酱酒工艺，品质优良。名酒产地，必有佳泉。美人泉传说为洋河增添更多人文风韵。从产品品质来看，自"洋河酿酒"时期至今，洋河产品品质表现卓越，广受赞誉，屡次传佳音，名扬海内外。1915 年，洋河在全国名酒展览会上获一等奖，参加巴拿马国际博览会获"国际名酒"奖状和金质奖章；1923 年，洋河参加全国物品展览获一等奖，在南洋国际名酒赛会上，又获"国际名酒"称号；1979 年、1984 年、1989 年连续三届全国评酒会，洋河实现三连冠。

其次，洋河品质卓越，以味定型，开创"绵柔"香型新时代。"绵柔品质，重味轻香"是洋河极具竞争力的品牌特色。2003 年，洋河创新推出绵柔型白酒品质新风格。蓝色经典系列产品成就了洋河品牌奇迹。洋河突破白酒香型分类传统，以味定型，强调味的价值与酒体绵柔度，开创了"绵柔"香型新时代，并与时俱进成功构建适应市场的生产新工艺与绵柔机理体系框架。

2023年4月，《中国白酒绵柔品质发展报告》正式发布。"绵柔"融产品特质、品牌特色、文化象征、健康饮酒观念于一体，蕴含巨大价值与潜能，具有"得天独厚的品质生命力""与时俱进的潮流创领力""无与伦比的文化感召力"。洋河目前拥有39名国酒大师、78名省级品酒委员、1975名技术类人员，拥有10个国家和省级技术研究开发平台，技术技能人才优势明显，为公司绵柔品质不断提升提供技术保障。通过将人力优势与科技实力、绵柔文化与健康美好生活深度融合，洋河不断升级提质，形成独具特色的"绵柔哲学"，并致力于将"绵柔革命"进行到底。

最后，"双名酒、多品牌、多品类"战略优势凸显，品牌资产持续积淀。洋河坚定"双名酒、多品牌、多品类"发展战略，全面推进"洋河+双沟"双名酒发展格局。洋河股份产品线丰富，目前拥有洋河品牌、双沟品牌、葡萄酒品牌、贵酒品牌四大品牌序列。按照价位区间，产品分为中高档和普通两档，其中中高档产品主要代表有梦之蓝手工班、梦之蓝M9、梦之蓝M6+、梦之蓝水晶版、苏酒、天之蓝、珍宝坊（帝坊、圣坊）、海之蓝等。普通产品主要代表有洋河大曲、双沟大曲等。洋河股份以丰富产品矩阵保持了良好市场竞争能力。洋河蓝色经典系列是洋河股份的明星产品与营收主要贡献力量。2003年推出的蓝色经典系列产品以其卓越品质与独特调性（绵柔的，健康的，洋河的）带领洋河突出重围，转危为机，创造洋河奇迹。从正式面世到产品结构的优化丰富再到不断于高端市场进行深耕布局，蓝色经典系列产品以"梦想文化"为内核，突破品类限定，凸显绵柔香型，将"蓝色""水滴瓶"打造成为独特视觉符号，成功在消费者心智中占据优势位置，极大提高了品牌势能与附加价值。梦之蓝手工班、梦之蓝手工班（大师）作为洋河股份的高端形象产品与品牌高势能驱动力量，代表品牌理想形象、品牌核心精神与发展愿景，对于塑造品牌形象、凝聚品牌文化、提升品牌价值具有重要意义。梦之蓝手工班具有"三老、两多、一少"的独特属性，以"蓝色+金色"为主色调进行视觉表达，一方面延续蓝色经典独特基因，另一方面凸显其高端化质感，以绘画、篆刻、活字印刷、双手、酿酒场景等为主要广告表现元素，呼应其传播口号"一切伟大，皆由双手创造"。作为洋河股份"双名酒"之一，双沟品牌具有巨大开发潜能。双沟品牌具有悠久历史，产品序列丰富，拥有绵柔苏酒系列、双沟珍宝坊系列、柔和双沟系列、双沟大曲系列等产品线，品牌布局较为完善。苏酒是双沟酒业旗下高端酒系列，包含了"头排·苏酒""苏酒·绿苏""生态苏酒·天绣""生态苏酒·地锦"等产品，具有良好品质与市场基础。

（二）文化优势：梦想文化与酒文化建设相得益彰，人文底蕴丰富

首先，洋河将梦想文化传播与社会公益事业紧密筑接。从"蓝色经典"到"更好的时代，值得更好的你"，再到"一切伟大，皆由双手创造"，多年来洋河一直坚守对未来充满期待、勇于创新创造的精神内核，不断地强化"梦想文化"。如今，洋河已经形成以"为人民美好生活而酿造"为企业使命，以"成为基业长青、飘香世界的伟大企业"为企业愿景，以"创新成就梦想"为企业精神，以"品质主义、长期主义、利他主义、价值主义"为核心价值观，以"绵柔基因、创新创造、梦想底色"为核心竞争力，以"领先领头领一行，报国报民报一方"为发展理念，以"以人为本、科学管控"为管理理念，以"立即响应、团结协作、结果导向"为执行理念，以"鼓励创新者、鞭策后进者、重用实干者"为激励理念，以"达人成己、有为有位"为人才理念，以"绵柔的，健康的，洋河的"为品质内涵，以"精益求精、极致卓越"为质量理念的梦想文化体系。洋河品牌积极参与重大事件营销（如体育赛事、大型庆典、高端国际峰会品牌赞助等）、社会营销，举办"寻找最美乡村医生""梦之蓝公益助学行动"等社会公益活动，成立"梦之蓝公益基金""梦之蓝公益研究院"，将梦想文化传播与企业社会责任紧密连接。2019年，洋河股份正式成为"中国航天事业合作伙伴"。梦之蓝公益通过开展系列主题活动、设立专项奖励基金等形式多维助力中国"航天梦"的实现。

其次，洋河积极弘扬中国白酒文化，打造文化IP拥抱"新国潮"。随着市场生态、消费环境和社会文化变迁，白酒行业加速向集中化、高端化、品牌化发展聚焦，酒文化建设与传播的重要作用日益凸显。洋河股份拥有全国重点文物保护单位"洋河地下酒窖"和省级重点文物保护单位"洋河老窖池群、双沟老窖池群"，拥有国家工业遗产"洋河老窖池群及酿酒作坊"和"双沟老窖池群及酿酒作坊"，并建成中国白酒活态博物馆群。2021年，"洋河酒酿造技艺"入选国家级非物质文化遗产代表性项目名录。洋河积极推进

159

酒文化建设，促进酒旅融合发展。洋河注重将中华优秀传统文化与时代潮流元素深刻融合，着力"将传统名酒持续打造成国潮经典和国民精品"。2023年4月，洋河大曲经典版焕新上市，在国内外的知名度不断提升，推动名酒复兴的价值路径有效实现。作为洋河产品符号原型，洋河大曲系出名门，拥有悠久历史与卓越品质，其标志性的经典美人瓶具有高度辨识度和优雅气质，凝聚洋河品牌"名酒基因"，彰显洋河品牌"老酒身份"。洋河将工业遗产、现代化生产、开窖节、封藏大典等文化IP资源与时代精神、社会主流价值观念、消费者审美旨趣相结合，在现代时空场域中进行创新阐释、表达与传播。洋河梦之蓝"航空版"文创产品、洋河"玉兔呈祥"生肖酒等产品相继上市，"只此青绿""诗画中国"等文创礼盒备受欢迎。2023年，洋河股份获评"中国大美酒厂"标杆企业。

（三）营销优势：围绕品牌化、高端化、全国化持续发力

其一，因时而动打造"核心单品"，海之蓝、天之蓝、梦之蓝发力节奏清晰。洋河"蓝色经典"一经面世迅速成名，成就经典，较早完成"品牌化"进程。洋河股份注重根据行业局势与市场需求，聚焦核心单品进行强效推广。蓝色经典推出后，洋河的营收持续增长。按销售考核口径统计，海之蓝、天之蓝、梦之蓝合计占公司2021年度总营收的75%以上。蓝色经典系列产品定位明确，海之蓝、天之蓝、梦之蓝接连发力，产品打造节奏清晰，持续推高洋河营收。

其二，优化结构，推新品、去冗余，培育用户，向"高端化"持续迈进。近年来，洋河围绕"高端化"战略，贯彻"产品做精、结构优化、规模做大"的理念，对产品线全面升级，强化"梦之蓝M6+""梦之蓝手工班"等高端单品的推广，并在品质、包装、规格、防伪、广告传播等方面对海之蓝、生态苏酒、帝坊等产品进行全方位升级，加强消费者培育与持续沟通，推动洋河股份向高端化持续迈进。洋河股份2022年中高档酒营收262.27亿元，同比增长21.87%。2022年洋河白酒销售量达到19.53万吨，同比增长6.15%，平均吨价为15.02万元/吨，同比增长13.08%，价格提升效果明显，名酒韧性不断增强。

其三，渠道布局纵深升级，不断推进"深度全国化"。洋河根据产业环

境、市场形势、消费者需求适时调整营销策略。随着消费场景复苏、消费持续升级,洋河加大力度进行经销体系创新改革、终端渠道纵深升级。目前,洋河股份已搭建成完善的营销网络体系。此外,在打造厂商"战略共同体、价值共同体、利益共同体、命运共同体"的同时,洋河积极探索营销新模式,推进数字化转型和智能应用创新。"洋河股份的营销数字化"成功入选清华大学教学案例。2022年洋河股份年报显示,公司经销商数量净增加96家,经销渠道实现营收291.07亿元,同比增加19.91%。从营销网络布局来看,报告期内省内经销商净增加27家,达到2977家;省外净增加69家,达到5261家。

(四)传播优势:立足权威媒体,长期持续强传播,蓝色经典形象深入人心

2003年,"洋河蓝色经典"伴随"世界上最宽广的是海,比海更高远的是天空,比天空更博大的是男人的情怀"这一极具辨识度的广告语在中央广播电视总台优雅亮相,创造了洋河奇迹。2019年,洋河与中央广播电视总台签约"品牌强国工程"战略合作伙伴,以高投入抢占优质传播资源。2023年,"梦之蓝手工班"以富有质感的视觉元素阐释"中国匠造,文明之光",开启品牌高端化、国际化新征程。洋河在中央广播电视总台的品牌传播始终以梦想文化为指引,紧贴时代发展,彰显出消费引领、服务为先的品牌价值,品牌知名度、美誉度以及品牌黏性得以深度培育。

2003年至今,经历行业深化调整变革以及企业高速发展等阶段,洋河始终重视与中央广播电视总台等权威媒体的合作。洋河采用丰富形式将品牌形象传播同中央广播电视总台栏目相融合,注重跟进大事件,注重广告产品、广告环境与品牌调性的匹配与吻合,实现广告投放、市场营销、品牌形象塑造之间形成良性互动。从《经典咏流传》到《国家宝藏》,洋河梦之蓝通过搭档优质文化类节目实现了"流量+口碑"的双赢。《梦之蓝·国家宝藏》第二季助力于以创新形式促进传统文化传播,赢得观众高度认可。洋河以梦想文化为纽带,拓宽品牌传播矩阵,重塑经典,创新传播中国酒文化与品牌梦想文化,以引领力与感召力深度融合,凸显品牌高光时刻,进而实现"企业发展梦、员工成长梦、伙伴同行梦、酒都腾飞梦、家国情怀梦"的有效联动。

近年来，洋河品牌依循名酒复兴价值路径，品牌传播取得较好的品牌累积效果。随着数字化时代的到来，洋河在抖音、微博、微信等数字渠道也有布局，并创新营销手段，加强与年轻消费群体的沟通。

三、品牌面临挑战

白酒行业进入深度调整期，优势产能向优势产区集聚，竞争日益激烈，市场品牌化、高端化、集中化的趋势明显。国家统计局数据显示，2022年全国规模以上白酒企业963家，较上年减少2家；白酒产量671.24万千升，同比下降5.58%；实现营业收入6626.45亿元，同比增长9.64%；实现利润总额2201.72亿元，同比增长29.36%。① 茅台、五粮液增长良好，继续维持第一、第二地位。洋河之后的山西汾酒与泸州老窖发展势头也较为强劲。面对产业端的变革与日益激烈的竞争格局，洋河未来发展面临品牌战略层、营销渠道层、品牌传播层等的多重挑战。

（一）品牌价值亟须强化，"双名酒"尚未实现均衡发展

其一，量减价升、结构升级行业背景下，洋河品牌价值亟须强化，名酒基因亟须凸显。品牌力的建设与增强对于白酒企业颇为重要。与贵州茅台、五粮液品牌相比，洋河品牌价值还存在短板，亟须强化提升。品牌价值的塑造、表达、传播，将是洋河从次高端向高端跃迁的关键所在。在"量减价升"竞争加剧、市场集中程度加深的行业背景之下，高知名度、高美誉度、高忠诚度的名酒企业优势显著，名酒基因的凸显对于品牌价值的强化提升十分重要。作为中华优秀传统文化与传统酿酒技艺的重要传承者，名酒企业以产品固根基、以文化塑品牌，不断在整合营销传播中深化品牌价值。洋河股份亟须进一步强化"名酒基因"，促进品牌势能新释放。名酒复兴价值路径的实现需要产品力、文化力和营销传播力的全面协同推动和综合赋能。2022年以来，洋河股份相继推出了洋河梦之蓝"航空版"文创产品和洋河"玉兔呈祥"兔年工艺生肖酒等新品，体现出洋河对产品文化价值挖掘、对品牌文化传播的重视。然而，文化力、产品力、营销传播力的整合须在深度与广度层面进一

---

① 冯孔. 酒业变革如何破局？大咖共话酒业发展新趋势、新动能[EB/OL]. 新华网，2023-07-12.

步拓展，须更具战略性、系统性与可持续性。在未来，洋河股份亟须在名酒战略的推动中，以文化力、营销传播力赋能产品优势与品质优势，从而激发洋河名酒复兴的深层核心驱动力，促进品牌价值的多维升级。

其二，"双名酒"未实现均衡发展，双沟品牌价值亟须提振。洋河坚定"双名酒、多品牌、多品类"发展战略，全面推进"洋河+双沟"双名酒发展格局，旨在以"双沟"品牌激发企业发展新的增长点。从目前来看，双沟品牌的营收贡献率、品牌知名度、传播可见度与洋河品牌存在巨大差距，双沟品牌形象建设、市场开拓、营销布局、品牌传播存在较大提升空间。作为洋河股份名酒之一，双沟品牌价值未得到充分认同，品牌安全存在隐患，品牌传播未充分调动自身历史文化资源，未充分凸显"历史溯源"与"老酒身份"。"双沟"被誉为中国酒源头，毗邻独特的国家级自然湿地保护区地理环境，保留下来的古窖池有千余条，在新中国成立后获得多个奖项，具有悠久酿酒历史与强劲增长潜力。双沟酒业在江苏省内白酒市场名列前茅，消费者认可度较高，名酒潜力有待进一步挖掘。2023年，由中国品牌建设促进会联合新华社、中国资产评估协会等部门机构开展的品牌价值评价信息显示，双沟酒业以201.39亿元品牌价值，名列轻工领域第九。[①] 双沟品牌建设与传播工作将是洋河股份"双名酒"战略推进以及企业取得新增长、新超越的关键环节。

（二）高端化、数智化、国际化进程亟须加速推进

面对产业端"量减价升""结构升级"背景下的深度调整以及消费端传承与"尝新"并举、白酒文化消费效应显著以及信息获取渠道向线上迁移的现状，加强优质产区建设、深耕品质打造高端品牌、赋能渠道、强化数智化布局、加强消费群沟通与培育，升维品牌形象、深耕品牌文化、走出国门开拓新增长空间成为酒企重要举措，高端化、数智化、国际化成为酒企未来发展的关键词。通过对洋河股份2022年不同地区、销售模式、产品类型的营收数据进行分析洞察以及与竞争品牌进行横向比较，综合评估品牌行动与市场表现，可有效探测洋河在高端化、数智化、国际化进程中的现状。

---

① 2023中国品牌价值评价信息在浙江发布［EB/OL］.中国品牌建设促进会官网，2023-05-11.

1. 白酒市场马太效应凸显，从"次高端"向"高端"跃迁充满挑战

有关数据显示，在消费档次方面，101~500元价位产品占据主流消费区间（占比54%），其次是百元以内塔基产品（占比38%），500元以上档位产品占比为8%。尤为需要注意的是，高档位产品呈现出更强的档位韧性，消费者未来消费升级的意愿随现有白酒消费档次的升高而增加。500元以上档位消费人群消费升级意愿更多源于其对生活品质的更高追求（占比44%）。此外，更高端白酒需求增多、体验不同产品风味、健康意识增加等因素也是高端白酒消费的重要驱动力。①

近年来，洋河股份在高端市场不断发力，推出了梦之蓝手工班（大师）等高端产品。然而，洋河股份向高端市场进一步跃迁仍充满挑战。从行业环境来看，目前白酒行业市场进一步集中，马太效应增强。我国白酒行业CR3、CR5由2017年的19.0%、22.9%提升至2022年上半年的34.1%、41.9%，"一超多强"竞争格局愈加清晰。② 从竞争者角度来看，高端白酒注重品牌塑造、历史传承与文化内涵，贵州茅台、五粮液、泸州老窖在品牌塑造、文化传播与叙事传播方面持续深耕。尤其贵州茅台与五粮液品牌形象塑造成熟，具有显著"高端"光环，占据消费者心中"高端"白酒核心位置，具有较高的品牌知名度与美誉度。从品牌自身来看，洋河股份早期重点推广海之蓝、天之蓝等中端档位白酒，品牌定位稍显固化，洋河在高端白酒市场的话语权有待提升。如何增强高端产品品质与市场竞争力、如何提升高端产品占总营收比重、如何提升消费者对品牌的高端感知，是洋河品牌向"高端"白酒市场跃迁的关键问题。

2. 数智化转型须进一步发力，线上营销推广亟须加强

"数字化""智能化"转型不仅是传统制造业向现代化企业转型发展的关键环节，更是酒业在"用户为王"时代建构新型营销模式、开辟营销新通道、进行高效用户沟通和核心消费群培育的重要举措，因而成为众多酒企"十四

---

① 腾讯营销洞察，中国酒业协会. 2023年中国白酒行业消费白皮书［R/OL］. 中文互联网数据资讯网，2023-10-12.
② 华经产业研究院. 2023—2028年中国白酒行业市场发展监测及投资前景展望报告［R/OL］. 华经情报网，2022-10-21.

"五"规划中的重要组成部分。头部酒企如茅台、五粮液已经积极启动了数字化和智能化改革。

2013年以来，洋河积极布局数字化转型，数字化、智能化营销不断释放新能量。目前，洋河股份在京东、天猫、苏宁易购及微信公众号等均设有直营销售平台，并通过多种形式进行多维度推广，开展"一物一码"等新型营销活动。目前，洋河股份社交媒体传播度、活跃度、影响度与"茅五"相比仍显不足。以抖音账号数据为例，截至2023年8月，茅台酱香酒1919专卖店拥有粉丝数量104.2万人，获赞535.7万个；五粮液官方旗舰店拥有粉丝数量109.4万人，获赞244.4万个；洋河官方旗舰店拥有粉丝数量50.9万人，获赞17.1万个。洋河须进一步加强线上营销推广力度。从数字化、智能化对营销赋能情况来看，洋河采用以经销模式为主的市场销售模式，分为线下经销和线上直销。2022年洋河股份线上直销金额占营收比重仅为1.3%。与山西汾酒、泸州老窖相比，洋河在数字化和智能化运营方面存在较大提升空间。从更深层意义来看，数智化转型不仅意味着技术与硬件革新，还涉及企业组织结构、思维方式和战略布局的重大变化；数字化、智能化不仅是一个工具或解决方案，更是当今时代品牌与消费者建立连接的重要保障。白酒产业未来的数字化、智能化将涵盖产品、生产、市场、消费、传播各个环节，最终实现全产业链路的转型、优化、升级。白酒行业在数智化转型探索道路上面临着全新挑战。

3. 国际化进程亟待加速迈进，亟须开拓新型增长空间

相关调查显示，相较于2022年，在国际市场增加营销预算投放的广告主占比上升。[①]"不出海，就出局"，广告主尝试突破国内市场增长瓶颈，加投国际市场。中国白酒在海外市场拥有巨大发展潜力与广阔前景。以酒为媒，中国白酒企业抱团出海走向国际化是未来趋势与潮流。与贵州茅台等品牌相比，洋河的国际化程度存在较大提升空间。贵州茅台在国际化进程中着力科学安排出口产品结构、优化渠道结构、制定合理价格策略、弘扬中华文化，

---

① 央视市场研究，中国传媒大学，国家广告研究院. 2023中国广告主营销趋势调查报告[R/OL]. 央视市场研究网，2023-06-07.

"讲好茅台故事""满足不同消费者对美好生活向往"。2022年，茅台在海外市场实现销量2013.91吨，比2021年的1560.89吨净增长超了450吨，营收达到了42.4亿元，同比增长61.91%，创下茅台在海外市场的历史最好水平。① 如今，茅台国际市场覆盖了全球64个国家和地区，现有106家国际渠道商，建有44家专卖店、3家茅台文化体验馆，极大提升了品牌出海势能。截至2023年12月31日，茅台各海外社交媒体平台全年共发布帖文1799条，发布视频47条，累计投放多种形式的社交媒体广告476次，Facebook、Twitter、Instagram、Pinterest、LinkedIn、YouTube六大海外社交媒体平台累计粉丝量突破370万人，全球曝光总量达7.29亿次，总互动量突破1200万次。全部帖文中单篇阅读量达到10万+的近1000条，占比达到50%以上；互动（点、赞、评、转）10万+的近400条，占比超过20%。② 相较之下，洋河在YouTube、Instagram等国际社交媒体平台的活跃程度、受关注度、传播力与影响力均存在提升空间。面对机遇与挑战，洋河须进一步系统规划国际化布局，从而开拓新型增长空间。

（三）品牌表达、故事讲述、文化传播深度亟待强化

其一，自身历史文化资源未充分挖掘，品牌表达亟待深化。由于白酒品类的特殊性和消费升级背景下用户对精神满足的更高追求，历史文化属性对于白酒品牌塑造至关重要。无论是"名酒基因"的强化、"名酒复兴"战略的实现还是从次高端向高端的升级跃迁，均离不开品牌价值的深入挖掘与精准表达。山西汾酒与泸州老窖以深入的品牌价值挖掘和各具特色的品牌传播在核心消费群中形成累积品牌印象。山西汾酒在企业文化、品牌文化建设方面独具风格，聚焦"中国酒魂、清香世界"，以"一封家书、一首唐诗、一块奖牌、一场国宴"为线索，将汾酒文化与中国历史发展紧密连接，强化消费者品牌记忆。泸州老窖因品牌名称与其产区优势紧密契合，在品牌传播中凸显"中国酒城，醉美泸州""酒以城名，城以酒兴"。其明星产品"国窖

---

① 参见茅台2022年财报。
② 书写最"MEI"篇章！2023年茅台国际化成绩单，来了！[EB/OL]."茅台国际"微信公众号，2024-02-02.

1573"以"你能品位的历史"为主题,在品牌元素表达中凸显历史性、文化性与故事性,占据中高端白酒市场重要位置。

洋河是中国白酒行业唯一拥有两个中国名酒、两个中华老字号、六枚中国驰名商标、两个国家级4A景区、两个国家工业遗产、一个全国重点文物保护单位的企业。洋河酒的酿造历史可追溯至新石器时代的龙山文化,拥有"罗氏古宅""美人泉""古八景"等历史景观、丰富水系和难以复制的气候生态。其"甘芳沁心,怡然叫绝"的超脱味品质将中国白酒的神秘性阐释到极致。"双沟"被誉为"中国最具天然酿酒环境与自然酒起源的地方",拥有"'双沟醴泉'辛亥百年荣归故里""陈毅父子与双沟名酒"等名人雅趣故事传说。从广告诉求提炼、广告元素运用和广告传播现状来看,洋河在调动自身历史文化资源、厚植品牌文化、传递品牌价值方面仍需进一步发力。一方面,在广告核心诉求提炼环节,对品牌历史文化的挖掘深度、表达创新度显示出一定程度的不足;另一方面,在广告创意设计与表现环节,品牌历史文化元素的运用在数量和广度上存在较大提升空间。因此,洋河品牌和双沟品牌在未来须着力增强以历史文化元素赋能名酒基因的凸显和品牌价值的深刻表达。

其二,品牌文化传播的互动性与创新度亟待提升。数据显示,消费者倾向于根据不同消费场景选择不同白酒品牌;白酒消费群体尝新意愿强,同时追求品牌和产品理念的新体验。近年来,"文创白酒"受到消费者的普遍青睐,被认为是"传统文化传承的象征",显现出较高附加价值。78%的消费者对文创白酒充满兴趣或者有意愿增加购买。① 文创白酒从提升对品牌文化价值认同、认为品牌更有高端感、对品牌好感度增加、对品牌留下更深刻印象、认为该品牌产品品质更高等方面影响消费者对白酒品牌的感知。洋河在品牌文化传播、文化营销方面不断发力,举行封藏大典、开窖节等富有"仪式感"的文化活动,探索品牌文化传播对企业发展的新赋能。但是,洋河品牌文化传播在全媒体化、互动性、创新度、国际化程度等方面仍存在提升空间。目

---

① 腾讯营销洞察,中国酒业协会.2023年中国白酒行业消费白皮书[R/OL].中文互联网数据资讯网,2023-10-12.

前投放广告形式较为单一,内容丰富度与深刻性须继续提升;广告投放频次较为平稳,在重大时间节点未充分增加品牌曝光度;品牌文化传播强度与竞争品牌的比较优势须进一步凸显。

四、洋河品牌提升策略

(一)牢筑产品护城河,以"双名酒"平衡发展打造企业新增长极

首先,以产品为基,抢占制高点,呼应新潮流,全面提升洋河品牌竞争力。产品建设是品牌发展的基石。洋河品牌高端、次高端、腰部、"底盘"产品线齐全,但头部、腰部、底盘产品发展呈现不均衡态势。从营收数据来看,洋河股份中高档酒发展势头强劲。与此同时,超高端与底盘产品矩阵存在优化空间。洋河品牌须在强化腰部中高端主力产品的同时,加强超高端产品与底盘产品建设。一方面,须"抢占制高点",继续着力推动梦之蓝手工班(大师)等高端产品的市场开拓、品牌建设与推广;另一方面,须"呼应新潮流",瞄准消费升级,稳固大众消费基本盘,充分推动洋河大曲、微分子系列等单品的活力新释放。产品建设须依托传统工艺"软实力"与技术创新"硬实力"的支撑互融。一方面,须以"慢工出细活"的酿造工艺坚守绵柔之魂,牢筑产品护城河;另一方面,须以科技力赋能产品力,关注数智化生产与健康工程建设,充分连接白酒消费与人们美好生活。在健康课题攻关上,"梦之蓝手工班"产品含有的抗氧化黄酮于2018年获权威鉴定,成为品质演进的一大方向。微分子系列产品将艺术表达与技术创新相结合,强调极简质感、轻松舒适、绿色健康,以轻质紧凑包装和更强互动体验营造场景"氛围感",呼应当今时代饮酒新潮流。

其次,明确苏酒、珍宝坊、双沟产品定位,差异化布局,促进双沟品牌潜能新释放。洋河以"双名酒"共同驱动企业综合价值实现持续提升,整合汇聚品牌资源,充分释放营销渠道势能,从而为进一步提升核心竞争力、开拓未来市场奠定基础。在科学战略布局下,双沟建立起较为完善的销售网络和多元产品体系,发展动能强大。目前,双沟包含绵柔苏酒系列、苏酒系列、双沟珍宝坊系列、柔和双沟系列等序列。在产品建设方面,须进一步明晰苏酒、珍宝坊、双沟品牌定位,围绕"做高苏酒,做大珍宝,做亮双沟"战略规划,加强品牌差异化布局,建立头部—高端酒、腰部—中高端酒、基底—普通酒产品结构,形成与蓝色经典相得益彰的产品矩阵,促进双沟品牌释放新潜能。针对高端头部产品,凸显产区优势、资源稀缺性、品质独特性,持续深化运作,打造超级单品,塑造"苏酒头排酒"等高端形象;针对中高端腰部产品,进一步突出品牌比较性优势,扩大珍宝坊品牌市场占有率与影响力,夯实市场增长极;针对普通酒产品,坚持稳开拓、广覆盖,注重双沟大曲等产品的迭代升级与消费培育,积极呼应大众消费新需求和新潮流。

最后,以产品焕新升级重塑经典,多维赋能名酒复兴。随着白酒产业集中化、品牌化、高端化趋势进一步凸显,名酒复兴日益成为头部酒企发展战略中的重要议题。洋河须整合优势资源,以产品力为基,整合文化力、传播力、营销力,多维赋能名酒立体复兴,为行业提供作为品质引领者、文化传承者、创新推动者、情怀担当者的中国名酒的"洋河样本"。第一,推动产品力与文化力形成合力。促进"梦想文化"与当今时代美好生活交相辉映,以创新力、创造力、科技力,淬炼梦想文化新表达,重塑蓝色经典新价值。第二,推动产品力与传播力形成合力。以升级的产品品质、焕新的产品外观、经典与时尚交融的产品形象重塑超级大单品,重塑产品新塔基,实现"经典重塑"与复兴升级,强化"名酒"印象。第三,推动产品力与营销力形成合力。在消费者洞察基础上,关注新用户,满足新消费,浸合产品使用新场景,升级产品饮用新体验,赋予经典产品新时代生命力。

在产品建设的同时,须以产品复兴带动市场复兴(深度全国化)、营销复兴、商业复兴、业务复兴,从企业战略层上实现产品力、品牌力、营销传播力的系统整合。

(二)以数智化转型赋能营销力,以线上线下协同增强渠道力,推动"多品牌、多品类"协同发展

一是,以精准化、全场景、智慧化营销方式与消费者深度沟通,增强消费黏性。调查数据显示,从整体来看,在日常行为社交化与消费场景多元化推动下,白酒消费信心向好,消费者的白酒消费总量和频次都将继续增长。在消费用途方面,直接饮用占比高达93%,具体使用场景包括独饮、作为餐酒和他人一起饮用等。53%消费者有意愿增加白酒总体消费量,其主要原因

为使用场景的增加与日益多元化趋势。① 白酒消费逐渐与消费者日常生活更紧密连接。面对消费端的变革，洋河需要以差异化、精准化营销加强与消费者互动沟通，凸显品牌调性；以全场景、多元化沟通方式增强消费者培育，提升消费黏性。一方面，以消费者为中心，持续深化数字化、智能化转型，以数智技术赋能营销力提升，从内容生产、场景匹配、效果评估等环节建设全价值链路智慧营销生态系统，多方位触达、多渠道覆盖，持续与消费群体进行互动沟通。另一方面，细粒度洞察消费者购买习惯、偏好和行为，开展个性化、精准化营销服务，优化用户体验，提升线上销量转化，向消费者传递白酒文化、产品知识、品牌价值，增强消费者对酒文化的理解、对产品的全面认知，提高消费者对品牌的认同度和忠诚度。

二是，加强香型知识分享与用户培育，推动"多品牌、多品类"协同发展。由于白酒品类的特殊性，消费者的"第一口酒"对其后续香型选择影响明显，且香型之间替换壁垒较高。香型与味感的知识分享与教育沟通对于白酒消费至关重要。贵酒系列以及葡萄酒系列是洋河多品类战略的重要支撑，也是洋河股份抵御市场竞争、获得品牌资产持续累积的重要补充力量。在渠道推动和需求不断扩容背景下，2019年开始酱香型白酒明显崛起，行业进入高景气发展阶段。根据权图酱酒工作室统计，2019—2021年，中国酱香型白酒销售收入逐年增长，2021年销售收入达到1900亿元，同比增长22.60%，约占我国白酒行业销售收入的31.5%。② 在酱酒文化传播和酱酒消费增长的行业氛围下，洋河须充分凸显优势，把握机遇，在促进"双名酒"充分发展的同时，增强贵酒品牌的媒介可见度与文化创意传播。贵酒品牌须继续以"高端化提升"为方向，强化"贵"字的表达，进一步强化其"酱香型"基因和独特品牌符号，甚至可以考虑将"贵州贵酒"改为"中国贵酒"，赋予旗下贵酒以全国属性。此外，伴随着新消费群体不断涌入白酒消费市场，洋河尤其需要重视与年轻群体的互动沟通和香型味感的知识教育，从而在新消费者

---

① 腾讯营销洞察，中国酒业协会.2023年中国白酒行业消费白皮书［R/OL］.中文互联网数据资讯网，2023-10-12.
② 2022年度酱酒报告｜酱酒进入中场：资本降温、市场洗牌、从品类竞争转向品牌竞争［EB/OL］.酒业时报网，2022-02-17.

群体心中占据有利位置。

三是，加强线上渠道布局，推动双沟渠道建设，集中优势提升核心大单品市场表现。伴随着社会整体媒介环境的变迁，白酒消费群体媒介接触习惯发生变化，信息获取渠道和购买渠道进一步呈现线上化趋势。未来，线上媒体在消费者品牌新信息获取和购买决策影响上将发挥重要作用。2022年洋河线上直销营收占总营收比重为1.3%。洋河需加强线上渠道布局，增强线上营销推广力度，运用直播、短视频、跨界合作等多元形式，增强线上营销的传播度、活跃度、影响度。渠道布局、建设和管理在双沟品牌发展中占据重要位置。因而，需要进一步夯实双沟品牌渠道建设基础工作，在全面增强省内市场竞争力的同时，推动省外规模市场、培育市场有序取得业绩突破，使其逐渐摆脱"地域"色彩，进一步实现市场"全国化"。"有效集中优势资源，聚焦核心大单品的渠道建设"将成为白酒渠道布局的重要发展方向。洋河未来需进一步整合优势渠道资源，聚焦核心大单品集中发力，以快速反应和高铺货率促进渠道布局与营销传播活动充分协调适配，从而增强综合市场表现。

（三）传播上，要讲好品牌特色故事，深化品牌价值表达

首先，讲好洋河特色故事，凸显独特品牌定位，强化高端品牌形象。品牌高端形象的强化与传播是洋河品牌从次高端向高端跃迁的关键环节。洋河须充分挖掘、调动自身历史文化资源，溯源品牌历史，淬炼品牌特色，在品牌价值与社会价值、梦想文化与酒文化的交融之中，构建品牌独特叙事体系，讲好洋河特色故事，提升品牌价值表达的厚度与深度，实现产品力、文化力、营销力、传播力的整合联动。如2023年，洋河在中央广播电视总台投放了"梦之蓝手工班"广告，采用偏暖色调、富有质感的视觉元素，从微观视角切入广告主题，通过故事化手段表达"一切伟大，皆由双手创造"，阐释"中国匠造，文明之光"的产品价值，具有深刻意涵。未来，洋河品牌叙事传播须进一步提炼品牌特色元素，创新品牌故事表达，凸显梦想文化、绵柔品质与名酒基因、老酒身份，构建独特记忆点，从而深化消费者对洋河品牌的深切感知。

独特品牌定位是品牌形象塑造的重要前提。贵州茅台品牌具有"我国大曲酱香型白酒的鼻祖和典型代表"的鲜明印记，从品牌理念识别、品牌视觉

识别、品牌行为识别等多维度建立起清晰的品牌形象识别系统，并且将品牌形象塑造与产品矩阵有效整合，以遥遥领先的营收业绩与品牌综合价值稳居中国酒企第一梯队。五粮液品牌突出强调"中国浓香型白酒的典型代表与著名民族品牌"，以"大国浓香、和美五粮、中国酒王""共享时代机遇、共酿美好生活"为传播口号，在文化建设、品牌营销、国际传播等方面持续发力，"文化属性"日益凸显，品牌附加价值不断累积。洋河品牌的形象塑造与传播需与其独特品牌优势、文化优势紧密连接，凸显其"绵柔基因、创新创造、梦想底色"，阐释其"为人民美好生活而酿造"的使命和"成为基业长青、飘香世界的伟大企业"的愿景，以及"创新成就梦想"的企业精神。权威媒体如中央广播电视总台是洋河高端品牌形象塑造的优势平台。洋河需借助中央广播电视总台强化高端品牌形象，围绕洋河名酒的根深（老酒厂、老品牌、老工艺）、誉广（荣获"中国名酒"称号）、内涵（与世界级文化遗产的密切联系），将独特的品牌符号充分传播，以有故事、有品质、有文化、有内涵、有品位的"中国名酒"形象与消费者群体深度连接，提升消费者对洋河品牌的"名酒"感知度、记忆度与美誉度，提升品牌溢价能力，缩小洋河与茅台、五粮液在品牌方面的差距，在塑造高端品牌形象的同时带动全系列产品附加价值的提升。

其次，溯源品牌历史，深化双沟品牌价值表达，提升双沟品牌的传播声量与可见度。双沟品牌形象的提振与传播是洋河股份"双名酒"战略实施的重要环节。双沟地区酿酒渊源深远，具有深厚酒文化底蕴；双沟酒业历史悠久，名人雅趣故事资源丰富，具有独特品牌印记与文化价值开发潜能。双沟品牌的价值表达、形象塑造与传播，须溯源品牌历史，促进历史文化资源、品牌产品资源与营销传播资源充分整合。泸州老窖与山西汾酒对品牌历史的追溯、故事表达和创新传播可为双沟品牌传播提供相关借鉴。泸州老窖以"窖池"作为核心叙事主题，其"来自历史，又跳出历史"的独特故事讲述方式与其他白酒品牌特别是高端品牌明显区别，并通过"稀缺性"故事讲述将产量上的稀缺转化为"独特"品牌基因。2017年6月，中国酒业协会主办、山西杏花村汾酒集团有限责任公司在京首发《中国汾酒史》，汾酒6000年文化史、1500年名酒史、800年白酒史、300年品牌史在书中均有呈现。① "一瓶中国酒,半部华夏史"具有极高辨识度与记忆度,"中国酒魂"的核心价值提炼与汾酒高度契合。

双沟品牌也需从发展历史中提炼品牌独特印记,如"自然酒起源的地方"、双沟酒来历考、双沟大曲得名来历、双沟醉猿传说、苏东坡畅饮苏酒美名扬、"双沟醴泉"辛亥百年荣归故里等,并在传承与创新中通过多元化形式与消费者进行持续沟通。洋河未来可以考虑加大双沟品牌的广告传播投入,提升双沟品牌的传播声量与可见度,借助中央广播电视总台的高权威性、高覆盖率、高影响力与优质广告环境,实现双沟品牌从"区域品牌"向"全国品牌""国际品牌"的印象跃升,强化品牌虚拟价值,进而带动双沟旗下重点产品知名度、认知度、记忆度、美誉度、忠诚度的全面提升。

最后,构建细粒度、高价值、精准化、多触点、实时优化的全链路智慧传播生态。未来,洋河与主要投放媒体如中央广播电视总台合作程度须继续加深,创新玩法、强强联动。一方面,"聚焦大事件,整合大媒体,绑定大梦想,打造大IP",携手科技、文化、政治、经济、体育、公益等领域盛事和热点,不断丰富品牌新内涵,彰显品牌高度和品牌责任,以中央广播电视总台丰富优质的融媒体矩阵进一步提升品牌传播整体效能。另一方面,在生成式人工智能(AIGC)、数智技术多维赋能中,构建"细粒度洞察+高价值内容+精准化匹配+多触点浸合+实时性优化"的全链路智慧传播生态,以更科学、更精准、更具创意的定制化方案全方位传播品牌价值,展示品牌形象,讲述品牌故事,强化品牌认同,增强品牌传播效果,进而促进品牌影响力和竞争力的有效提升。

(四)加快制定实施国际化战略,稳扎稳打,久久为功

中国白酒产业及白酒品牌走出去是必然的趋势。《中国酒业"十四五"发展指导意见》指出:在产业结构上,打造"世界级产业集群";在品牌培育上,推动中国酒品牌走出国门、走向世界;在文化普及上,打造"世界级酒文化IP";在社会责任上,打造"世界级公益品牌"。② 中国白酒是世界各国感知中华文化的桥梁与媒介。洋河拥有悠久发展历史、精深酿酒技艺、深厚

---

① 陈传意,任志宏. 中国汾酒史[M]. 北京:中国文史出版社,2016.
② 刘涛.《中国酒业"十四五"发展指导意见》发布[EB/OL]. 央视网,2021-04-10.

文化底蕴。历史上，洋河酒的行销与丝绸之路紧密连接；现当代，洋河是白酒行业唯一获准使用"敦煌"商标的企业。20世纪60年代起，洋河敦煌大曲远销海外，为国家"出口创汇"贡献力量。国际化是洋河长期生存、持续成长的必然之路。洋河的绵柔品质符合国际消费者的健康饮酒需求，其"创新创造、梦想底色"符合人类共有的价值观念，能够在"美美与共"中与国际公众产生深刻共鸣，因而拥有很好的国际传播潜能。

洋河需对品牌国际化战略进行更周密布局，开发适应国外市场技术标准、满足国外消费需求的白酒出口产品，完善品牌与品质的个性化表达，阐释中国酒文化之博大精深。未来，洋河需进一步厚植文化建设与品牌建设，以文化力多维赋能品牌力，促进市场开拓、品牌形象塑造、文化传播有效协同，以软硬实力并举进一步实现聚合优质增长，迈向国际化新征程。品牌国际化过程是双向互动的动态过程。一方面，洋河需通过内容充实、立意深刻、形式新颖的丰富活动向世界展现中国白酒自信自强、开放包容、守正创新的文化态度；另一方面，国际人文艺术、国际时尚元素、国际创新理念也将为洋河品牌传播提供更多灵感。

五、结语

洋河缔造的"蓝色奇迹"成为中国白酒发展史上的亮丽景象。作为民族品牌，洋河一如既往坚持"品牌立企、品牌兴业、品牌为民、品牌强国"，以生态赋能绵柔品质，以绿色酿造实现环境友好，积极履行社会责任、为助力高质量发展和乡村振兴贡献力量。作为白酒行业龙头企业，洋河深耕品质，以古老酿酒技艺与智慧酿造并举的生产新图景将"绵柔革命进行到底"；勇立潮头，立足企业自身优势"观潮引流"，以品牌年轻化、视野国际化、产业融合化、管理数智化为实现更高质量、更可持续、更加健康的发展不断提供新引擎。当前，白酒行业"量减价升""结构化升级"特征突出，集中化、品牌化、高端化趋势进一步凸显，新消费潮流不断涌现，新消费群体不断崛起。酿酒产业进入了注重风味与健康表达、自然生态和酿酒微生态表达的"双表达"时代。提品质、创品牌，强化品牌价值，凸显文化属性，将是整个酿酒行业服务国家战略、满足人民日益增长的美好生活需要的重要着力点。高端化、品牌化、健康化将是中国酒企在日益激烈的竞争格局中突围升级的核心路径。

未来，洋河需围绕"双名酒、多品牌、多品类"发展战略，进一步提升营销传播策略与品牌整体战略的适配度；继续推进高端产品布局与创新升级，进一步驱动以高端、次高端为核心定位的明星单品能量新释放，不断满足消费者对美好生活的需求；进一步深化品牌价值表达，在高端形象塑造、文化与价值传播领域持续深耕，实现品牌力的多维强化；在提升产品品质、附加价值以及高端产品市场竞争力的同时，增强品牌文化传播与品牌故事提炼，提升消费者对品牌的高端感知，从而在高端白酒市场获得充分传播声量与话语权，成为新时代白酒文化的倡导者、品位引领者和飘香全球的中国名片。

第八章

大国浓香，美美与共：五粮液的品牌创新之道[①]

摘　要　五粮液曾一度登上中国白酒酒王宝座，后又被茅台超越，目前是白酒行业第二、浓香酒型第一的白酒企业。具体来看，五粮液主要通过五个层面的努力，成功打造了自身中国白酒行业龙头品牌的地位。一是，坚持品质的同时持续扩大库存，提升优质酒品的供给能力；二是，合作主流媒体、综合运用多种品牌传播方式，持续强化品牌价值；三是，整顿历史遗留原始设备制造商（Original Equipment Manufacturer，OEM）弊病，优化梳理产品矩阵；四是，通过"经销+直营"的组合渠道路径，持续提升企业渠道掌控力；五是，挑起传播中国白酒文化的重任，不断走出国门，探索新消费市场。尽管五粮液已经取得了辉煌的成就，但为了在当下激烈的市场竞争中脱颖而出，持续在变化多端的消费市场中占有一席之地，五粮液仍旧面临着诸多挑战。针对五粮液当下遭遇的挑战，本章从品牌战略、品牌传播、品牌架构与产品矩阵、渠道建设、国际化五方面探讨了未来的提升策略。

关键词　品牌定位；产品矩阵；渠道改革；传播策略；国际化

一、五粮液品牌发展历程

"明史得以知兴替。"千年五粮液历史，多少次时移事异，曾经勇立潮头，"求变以强"的精神根植于五粮液的品牌基因。具体来看，五粮液的求变历程可以划分为以下五个阶段。

[①] 本章由赵艺文、张驰执笔完成。

<<< 第八章　大国浓香，美美与共：五粮液的品牌创新之道

（一）1952年以前：从重碧春酒到五粮液，千年传承未曾断

历经唐宋元明清，千年传承铸就五粮液深厚历史底蕴与中华精气。五粮液的雏形，最早可以追溯到唐代戎州（宜宾）官坊用四种粮食酿造的重碧春酒；此后宋代姚氏家族私房改良使用蜀黍、大米、高粱、糯米和芥子五种粮食来酿酒，"五粮"原型初具，此时被称为姚子雪曲；明代"温德丰""长发升"等糟坊在沿用姚子雪曲的酿法基础上，又加"陈氏秘方"使酿酒工艺更趋于完美；清末邓子均继承了日臻完美的"陈氏秘方"，将其易名为"利川永"，因绝佳口感，利川永声名鹊起；1909年晚清举人杨惠泉向邓子均建议"此酒集五粮之精华，何不更名为五粮液"，"五粮液"一名终成。

（二）1952—1988年：进行"品牌+产品"原始积累，完成核心壁垒构筑

1952年，在国家政策的扶持下，8家宜宾最著名的古传老酒坊组建成立联营社。1959年五粮液正式建厂并确立酒厂名称为"宜宾五粮液酒厂"，为企业日后的发展奠定了统一有效的组织基础。

名酒作为高溢价消费品，其支撑核心在于"稀缺性"。五粮液在这一时期完成了酒企在品牌和产品上核心壁垒的构筑，奠定了日后腾飞的重要基础。品牌方面，1963年，五粮液首次参加全国评酒大会，在众多白酒品类中脱颖而出名列第一，被国家轻工业部授予"国家名酒"称号，位列"八大名酒"之一，并在其后连续三届的全国评酒会中以稳定如一的高品质蝉联国家名优白酒金质奖章。产品方面，一方面五粮液产品制作工艺卓越，邓子均贡献陈氏秘方，并出任技术指导。1972年五粮液酒厂总技师范玉平开创"范氏勾调技术"，1978年数学家华罗庚指导公司成功研制出低度五粮液。另一方面五粮液在此时期拓展了生产和贮藏能力：1958年五粮液完成第一次扩建；1979年酒厂在岷江北岸修建了新的生产区，产酒能力达到4440吨；1984年，国家直接对酒厂降税30%，五粮液再次进行产能扩张；1986年酒厂新建占地22.8万平方米生产车间，全厂总产量达到1万吨。

（三）1988—2005年：布局"提价+渠道"双轮驱动，铸就白酒行业龙头

改革开放后，市场调节供需和价格已成大趋势，五粮液逐步提价，秉持

让价格体现价值理念，成为白酒行业龙头。1988年7月16日，国务院发文决定放开13种名烟名酒价格，五粮液抓住市场化提价契机，凭借"饥饿营销"战术成功控量提价。1994年五粮液的销售总额、利税总额超越汾酒，成为新晋的行业龙头，1998年五粮液提价超越茅台，成为当时价格最高的高端名酒，并于同年改制为宜宾五粮液集团有限公司，在深圳交易所上市。伴随着五粮液价格和营收的提升，五粮液品牌也愈发获得认可。1995年，在第50届国际统计大会上，五粮液被授予"中国酒业大王"的称号。1999年，五粮液成为新中国成立50周年庆典的宴会酒，成为名副其实的"国酒"。此时期五粮液在渠道方面的改革也为五粮液的龙头地位贡献了力量。1996年五粮液为配合大商制渠道管理模式，推出OEM授权贴牌模式，即公司仅对产品进行生产加工，品牌所有权归商家所有。这不仅消化了过剩的低端酒库存，还成功快速抢占了白酒市场创造了新营收增长点，截至2000年，五粮液累计开发了50多个不同规格的新品牌。

（四）2005—2017年：内外忧困，龙头地位不再，步入改革重整期

此阶段内，大商制度和OEM模式弊端出现，大量贴牌酒稀释五粮液主品牌的价值，阻碍了品牌进一步高端化升级。[①] 2005年，茅台净利润反超五粮液。2008年，五粮液终端零售价被茅台反超近100元，同年五粮液年营收首次被茅台反超；2010年年底，五粮液分别豪掷1.22亿和4.05亿拿下当年年底以及次年大部分的《新闻联播》报时广告；然而2011年茅台的飞天酒出厂价仍旧正式超过普通五粮液，同年年底，茅台投入超5亿元成为2012年中央广播电视总台广告新标王，2012年年初限制"三公消费"政令出台，综合因素作用下，2013年五粮液年营收被茅台大幅反超，五粮液正式让出行业龙头地位，成为行业第二。2013—2016年五粮液先后调价8次，然而由于大商制度下对渠道管控能力较弱，导致的混乱量价关系伤害了五粮液的品牌力。

在意识到形势有诸多不利之时，五粮液也在不断变革以求扭转不利局面。在渠道方面，五粮液2008年设立团购事业部，推动团购渠道发展，以减小对经销商的依赖；2012年公司建立七大区域营销中心，从品牌管理模式转变为

---

① 五粮液14年前贴牌产品引出品牌乱象［EB/OL］. 第一财经网站，2012-01-18.

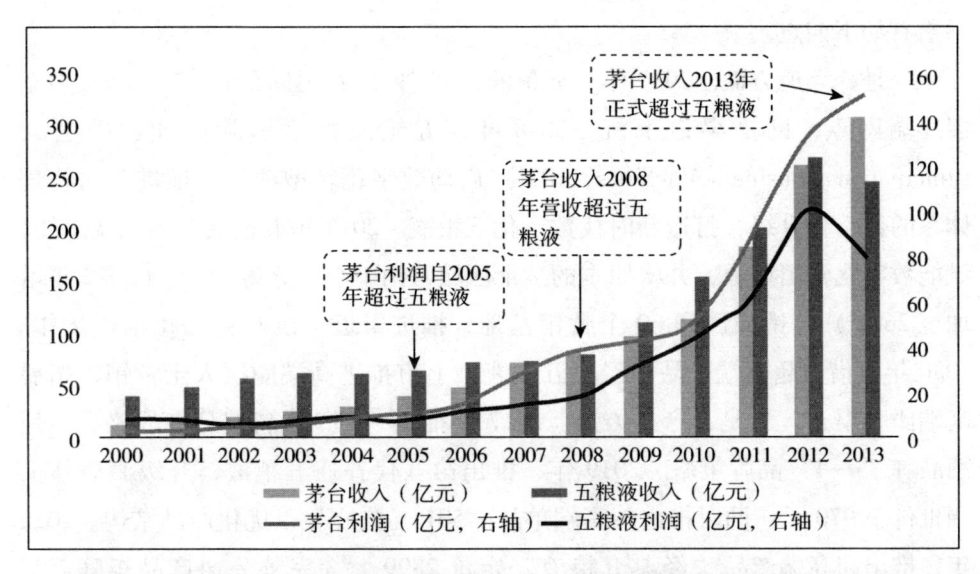

<<< 第八章　大国浓香，美美与共：五粮液的品牌创新之道

图 8.1　2000—2013 年贵州茅台、五粮液营收和净利润
资料来源：东海证券

区域管理模式，以提升渠道控制能力。在产品矩阵方面，2014 年推进"1+5+N"品牌战略，发展 1 个高端产品普五、5 个全国性品牌、N 个区域性品牌，精简产品线，聚焦重点单品；2016 年升级品牌战略为"1+3+5"，以新品五粮液为 1 个核心，交杯五粮液、五粮液 1618、五粮液低度系列为 3 个战略品牌，5 个个性化品牌为补充。

（五）2017 年至今：二次创业，锚定行业第一，全面改革显生机

2015 年后，白酒行业逐渐复苏，高端白酒需求逐渐恢复，为五粮液的重振提供良机。2017 年，新上任的董事长李曙光在"6·2 会议"上提出二次创业的口号，并提出到 2020 年股份公司 600 亿营收的目标。[①] 自此五粮液开始了新的征程，涨势见好。2016—2022 年，五粮液营收从 245.44 亿元增至 739.69 亿元，净利润从 67.85 亿元增至 266.91 亿元。2023 年前三季度，五粮液实现营收 625.36 亿元，同比增长 12.11%；实现净利润 228.33 亿元，同比增长 14.24%，持续保持两位数的稳步增长态势。[②] 五粮液在这一时期的主要

[①] 兴业证券．五粮液研究报告：砥砺奋进，价值布局［R/OL］．腾讯网，2022-06-30．
[②] 五粮液相关经营数据根据五粮液公开财报整理，下文不再赘述。

举措有如下四点。

一是，渠道方面。2017年，五粮液开启"百城千县万店"工程，发力拓展终端网点，助推渠道下沉。2018年，五粮液携手国际商业机器公司（International Business Machines，IBM）启动数字化转型项目，推进公司管理体系的数字化升级，打造新时代数字化五粮液。2019年五粮液扫码系统上线，赋能数字化营销渠道，并将原本的7个区域营销中心细分为21个（2022年增加至26个）营销战区和60个营销基地，推进渠道下沉和精细化渠道运作。2020年，借力超高端单品"经典五粮液"上市推进高端圈层人士营销，拓展高端团购渠道。二是，产品方面。2017年推出"1+3"高端品牌战略、系列酒品牌"4+4"品牌策略。2019年，推出第八代普通五粮液，升级酒质并上调批价至970元，同时推出超高端单品"501五粮液"以优化产品结构。2020年，推出超高端产品"经典五粮液"定价2899元，完善公司产品矩阵。三是，公司管理运作方面。2018年发行五粮液定增，员工持股平台和经销商参与认购，打造团结各方的利益共同体。2019年将三家系列酒营销公司整合为一，顺应集团整改趋势；2020年，五粮液注资1亿元成立四川五粮液新零售管理公司，以加强对线上渠道的掌控能力。四是，营销传播方面。2018年五粮液将品牌定位更新为"大国浓香·中国酒王"，并于2022年继续升级为"大国浓香·和美五粮·中国酒王"，以"和美"内涵锚定浓香白酒行业第一的位置。此外，五粮液还持续布局与多家主流媒体合作，锚定目标人群，持续提升品牌影响力。2018—2021年，五粮液连续3年携手北京广播电视台推出优质IP节目《上新了·故宫》以及系列纪录片《紫禁城》等。2023年，五粮液首次入选中央广播电视总台"品牌强国工程"，持续加大品牌投入。

二、五粮液品牌成功之道

走过漫长的发展历程，五粮液已经成为中国白酒界名副其实的"浓香酒王"。财报数据显示，五粮液2022年全年营收约739.69亿元，居于白酒企业营收榜单第二位，在浓香型酒企中高居榜首。值得注意的是，五粮液全年营收已经连续七年实现双位数增长，即使在经济低迷的情况下也未现颓势，足以证明五粮液在白酒行业的强势地位。驱动五粮液品牌成功的核心优势可以归结为以下几点。

(一) 卓越的产品力和品牌力构成五粮液的稀缺性核心

作为雏形诞生于唐朝的白酒,五粮液能传承千年,让今人品得上千年前古人口中的馥郁芬芳,离不开一代代五粮液人的智慧与坚守,也离不开广受大众喜爱的高品质和浓香风味。由此,我们可以解读出五粮液在产品和品牌方面的稀缺性。

其一,产品品质卓越且库存充沛,奠定酒王之基。公司总部位于自然环境优越、三江生态得天独厚的中国酒都宜宾,优渥自然条件适宜酿酒微生物活跃繁衍。此外,五粮液在酿酒技术方面也具有强壁垒的技术积淀,除了拥有中国酿酒大师、中国首席白酒品酒师、国家级白酒评委等国家级行业领军人物等核心人员64人外,更发力科技酿酒,多次探索白酒领域的高端科技。五粮液拥有作为浓香型白酒不可复制的核心优势资源,即公司所属的大批连续多年发酵不间断使用的窖池群。其中最古老的窖池启用于明初1368年,至今已经坚持活态酿造不间断生产时间长达655年,并入选世界文化遗产预备名单。此类窖池中绵延百年的微生物群落,赋予了五粮液经典独特的古窖浓香和优良品质。五粮液明初古窖泥已经被中国国家博物馆永久收藏,是目前馆藏中唯一一件"活文物"。有了优质的酒品,其产量也是影响企业营收的重要因素。酒作为长生产周期的消费品,是否拥有超前的产能布局是决定企业有多少酒可卖的关键。五粮液领导层在前瞻视角下积极布局,"十四五"规划(2021—2025年)期间,五粮液将积极推进"2+2+6"酿酒产能提升项目,预计2024年年底项目全部建成后,五粮液总酿酒能力将增加到20万吨,基酒储存能力将增加到近100万吨。

其二,品牌价值获国内外认可,酒王金字招牌响亮。早在古时,众多文人墨客就曾为五粮液的品牌价值进行背书,五粮液的前身重碧酒、姚子雪曲均广为称颂。杜甫《宴戎州杨使君东楼》赋"重碧拈春酒,轻红擘荔枝"赞其色泽;黄庭坚《安乐泉颂》写"姚子雪曲,杯色争玉。得汤郁郁,白云生谷。清而不薄,厚而不浊。甘而不哕,辛而不螫"叹其品质。五粮液历史上还经唐德宗下诏,认定为官方专供酒。除了文化名人背书,五粮液也屡在国家及世界范围内收获认可。1963年的全国评酒大会上五粮液名列第一,获得

"国家名酒"称号,还位列"八大名酒"之一,并蝉联其后三届全国评酒会的高品质国家名优白酒金质奖章。2022年,五粮液位居"亚洲品牌500强"榜单第33位,并连续四年入选"世界品牌500强"榜单。2023年,五粮液以302.9亿美元的品牌价值位列Brand Finance"2023全球品牌价值500强"榜第59位,与苹果、谷歌、微信等全球知名品牌属同一级,并居"全球烈酒品牌价值50强"第二位。稀缺性是支撑高端酒品牌溢价的核心。上述两点,充分证明了五粮液潜在的强溢价能力,这是五粮液布局行业第一的坚实基础。

(二)重视品牌传播,尤其看重同主流平台的合作

五粮液可谓家喻户晓,一个品牌能做到如此程度,一定离不开企业对品牌传播的重视。首先,充分运用主流媒体平台,塑造品牌知名度。作为格外看重品牌价值的白酒企业,五粮液历来重视借助权威媒体平台进行自身的品牌建设和传播宣传工作。一方面,中央广播电视总台作为中国境内最权威的媒体和唯一一个国家级电视台,一直是五粮液进行品牌传播建设工作的重要合作平台。五粮液早在1995年就开始了与中央广播电视总台的合作,从起初的"高举高打,一举成名"到注重软性传播,再到综合运用中央广播电视总台的软硬广资源进行整合传播,双方合作呈现出由浅入深的趋势。[①] 值得一提的是,五粮液借助中央广播电视总台进行的优秀软性传播影响至今。2007年正值中央广播电视总台栏目改革,五粮液参与推出中央广播电视总台软宣传栏目《中央电视台著名企业歌曲MTV展播》并推出《香醉人间五千年》电视音乐广告。该广告片凭借其优美的画面剧情和动听的旋律,至今仍在网络上拥有极高流传度。截至2023年10月,相关视频在B站平台上的播放量仍超60万次,且不断有新的清晰度修复版本上传至该平台。2023年,五粮液同中央广播电视总台签署品牌建设战略合作协议,首次入选中央广播电视总台"品牌强国工程",并与中央广播电视总台进一步达成中秋晚会、春节晚会等顶级IP内容的合作。另一方面,五粮液也同各级地方卫视、优秀纸媒刊物等达成合作,进一步为品牌内涵背书。2018—2021年,五粮液连续三年携手北京广播电视台,独家冠名三季优质IP节目《上新了·故宫》,并合作推出系

[①] 中央广播电视总台. 中央广播电视总台与五粮液公司签署品牌建设战略合作协议,谱写品牌强国和美篇章[EB/OL]. 央视网,2023-05-29.

列纪录片《紫禁城》。2020年五粮液集团赞助《南方周末》开启"顶尖博物馆探访计划",用VLOG视频、深度报道的方式展现中华文化之美,为品牌形象更添几笔大国情怀的气质底蕴。

其次,利用多种方式进行品牌传播,塑造全国知名品牌。为扩大自身知名度,五粮液持续进行品牌传播活动,以加强和消费者的沟通,五粮液还在以下三方面进行营销传播布局。一是举办品牌文化活动。截至2023年,五粮液已经连续举办了25届中国西湖情五粮液玫瑰婚典。该活动内容主要为邀请全国百对新人共赴杭州参与大型婚礼庆典,借助婚庆活动打造公关话题,持续拓展五粮液在东部地区婚宴市场的市场占有率。除此之外,伴随着近年来"大国浓香·和美五粮·中国酒王"的品牌升级布局,五粮液着力打造"和美IP"与消费者进行互动交流。2022年5月20日,五粮液召开首届"和美文化节",开展一系列线上下兼备的创意活动,以扩大品牌声量,触达年轻消费者。二是亮相国际高端平台,赞助优质文体活动。为了打造高端精品的品牌形象,五粮液积极同高端国际会议进行合作,如赞助APEC会议、结缘中国国际进口博览会、投身博鳌亚洲论坛等,以大国名酒身份屡屡精彩亮相国际。除此之外,五粮液还主动赞助众多优质文体活动,在丰富品牌联想的同时也和消费者产生了更近距离的互动。例如,五粮液近来分别赞助了温哥华Y. E. 高尔夫球赛慈善友谊杯、"五粮液杯"成都围棋名人邀请赛、2023全国桥牌锦标赛等活动。三是在全网构建数字传播矩阵。随着移动信息技术的发展和普及,社会整体的媒介行为发生剧烈变化,线上平台已经不可逆转地成为消费者获取产品信息的重要来源,而一向倚重线下渠道的五粮液也在日渐顺应时代潮流,布局线上数字传播矩阵,不仅在抖音、微博、微信等各大社交媒体都开设了官方账号,培育私域流量池,还积极同各类白酒垂类账号合作,发布营销宣传软文。

(三)整顿OEM弊病,五粮液产品矩阵逐渐清晰

在世纪交际的十几年中,"大商制+OEM"模式为五粮液在短时间内培育出了超过50个"贴牌品牌",这些品牌曾一度为五粮液开拓市场份额、拓产增收立下汗马功劳。但是在千禧年年初,当五粮液主品牌力图实施提价策略,让五粮液核心产品"普五"的价格符合其价值时,贴牌品牌冗杂的积重之弊

使得提价策略难以收获经销商和消费者真金白银的认可。利益驱动下推出的众多质量、价位参差不齐的五粮液贴牌品牌，没有在产品和品牌上和五粮液主品牌做好严格的切割，反而滥用与"普五"相似的包装、瓶身，长此以往严重伤害了五粮液主品牌在消费者心中的"高端、优质、价高"的形象。随着市场环境的变化，五粮液意识到，当下推出众多品牌以抢占市场的方法已不再奏效，因而开始于2003年布局清理贴牌品牌。五粮液的产品矩阵变迁如表8.1所示。

表8.1 五粮液产品矩阵历史变迁

时间	战略	具体内容
2003年	"1+9+8"战略	"1"世界性品牌：五粮液
		"9"全国性品牌：五粮春、五粮醇、五粮神、金六福、浏家河、百年老店、尖庄、火爆、干一杯
		"8"区域性品牌：江南古坊、老广东、蜀粮醇、华北醇、龙晶玉液、两湖春、亚克西、玉酒
2014年	"1+5+N"战略	"1"高端产品：普五
		"5"中低档产品：五粮醇、五粮春、头特曲、绵柔尖庄、六和液
		"N"区域性品牌：其他系列酒
2016年	"1+3+5"战略	"1"高端主品牌：普五
		"3"战略产品：1618、交杯酒、低度五粮液
		"5"其他战略产品：五粮春、五粮醇、头特曲、绵柔尖庄、六和液
2017年	"1+3" "4+4"战略	"1+3"主品牌： "1"核心大单品：普五 "3"超高端产品：501五粮液、经典五粮液、低度五粮液
		"4+4"系列酒： "4"全国性大单品：五粮特曲、五粮春、五粮醇、尖庄 "4"区域性单品：五粮人家、百家宴、友酒、火爆

资料来源：本书整理

<<< 第八章 大国浓香，美美与共：五粮液的品牌创新之道

五粮液目前的产品矩阵为2017年推出并历经几次调整沿用至今的主品牌"1+3"及系列酒品牌"4+4"矩阵。2022年五粮液在"十四五"规划中将其阐述为：主品牌"1+3"策略中，"1"是以核心大单品"八代普五"为核心，"3"是以501为代表的窖池系列、以经典为代表的年份系列以及文创系列产品；系列酒品牌"4+4"策略中，两个"4"分别指代五粮春、五粮醇、五粮特曲、尖庄4个全国性大单品和五粮人家、百家宴、友酒、火爆4个区域性大单品。由此可以看出，五粮液目前已经形成"一主多系列"品牌、覆盖全档次产品品类的品牌产品布局。

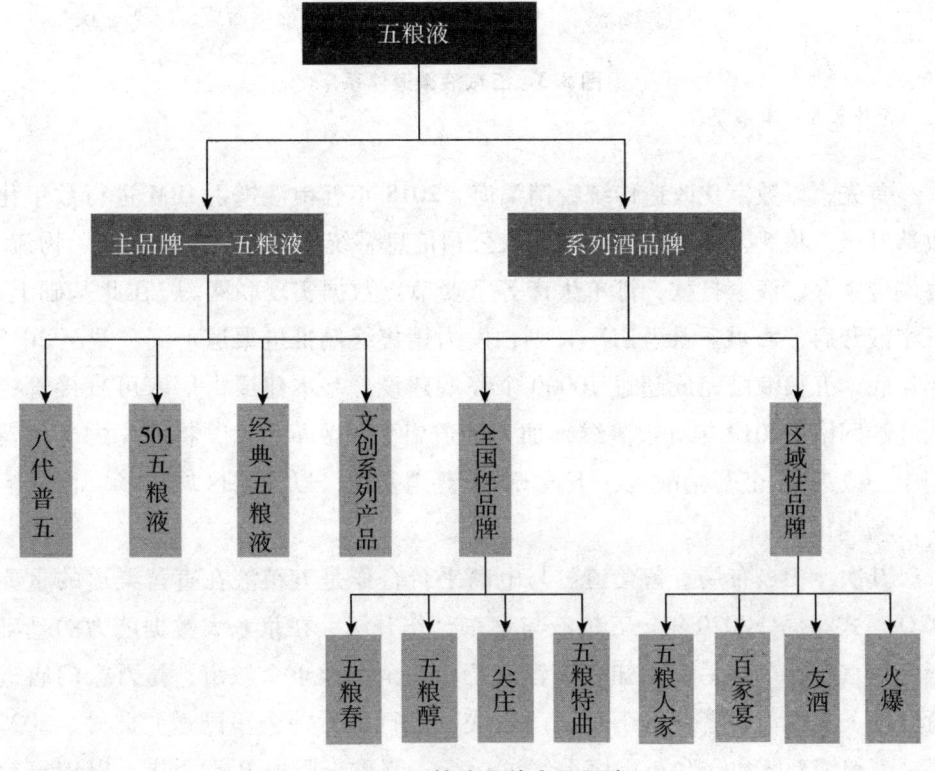

图 8.2 五粮液品牌产品矩阵

资料来源：本书整理

（四）经销、直营双管齐下，渠道掌控力不断提升

渠道作为白酒行业的命脉，对酒企的发展起着至关重要的作用。前文提到过的大商模式曾在20世纪末为五粮液快速占领市场立下汗马功劳，但也成

为五粮液在21世纪取得进一步成功的严重阻碍。在意识到大商模式的积弊后，五粮液多次发力渠道改革，在建设数字化营销体系、优化利润分配模式、加速直营终端落地、布局线上销售渠道等方面都有了显著成绩，初步形成了如图8.3的渠道体系。

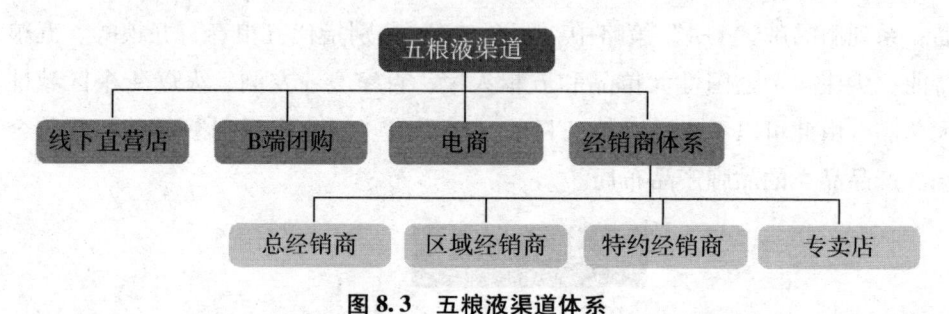

```
                        五粮液渠道
         ┌─────────┬──────────┬──────────┐
      线下直营店   B端团购    电商     经销商体系
                              ┌────────┬────────┬────────┐
                           总经销商 区域经销商 特约经销商 专卖店
```

图8.3　五粮液渠道体系

资料来源：本书整理

首先，以数字化改造传统经销渠道。2018年五粮液携手IBM进行数字化改造升级。将5万多家销售终端纳入公司信息系统，并让生产、仓储、物流、终端进销存、商家打款、订单生产等重要节点数据实现联网。[①] 在此基础上，五粮液开启"百城千县万店"计划，发力销售终端推进渠道下沉，截至2018年年底，五粮液已完成超过10000个终端建设，基本建成由厂家可直接管控的终端网络。2019年五粮液继续加大渠道扁平化改革力度，将原先的7大营销中心改为21个营销战区，下设60个营销基地，以深耕区域市场，快速响应市场变化。

其次，积极布局直营渠道。与电商平台合作是五粮液在直营渠道的重要O2O模式布局。2020年，五粮液与京东合作升级，在京东大数据能力的基础上，与京东超市携手全国知名连锁酒行，在全国数十个城市、超万家门店进行联动，实现消费者线上下单，门店线下进行最后一公里配送。此外，2022年，五粮液新零售平台小程序上线试运行，侧重于服务B端用户，以销售超高端产品为主。同时线下直营店也将是五粮液的下一个布局重点。五粮液在2022年的投资交流的会议上释放信号称，公司将持续扩大直营渠道占比，积

[①] 界面新闻. 五粮液与IBM合作，促进白酒数字化升级［EB/OL］. 界面新闻网站，2017-12-28.

极拓展创新渠道,加强直面消费者的品牌推广和消费培育。五粮液将围绕"三店一家"升级市场形象、赋能终端销售。三店是指"五粮浓香·和美万家"终端形象店、五粮液专卖店、文化体验店,一家是指"五粮液酒家",四种类型店铺形成五粮液线下体验综合矩阵,将进一步同消费者做好沟通和连接。2023年度股东大会上,五粮液表示将开展第五代专卖店品牌形象升级,在全国范围内建设一批第五代专卖店,并加快推进智慧门店建设,加大空白市场布局、新增300家专卖店。

(五)进军国际市场多年,海外业务拓展初显成效

截至2022年上半年,五粮液已进入全球3268个网点。2019—2021年,五粮液出口业务海关贸易额超3亿美元。[①] 五粮液目前主要通过参与政府层面国际会议和进行企业海外业务拓展两种方式,走向国际市场。一方面,五粮液通过参与政府层面国际会议,收获较高知名度和口碑。世界博览会、APEC会议、中国国际进口博览会、博鳌亚洲论坛等,众多顶级规格的高端国际会议中五粮液多次崭露头角。另一方面,五粮液积极拓展海外业务,在全球市场初步布局。2001年中国成功加入世界贸易组织后,五粮液随即升级自身品牌定位,打出"中国的五粮液,世界的五粮液"的全球视野。除了积极打造"耀世之旅"全球文化巡展、"一带一路全球行"等品牌活动之外,还多次于海外落地多个项目:2017年发起成立"一带一路"国际名酒联盟并于多地建立营销中心;2021年于国内外开设"五粮液大酒家"等。

三、五粮液品牌面临的主要挑战

然而曾经在行业里所向披靡的五粮液,如今则身处追赶位置。想要重回第一,再登龙头宝座,五粮液还面临着诸多挑战。

(一)"和美"内涵有待深挖,品牌溢价难以支撑企业雄心

品牌是以良好的产品力为基础,再加上理念识别、行为识别、视觉识别共同形成的一整套的CIS企业识别系统。这套系统的建设对酒企发展而言尤

---

① 万清澄. 奋楫扬帆稳驭舟 笃行不怠赴新程 五粮液新时期十年高质量征程路[EB/OL]. 每日经济新闻网,2022-10-24.

为重要。而五粮液在品牌方面所面临的重要问题有二：一是对品牌核心概念的挖掘和剖析不够集中、不够凝练；二是品牌核心的 IP 概念涵盖面不够，从目前对"和美"的解读来看，"和美"IP 难以贯穿品牌全局，不足以构成对消费者而言"统一的"企业识别系统。作为曾经的白酒行业老大，五粮液品牌在消费者处的知名度和产品认可度无可挑剔，但正是五粮液的国民级知名度掩盖了五粮液进行品牌升级的障碍，"五粮液"品牌在消费者心中的概念模糊，品牌内涵相对单薄，这导致五粮液的品牌力不足以支撑高端和超高端产品的价值溢价，不利于五粮液集团未来健康长远发展。近年来，五粮液也意识到了自身品牌内涵不明确、定调不高、品牌形象不鲜明的问题，于 2023 年进一步提出"大国浓香、和美五粮、中国酒王"的品牌新主张。然而需指出的是，五粮液目前针对品牌主张"和美"内涵的阐述不足，对此概念的解剖不够到位。观察五粮液围绕新品牌主张所做的系列营销，相关物料在解读"和美"内涵时可能存在"阐述概念使用分散"以及"用概念讲概念"的问题，导致消费者接受门槛过高，不利于消费者形成简单直接的品牌联想。

（二）产品体系结构不够均衡，营收结构有待优化

综观国内顶尖的白酒企业，多数采取了多品牌架构，形成品牌家族，该设置一定程度上助推了各大白酒企业拓展全国市场及各区域市场，也成为白酒企业扩大营收的重要增长极点。对五粮液主品牌而言，过于依赖核心单品"八代普五"以及五粮液品牌溢价不够高是主要问题。一方面，企业对"普五"较为依赖，营收结构有待优化。中金公司在 2021 年 12 月的研究报告中指出，五粮液主品牌的营收占比在 77%左右，而"普五"占五粮液主品牌营收的比例近 60%，超高端产品尚未成长为主品牌营收的支柱型产品，营收结构有较大优化空间。另一方面，五粮液品牌溢价不够高已经成为影响主品牌营收的重要因素之一。根据两家公司财报整理的数据，五粮液主品牌酒的毛利率相较茅台有不小差距，反映到销售层面，同样是 1499 元的销售指导价，"普五"在终端的成交价通常低于指导价，而茅台飞天成交价则通常高于指导价两倍。对五粮液系列酒品牌而言，各档次大单品缺位，次高端价格带产品弱势，产品整体价格相比茅台较低是主要问题。首先，系列酒中次高端、中端、大众品牌缺少大单品布局，且品牌区隔不明确，无法聚焦营销和销售费

用；其次，400~1000元次高端价格带中品牌以及产品布局单薄，不利于系列酒整体的价格、形象上探；再次，系列酒整体价格偏低，毛利率比起茅台相差较大。产生此情形的重要原因之一是五粮液主品牌溢价（议价）能力不强，无法带动系列酒上探到更高的价格区间。

表8.2 五粮液集团和茅台集团代表性产品对比

定位	五粮液集团代表性产品（括号中为价格带，单位：元）	茅台集团代表性产品（括号中为价格带，单位：元）
超高端	501五粮液·清池（5000+）、501五粮液·明池（5000+）、经典五粮液（2899）	生肖茅台（5000+）、珍品茅台（3000~5000）、飞天茅台（1499+）
高端	八代普五（1499）	茅台1935（1308）
次高端	五粮春·名门（798）、五粮春浓香第二代（400~500）	王茅（500~1000）、赖茅（500~700）、汉酱（400~600）
中端	五粮醇（200~300）	金王子酒（260）、王子酱香经典（280）、迎宾（208）、贵州大曲（210）
大众产品	尖庄（50~170）、火爆（50~100）	无

资料来源：根据公开资料整理

（三）品牌数字传播尚存短板，传播能力有待提升

五粮液的数字传播矩阵建设存在体系冗杂、主体复杂、运营能力不强的问题，难以对传递优质品牌形象起到积极作用。具体有三方面。首先，五粮液在各平台的账号体系相对冗杂。对比茅台和五粮液的账号体系，五粮液的账号体系相对冗杂。其次，五粮液在各平台的官方认证账号的主体十分复杂，包括品牌方、代理商甚至个人主体，这也导致各账号定位存在模糊、交叉的情况，各平台账号不成系统，联动效应不强，难以实现规模化的传播效果。最后，账号运营能力不强，运营逻辑不够贴合平台调性以及消费者需求。五粮液在各平台开设账号均存在停止运营或僵尸账号的现象，给消费者的观感不佳。

表 8.3 五粮液数字传播矩阵现状及效果评估

平台	数量（个）	官方账号名称（部分）	粉丝数量（截至2023年7月31日）	效果评估
抖音	19	五粮液官方旗舰店	108.7万	视频发布频率较高，且内容形式多样，主账号点赞量平均为1万左右。平均点赞量相较其他平台较高
		五粮液	12万	
		和美五粮液	1.1万	
		五粮液购酒网专卖店	13.4万	"官方授权专卖店""线下直营店"等官方背书的自营账号容易模糊用户关注焦点，影响品牌整体形象
		五粮液酒类旗舰店	18.7万	
快手	4	五粮液官方旗舰店	1458	视频发布频率低，未处于运营状态
		五粮液久实专卖店	8.2万	官方背书的自营账号。视频内容主要为"普五"产品展示，形式重复、乏味；不利于五粮液的高端品牌形象建设
微博	7	五粮液	569万	除主账号以外，其他账号处于停更状态。主账号以品牌、企业的日常新闻、动态、工作会议内容宣发为主。日常评论与点赞量不多
		醉爱五粮液粉丝团	68.4万	
		五粮液客户服务	3.3万	
		五粮液官方商城	439	
		西湖情五粮液玫瑰婚典	995	
		五粮液家有老酒	1.1万	
		粮友圈	20.8万	五粮液河南营销区域经理账号。以品牌、企业的日常新闻、动态内容为主，但和主账号更新内容不一致

续表

平台	数量（个）	官方账号名称（部分）	粉丝数量（截至2023年7月31日）	效果评估
微信	37	五粮液	/	虽各有侧重，但是内容交叉现象严重，公司动态、最新活动、白酒文化和信息查询等信息杂糅，容易降低消费者关注兴趣。各账号各自为政，联动效应不强，传播矩阵未成
		五粮液集团		
		五粮液消费者俱乐部		
		大国浓香		
		五粮液文化旅游		
		五粮浓香		
		浓五的酒馆		
		五粮液国际		国际化活动宣发
		五粮液新零售 五粮液北京体验中心 五粮液专卖店云店		停运状态
		五粮液系列酒品牌营销有限公司 五粮液官方旗舰店	/	内容清空
		五湖液 五粮红 五粮金樽		系列品牌清除不到位
小红书	4	五粮液官方商城	742	内容质量参差不齐，且内容发布各自为营。主账号运维活动较多，且图文内容更适合平台内容生态，但更新频率不高。平均粉丝量不多，关注度较低
		五粮液陈年老酒馆	5268	
		五粮液旗舰店	239	非官方账号，发布产品介绍内容

资料来源：本书整理

（四）浓香遭遇酱香挑战，且香型内部竞争激烈

五粮液所属的浓香型是目前白酒市场消费量最大的香型，但在"茅台热"等因素带动下，酱香白酒发展迅速，浓香型市场遭到挤压。中国酒业协会等联合发布的报告显示，2021年酱酒产量虽仅占白酒总产量的8.4%，但利润占比却达到全行业的45.8%。[①] 同时，以凤香、馥郁香和兼香为代表的小众香型在线上渠道的销售规模也在不断扩大。除了香型之间市场地位的不稳，浓香型内部的竞争也十分激烈。五粮液虽是浓香型的龙头酒企，但其市场份额不足2020年浓香型市场的1/4。

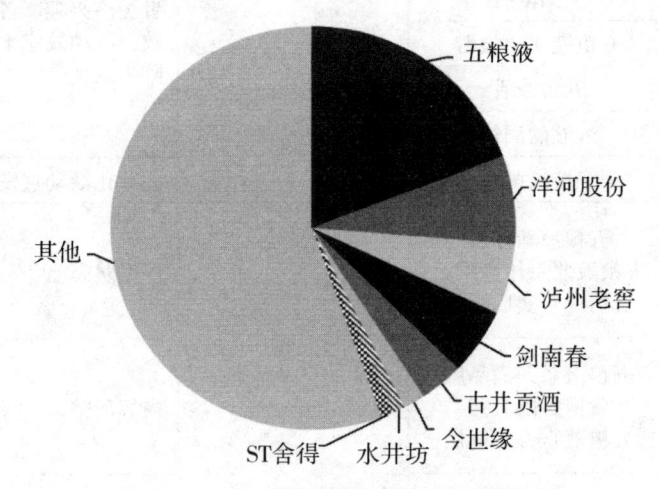

图8.4　2020年浓香型白酒市场份额饼图

资料来源：川财证券

（五）进军国际市场方法失宜，"走出去"步伐有所懈怠

顺应我国"走出去"战略，五粮液出海虽已有成效，但总体来看成效不匹其市场地位。无论是出口额还是国际知名度，五粮液与茅台都存在一定的差距，这一差距超过了两者在国内的实力差距。此外，五粮液对于企业出海的重要外宣渠道——海外社交媒体平台的重视程度不够。据观察，五粮液在Facebook、Instagram、Twitter三个海外主要社交平台账号均停更一年有余，且粉丝数量不多。更值得注意的是，五粮液账号所发布的博文内容相对单一、

---

① 云酒头条.白酒消费趋势报告［R/OL］.雪球网，2022-07-15.

生硬，多为产品宣传图片、企业参与的国际会议等，忽略了白酒目前在海外市场仍处于初级导入阶段的事实，这一定程度上脱离了白酒企业"走出去"的阶段性首要工作。

四、五粮液品牌提升策略

从以上分析来看，在当下的市场环境中，五粮液的品牌发展有自身独特优势的同时，也面临着不小的挑战，那么五粮液应当如何筹谋品牌跃升以重回"中国酒王"之位呢？

（一）品牌战略：强调中华农耕文明内涵，明确品牌稀缺性优势

高端白酒品牌要承托其高品牌溢价，就要尤其塑造品牌的强价值核心以及稀缺性壁垒，这两者分别对应着五粮液在品牌战略上的两个任务，即让消费者明白"五粮液是一个怎样的品牌"以及"五粮液相较其他品牌的独特优势是什么"。在明确"五粮液是一个怎样的品牌"方面，鉴于五粮液提出的"大国浓香、和美五粮、中国酒王"品牌主张，笔者认为五粮液应当尤其突出其中的"和美"，简化概念以降低消费者接受门槛，并持续丰富"和美"内涵。对此，五粮液应该考虑如何直观、明确地剖析"和美"内涵，才能让消费者提及五粮液时，不是以"是个有名的白酒品牌"来定位，而是以"是个什么样的白酒品牌"为联想点。在明确"五粮液相较于其他品牌的独特优势是什么"方面，五粮液可以突出以下五点。第一，五粮液是买得到、喝得着，更适合品赏场景的高端白酒；第二，五粮液所属的浓香型是更多国人喜爱的白酒香型；第三，五粮液在历史积淀方面的优势应当着重放大，包括但不限于五粮液所属的"明清古窖池群"、五粮液一脉相承且从未中断的千年川酒历史、五粮液的历史文脉等；第四，生态气候等产地优势；第五，工艺、酿造技术等优势。

（二）品牌传播：以提高品牌溢价为总目标，优化营销传播体系

针对五粮液在营销传播中尚存的短板，笔者认为五粮液可以从两方面进行优化。第一，建设整合传播管控平台，提升"和美"定位的营销覆盖力。营销传播活动只是结果，最根本的是指导营销传播活动的传播战略和策略，前文已经指出了五粮液在此方面的局限。对此，五粮液要搭建一个从战略层面统一整合所有渠道传播资源的传播管控平台，在明确品牌定位意涵的基础上，在统一的传播目标指导下，系统化地统筹各传播渠道资源，以不断提升在各渠道落地的营销活动对"和美"概念的阐释力。第二，综合运用多种传播方式，优化自主营销传播体系。首先，维持高曝光的主流媒体合作。讲好品牌故事，丰富品牌内涵，为品牌进行价值和实力的背书，主流媒体应当是五粮液进行品牌宣传的战略堡垒。其次，针对数字传播矩阵的弱势进行优化。一方面，精简五粮液在各平台的账号体系与运营主体，并明确各账号定位以避免账号职能交叉；另一方面，提升账号运营能力，转变以传播者为中心的运营逻辑，强调以用户为核心，加大和消费者的互动力度，关注消费者反馈。再次，持续做好活动曝光。追求大型体育赛事、文化活动等的露出之外，五粮液也应当提升自主举办活动的影响力，使得和美文化节等品牌IP活动向着系列化、规模化的可持续方向发展。此外，五粮液也应当树立关注社会公益事业的良好形象。

（三）品牌架构与产品矩阵：继续优化品牌、产品矩阵，主、系列品牌各司其职

五粮液必须对旗下品牌矩阵体系进行清晰的梳理，培育更加健康的增长结构，同时明确五粮液主品牌、系列酒品牌各自的发力重点。五粮液主品牌应当继续深耕高端、超高端产品市场。加快超高端产品的市场导入步伐，向上拉升品牌高度，拔高品牌标杆，以承接飞天茅台的溢出需求，乃至更多地抢占飞天茅台的市场；系列酒品牌应着力调整产品体系结构，精准拓展产品规模，面向各价格带培育数十亿级大单品。以更加具有成长性的品牌家族和产品家族支撑五粮液的未来发展。

（四）渠道建设："销售"与"体验"并重，优化"经销+直营"全渠道体系

传统渠道方面，五粮液应当利用好自身的数字化营销体系，促进精准投放、缩短渠道销售链条，加强对渠道和价格的掌控力度。直营渠道方面，五粮液应当积极稳步推进线下直营店铺建设，做好消费者体验服务。线下直营店铺作为由企业直接掌控的终端店铺，可以实现对消费者触点的良好管理，使消费者获得统一、优质的品牌体验，利于提升品牌形象，实现"体验+销

售"的一体化营销升级。创新渠道方面，五粮液可以尝试布局面向消费者的品牌零售 App、小程序等，不仅可以实现线上线下一体化营销，优化用户的消费体验，为线下直营店铺导流，也可以提升用户黏性，防止假酒问题。目前茅台已经通过"i 茅台"App 等实际行动验证了白酒新零售的可行性。

（五）国际化：担当白酒龙头使命责任，加快迈向国际市场步伐

五粮液作为锚定行业第一的白酒企业，应当承担起传播白酒文化、教育海外白酒品类市场的使命责任，顺应"一带一路"倡议，坚定走向国际化市场的步伐。具体可以从两方面进行优化。一是，坚决贯彻五粮液在海外市场的高端酒路线。以中国高端酒代表的形象和高举高打的气势，在国际重大场合、事件当中，谋求露出和发声的机会，提升海外品牌形象和知名度。二是做好白酒文化与品牌的海外传播。此阶段各大白酒企业在海外的首要工作应当是针对白酒品类对海外市场进行教育，在海外市场传播白酒品类文化，让海外消费者接受白酒口味。具体可以重视并运营好五粮液在海外主流社交平台的数字传播矩阵，以年轻姿态同海外年轻消费者进行沟通。

五、结语

五粮液曾一度盘踞高端白酒龙头的宝座，在中国白酒产业的发展历程中发挥了"领军者"的作用。但是时过境迁，市场环境快速变化，行业竞争态势逐渐"白热化"，这个过程中，五粮液积累了其他酒企难以匹敌的优势，也遇到挑战。当下正值经济周期的波谷，这正是建设品牌的最好时机。因为越是经济低迷的时期越能诞生伟大的品牌，越是充满不确定风险的时期越要在确定的事业中深耕，须明白，只有品牌才是永远陪伴企业的资产。对此，五粮液必须树立品牌意识，牢牢把握品牌建设的主线，改变固有营销传播模式，从打造"中国酒王"的品牌形象定位出发，优化产品、渠道、营销等各个品牌塑造链条，才能顺应时代发展潮流，塑造伟大的品牌。相信纵使时移世异，伟大的品牌终将屹立不倒。

第九章

成为大健康产业航母：云南白药的品牌转型与创新[①]

摘　要　中华老字号品牌作为中华优秀文化的重要载体，从某种程度上来说，其品牌传播过程就是中华文化传播的过程。一个成功老字号品牌的塑造，离不开时间的沉淀、质量的保障、口碑的积累等因素，更离不开顺时而变及守正创新。当前中华老字号品牌发展的宏观环境、传播环境和技术背景发生了巨大变化，老字号需要新开局和新破局。本章选取拥有百余年历史的中医药老字号品牌"云南白药"作为典型案例，梳理其品牌发展历程，总结其品牌发展的成功经验和面临挑战，为其他老字号品牌的发展提供借鉴。

关键词　云南白药；大健康；中华老字号；国际传播

一、云南白药的品牌发展之路

云南白药作为中国中医药界的瑰宝之一，其悠久的品牌历史和卓越的品牌成就令人瞩目，2022年公司以品牌价值180亿元人民币位列2022胡润品牌榜第77位，在Brand Finance"2023年度中国品牌价值500强"中位列第316名。自1902年第一瓶"百宝丹"面世至今，这个孕育自我国云南省独有文化的中华老字号已经走过了120多年的风雨征程，经历了多个阶段的发展，获得诸多品牌荣誉。从传统中医药到创新技术研发、从单一产品生产到多元品牌发展，云南白药跨越了时代的变迁，经历了多变的市场环境与传播场景，运用多种传播方式逐步打响品牌。

[①]　本章由白悦凝、张驰执笔完成。

<<< 第九章　成为大健康产业航母：云南白药的品牌转型与创新

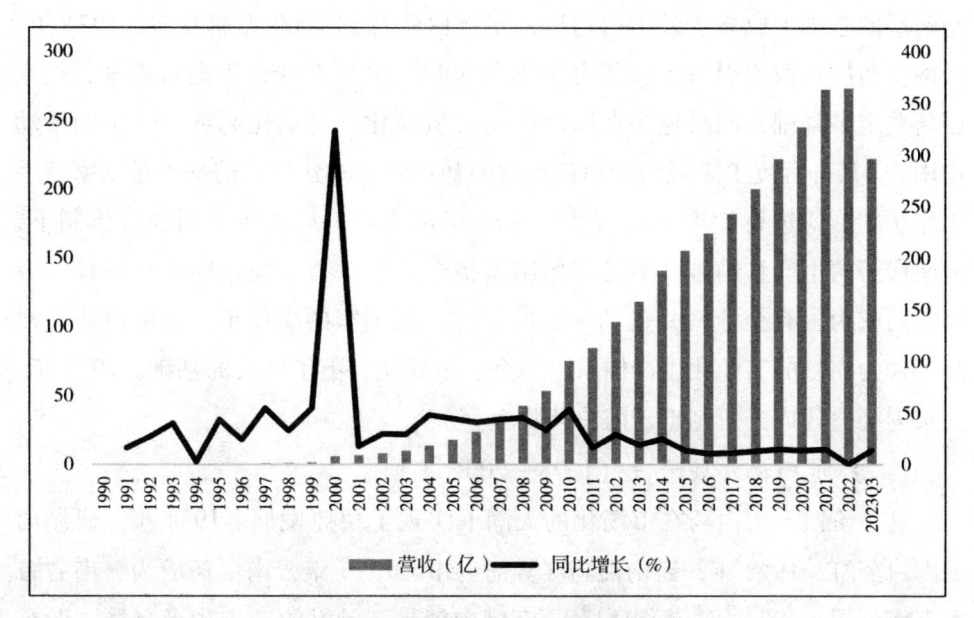

图 9.1　云南白药历年营收及增长①

资料来源：本书整理

（一）私营大药房发展阶段（1902—1955 年）

云南白药创始人是云南人曲焕章，该药是专门用于伤科治疗的中成药散剂。1916 年，百宝丹申请正式成为药品并允许公开出售，在该阶段其产品传播使用场景为抗日战争和国内战争两大特殊时期，因产品功效与使用场景的高度匹配，百宝丹对治疗伤科的疗效变得广为人知。截至 1938 年，百宝丹的年销量就已经达到了 40 万瓶。1955 年，曲焕章的妻子缪兰英将百宝丹的处方和技术贡献给国家，正式更名为"云南白药"。

（二）国有化发展阶段（1955—1978 年）

1956 年，云南白药配方被列为国家最高保密等级——绝密级，保密期限为永久。公私合营时期，昆明市特别成立了一个"联合制药厂"，对"百宝丹"正式投入生产。1971 年，根据中央领导"建立专业生产厂，扩大云南白药的生产，组织研究机构，建立云南植物原料生产基地"的批示，在昆明市

---

① 云南白药相关经营数据根据公开财报整理，下文不再另做说明。

197

制药厂的基础上成立了云南白药厂，年产白药达到 1000 万瓶左右。1974 年，云南白药厂从西德引进了胶囊分装泡罩包装自动生产线，为提高质量、技术创新奠定了基础，同时也为全国医药生产机械化、自动化起到了一定的带动作用。① 某种程度上来说云南白药创制的初期到正式建厂之前基本是以家庭手工作坊的形式进行生产和经营的。1971 年正式建厂后，在计划经济体制下，云南白药的生产和销售基本是按照国家指令计划进行。完成国有化进程让云南白药成为国有企业，并受到国家的保护。在国家的支持下，云南白药搭建起了较为完整的工业化生产体系，为企业市场化打下了坚实的基础。1975 年，公司围绕白药成分研制出云南白药胶囊。

（三）市场化发展阶段（1978—2005 年）

这一阶段云南白药在市场化的大潮下实现了快速发展。1984 年，研制出云南白药酊。1992 年，云南白药气雾剂上市。1993 年云南白药成为云南省首家上市公司。1994 年，云南白药厂获国内贸易部颁发的"中华老字号"荣誉称号。20 世纪 90 年代，市场竞争的加剧引发了中医药行业的资源和市场争夺战，高价抢夺原料、降价竞销等一系列恶性竞争出现，造成了"天价白药"和白药野生资源紧缺等严重问题。为改变这种状况，1996 年 12 月，云南白药实业股份有限公司分别投资控股其他 3 家白药生产企业 51%的股权，云南白药集团股份有限公司正式挂牌。自此，云南白药实现了生产计划、批准文号、商标、质量标准、销售管理的"五个统一"，奠定了发展基础。"云南白药"商标的注册也将阶段性的行政保护上升到了永久性的法律保护。1997 年，云南白药营收突破 1 个亿。

其后，公司在管理、营销、研发、品牌四大领域进行改革。建立透皮事业部、健康产品事业部，走出伤科品牌单一领域。云南白药开始突破以传统白药为主的单一产品模式，走上多元发展之路。公司引进市场运营机制，实行事业部制。率先开启电子化运营模式并组建电子商务公司（1999 年），整合省医药公司，布局全国营销传播网络。2000 年，引进胶囊包装生产线及创可贴生产线。2001 年，成立上海透皮技术公司，成立武定种植基地。同年，

---

① 王向龙. 云南白药，传承百年经典［EB/OL］. 中国质量新闻网，2013-07-19.

公司推出以"有药好得更快一点"为价值诉求的白药创可贴,面世当年便实现3000万元的销售额,并在2008年飙升至3亿元,超越市场冠军的长期保持者邦迪,扭转了中国创可贴市场被外资品牌垄断的局面。2002年,引进气雾剂生产线,组建云南白药大药房,推出新品气血康。同年,公司营收突破10个亿。

(四)高速发展阶段(2005—2016年)

2005年年初,云南白药确立"稳中央、突两翼"战略,"中央"即以云南白药系列产品为主,"两翼"战略即大力发展透皮产品和健康产品。2005年第一支云南白药牙膏面世,该产品一经推出就获得了市场极大反响,连续多年保持高增长,成为公司的重要增长点。2005年,公司营收一举突破20个亿。"稳中央、突两翼"战略下,云南白药牙膏和创可贴成为两大明星支柱产品。

2010年企业根据市场和社会需求再度升级提出"新白药,大健康"战略,全面培育大健康板块业务,陆续实现洗护、个护、女性健康等多品类的品牌延展并进一步加强品牌传播。2010年,推出养元青(洗发洗护系列),2011年推出采之汲(面膜系列),2014年,并购清逸堂40%股份,推出日子系列卫生巾。这一阶段,云南白药的营收规模不断实现突破,2008年、2010年、2013年、2015年先后突破50亿、100亿、150亿、200亿的大关,成为中国中医药领域的领军品牌之一。

(五)混改发展阶段(2016年至今)

2016年,作为云南省优质国有资产的云南白药率先进行混合所有制改革,历经三年两个阶段,在巩固既有四大"中央"业务模块的基础上,同时拓展品牌广度。混改第一阶段,增资扩股引入新华都、江苏鱼跃作为战略投资者,白药控股由云南国资委全资控股企业变为混合所有制企业。在混改第二阶段,推动上市子公司反向吸收合并母公司,白药控股定向减资和吸收合并,同时启动薪酬制度改革、员工持股以及股权激励机制,混改进一步深化。在实行混合所有制改革之后,公司业务板块逐渐扩大。原先的中医药制造板块逐步拓展为健康品、中医药资源和医药物流三条主营业务线,形成了多板块互补式发展的营销模式。2016—2019年公司收入维持在10.5%的复合增速。该阶段,云南白药经历了较为特殊的新冠疫情时期,虽有一定的影响,总体来说业绩仍保持每年10%左右的增长态势,2020年云南白药营收突破300亿。2023年1月—9月,云南白药实现营业收入296.89亿元,同比增长10.30%,保持稳健增长。

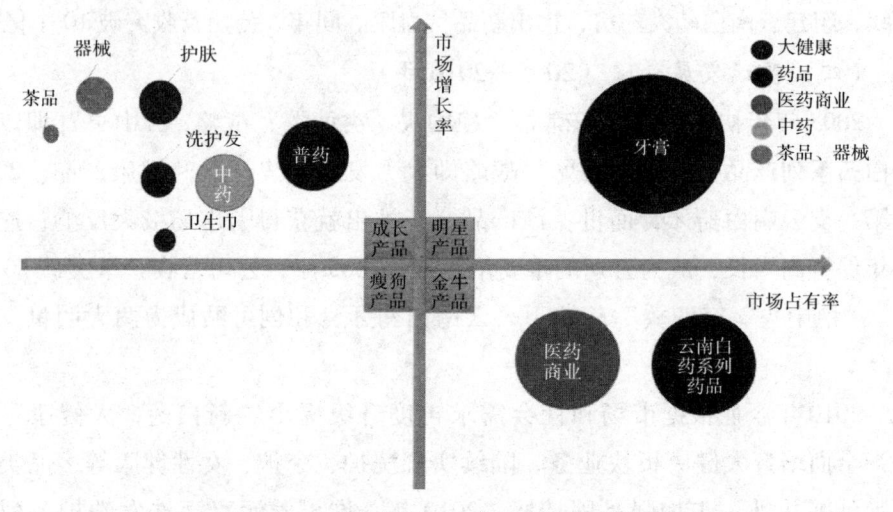

图9.2 云南白药四大主营业务的定位情况

资料来源:西南证券

二、云南白药品牌成功之道与核心优势

通过上述对企业发展历程的梳理可见,从创始起云南白药在我国中医药市场都扮演着举足轻重的角色,也在不同的发展阶段相应采取了不同的市场策略。近年来复杂的市场环境对于中国中医药企业既是机遇又是挑战。从数据来看我国大多数头部中医药企业都保持了较好的增长势头,其中2021年、2022年云南白药集团连续两年位列我国中药上市公司营收排名第二,取得成绩得益于企业坚实的技术内核、深厚的文化积淀、经年的品牌建设和不断适应外部的动态竞争力。

(一)品牌上,"百年历史+国家保密配方"承载深厚品牌底蕴,品牌家族显实力

云南白药是既有历史也有文化的企业,品牌因此富有更多内涵和底蕴。尤其在今天品牌价值已不再局限于针对消费者和企业的商业价值,而是深入

<<< 第九章　成为大健康产业航母：云南白药的品牌转型与创新

社会价值层面，即为社会福祉和人类美好生活创造价值，云南白药对此具有巨大优势。自1902年被曲焕章研制出来后云南白药已历经百年发展，拥有百年历史文化。诞生于特殊的动荡年代及本身的药物属性，让云南白药携带着爱国爱民的红色基因，具体例证包括：在抗日战争中创下年产40万瓶的纪录；曲焕章为云南抗战部队捐赠几万瓶百宝丹，后因拒绝交出配方被国民党致死；缪兰英将白药的处方和技术贡献给了国家。这些历史节点和故事串联起的云南白药红色历史，是重要的品牌资源。此外，云南白药属于一级保护品种药品，绝密级国家保密配方，目前国内能与之匹敌的拥有同样绝密级配方的药企只有片仔癀。云南白药的保密配方在过去的战争年代具有战略性意义，在今天具有自主定价权、专利保护等优势。凭借止血领域的保密配方，云南白药被誉为"伤科圣药"。在进入日化领域时区别于现有市场，有利于形成差异化竞争优势，在牙膏和创可贴中添加中药成分，占据相关行业的头部市场份额。国家保密配方在消费者群体中建立起值得信赖的品牌口碑和品牌形象，维持消费者在止血功能领域的心智和认知。云南白药的百年历史文化和国家保密配方构成其稳固的品牌资源，在多个品牌价值榜单中都占据排名前列，品牌价值受到认可。

依托于品牌资源和品牌基因，云南白药"主品牌+多元子品牌"的发展格局逐渐清晰。品牌是企业之精神浓缩，更是其竞争之利器。由上文所述可知，云南白药不断发扬创新与研发精神拓展企业产品类目与产品范围，与之相配，企业同样在不断拓展自身品牌布局，一方面采用"多品多牌"构建横向品牌脉络网，另一方面采用"先树品类，后树品牌"策略纵向深化品牌精度。截至目前，企业在药品及医疗器械、原生药材及养生、大健康和茶品等领域形成了不少有竞争力的子品牌。

表9.1　云南白药子品牌汇总

系列	子品牌
药品及医疗器械	云南白药、白药泰邦、七花、云丰、云健、金熊、童俏俏、金品、理药、昆莲、雷公、天紫红
原生药材及养生	养之素、千草堂、千草美姿、南山草、丽季、云臻粹、白药养生、豹七

201

续表

系列	子品牌
大健康	云南白药（牙膏）、采之汲、金口健、养元青、贝宝惠、蕴康、益优清新、自然原醇、朗健、清逸堂
茶品	天颐茶品、醉春秋、红瑞徕、当年的月光、天颐茗人汇、天颐茶源

资料来源：云南白药公司官网，华安证券研究所

（二）业务上，不断完善业务布局，大健康领域取得突破

2010年云南白药开始实施"新白药，大健康"产业战略，从中成药企业逐步向大健康企业转型，涉猎口腔护理、护肤、洗护发、卫生巾等多个领域。其中，云南白药牙膏成绩斐然，从2019年至今稳居中国牙膏市场份额第一，2023年上半年实现市场份额25%的占有率。

云南白药牙膏上市之初，以两面针为代表的中药牙膏正日渐衰落，而高露洁等外资品牌占据头部市场份额，发展势不可挡，在这样的市场环境下其仍旧取得成功的要素可以归结为以下几点。其一是强大的止血功能。除美白、防蛀以外，牙膏消费者有较高的解决牙龈和口腔问题的功能诉求，止血消肿是重要方面。这与云南白药国家保密配方的天然契合带来了清晰的品牌定位，避开了品牌延伸中常常出现的问题，即新品牌与母品牌之间的认知割裂，以及新品牌对已有品牌资源的利用不足。其二是高端的价格定位。一方面，牙膏作为生活必需品没有替代性，且具有牙龈出血等症状的消费者对牙膏功能的需求更为迫切，使得他们对价格的敏感度较低，愿意为功能买账；另一方面，云南白药凭借保密成分和品牌价值能够支撑起产品的高端价位，消费者愿意为价值买账。相比之下两面针选择了低端市场，却离整个市场越来越远，多年来市场占有率不足1%。其三是领先的产品布局意识。云南白药虽然不是中医药企业中最早跨界进入日化领域的，但却前瞻性地开辟了牙膏业务，引得其他中药企业纷纷效仿，"2016年度中国制药工业百强榜"中有31家中药企业推出牙膏产品，占上榜中药企业数量的80%。[1] 实际上在云南白药牙膏

---

[1] 杨秋月. 中医药企业纷纷跨界做牙膏 但复制云南白药的成功并不容易［EB/OL］. 界面新闻网，2018-04-27.

被研制出来前，已经有消费者将白药粉撒在牙膏上治疗口腔问题，在这一市场需求下云南白药成功将医药背景与日化产品进行嫁接，在其他中药牙膏发展疲软的情况下抢占市场份额。其四是分销渠道以药店开辟市场，打破了传统的商超模式，避开牙膏市场锋芒。云南白药牙膏选择了"药店+商超"的运作模式，首先在药店打开销路，积累消费者和销售经验，随后通过商超扩展市场，并逐渐搭建起线上电商平台，形成多渠道终端体系。其五是重视品牌传播，尤其重视央视平台的投放。牙膏在上市之初就不吝惜媒介投入，通过央视广告立刻扩大产品认知度，通过报媒硬广对消费者进行促销说服。牙膏的成功不仅为云南白药跨界大健康领域提供经验案例，而且开辟了除药品以外的第二增长强点，加固了云南白药的品牌护城河，品牌也因为日化领域的营销变得更丰富多元。

云南白药也在不断推进投资合作，为大健康产业战略寻求新的可能性。具体动作包括：投资上海医药强化品牌、研发、商业网络和全球化发展；借助金健桥公司推动医疗器械业务；与日本POLA合作加大植物护肤研发等。2022年云南白药在"1+4"战略基础之上提出"1+4+1"（中医药+口腔领域、皮肤领域、骨伤领域以及女性关怀+数字化技术）战略，由药品事业部、健康品事业部、省医药公司以及中药资源四大事业部领跑，重点培育口腔智护业务、医美业务和新零售健康服务业务三个业务单元。其中口腔智护业务单元推出"齿说"（ToothTalk）口腔科学专研品牌，产品包括智能电动牙刷、冲牙器、个性化刷头、漱口水、凝胶、口喷等。后台以齿说品牌通过口腔咨询服务平台"i看呀"小程序连接C端用户，精准进行私域运营。公司还在牙膏产品品牌延展方面持续发力，精细化目标客户人群，继续衍生拓展研发儿童、孕妇、吸烟人士等细分人群使用的牙膏、牙刷、漱口水等新品。

（三）传播上，坚持"权威+集中"的同时完善新媒体传播布局

云南白药的成功离不开其对权威媒体的运用。早在2000年，第一支由刘璇、李小鹏代言的云南白药气雾剂广告就出现在中央广播电视总台。2005年，一则濮存昕一袭白衣手举云南白药牙膏的广告通过中央广播电视总台传播到中国的千家万户。没过多久，一句朗朗上口的广告词"如果伤痛在所难免，云南白药在您身边"温暖了众多消费者并被铭记在心。可以说云南白药是中

国较早具备了"大格局,高传播"思维的企业。在当年传播手段有限的时代,公司敏锐地意识到不能局限于省内发展,而是要将市场拓展至全国。从2014年起,云南白药牙膏开始独家冠名《星光大道》栏目,销量突破13亿。云南白药牙膏一上市就选择通过《新闻联播》标版这一稀缺的黄金资源进行传播,通过十多年的打造,单品销售超过40亿。互联网兴起之后,公司积极拥抱数字大潮,构建数字传播矩阵,重视与消费者持续、全方位的沟通。截至2023年7月,集团已经在抖音、快手、微博、小红书、微信公众号、微信小程序、微信视频号等新媒体平台开设近40个官方账号,总粉丝人数超8000万,实现新媒体全媒体平台覆盖传播。除了媒体传播之外,线下活动也是云南白药营销传播的重要组成部分,如2023年,口腔护理领域开展"蔚蓝行动—刷新养护力、健康好口腔"等系列推广活动,执行场次达到10887场,覆盖129个城市。① 同时云南白药还长期赞助大广赛,不断拓展在年轻群体中的影响力。

表9.2 云南白药各新媒体平台账号统计

平台	账号名称	粉丝数量	获赞数量	作品数量
抖音	云南白药个人护理旗舰店	89.3万个	46.6万个	204条
	云南白药养生旗舰店	4.1万个	3.2万个	88条
	云南白药健康官方号	11.9万个	4.9万个	39条
	云南白药营养食品旗舰店	5.6万个	3.4万个	14条
	云南白药牙膏	1.7万个	5.4万个	108条
小红书	云南白药	58个	44个	8条
	云南白药YAO健康	152个	439个	16条
	云南白药个护	5729个	2.3万个	272条
	云南白药生活+	2905个	9224个	212条
	云南白药采之汲	4160个	6685个	268条

---

① 杜向阳,阮雯. 聚焦主业,强化研发 [EB/OL]. 西南证券,2023-10-31.

续表

平台	账号名称	粉丝数量	获赞数量	作品数量
微信公众号+视频号	云南白药			7条原创
	云南白药个护旗舰店			46条原创
	云南白药宠粉社			10条原创
	云南白药口腔智护家			3条视频原创+5篇公众号原创
	云南白药旗舰店			29条（1条原创）
	云南白药天颐茶品			31条
微博	云南白药	1.1万个	2959个	26条
	云南白药生活+	119.3万个	26万个	1224条
	云南白药牙膏	22.9万个	234.1万个	3756条
	云南白药YAO健康	137.7万个	264.5万个	4459条
	云南白药红瑞徕（显示企业资质未经过年审）	2.4万个	5个	1条
	云南白药网（显示企业资质未经过年审）	6.5万个	3196个	422条
	养元青	5.3万个	70.2万个	3991条
	云南白药大药房旗舰店	9612个	119个	40条
	白小养	2.3万个	1.9万个	144条
	云南白药清逸堂（显示企业资质未经过年审）	8498个	8320个	343条
	云南白药大药房有限公司	1307个	128个	43条
	豹七三七（显示企业资质未经过年审）	5740个	3302个	58条
	菲漾官微	3.9万个	914个	421条
	云南白药泰邦（显示企业资质未经过年审）	5311个	70个	80条
	云南白药大理药业（显示企业资质未经过年审）	135个	37个	122条

续表

平台	账号名称	粉丝数量	获赞数量	作品数量
快手	云南白药牙膏旗舰店	100.3万个	78.1万个	796条
	养元青旗舰店	29.4万个	18.3万个	801条
	云南白药泰邦旗舰店	339个	208个	90条
	云南白药个护专卖店	7.7万个	6056个	48条
	云南白药养元青品牌号	166个	9个	5条
	云南白药生活+滋补专卖店	6416个	9573个	83条
	云南白药口腔护理官方号	56个	0个	0条

资料来源：本书整理

（四）构建全渠道营销体系，为产品拓展奠定坚实基础

早在1999年，云南白药就组建电子商务公司。目前，云南白药已经形成线上线下相融合的全渠道营销体系。通过全渠道布局，云南白药企业的大健康产品得以触达全国乃至国际上的消费者。线下方面，借鉴了保健品的"药店+商超"的渠道运作模式，利用药品渠道让云南白药牙膏进入药店销售，充分发挥云南白药在药店渠道的优势与云南白药的品牌优势。随后在商超渠道则大举进军全国各大连锁商超、便利店等。构建新零售渠道品牌"白药生活+"门店，销售精选自有白药产品。线上方面，云南白药抓住自媒体和电商快速发展红利，大力拓展线上渠道，已经形成了在天猫、京东多平台建立旗舰店，结合专卖店、微信商城多种形式的"大网络渠道"体系。目前来看，云南白药线上渠道销售额占比约在10%，线下约90%。① 2023年上半年年末，云南白药健康产品线线上渠道收入占比进一步提升至16%。②

（五）坚定落实企业社会责任，打造负责任的大品牌

当今品牌发展离不开社会责任，加强企业社会责任建设，既是促进中国经济健康发展的客观需要，也是中国企业在我国经济高质量发展中发挥积极作用和参与国际竞争的必然要求。作为有百年历史的中华老字号品牌，云南白药始终坚持在保持公司业务稳健发展的同时，持续完善社会责任管理体系，

---

① 杜向阳．国企混改落地，新白药快速启航[EB/OL]．西南证券，2021-04-13．
② 杜向阳，阮雯．聚焦主业，强化研发[EB/OL]．西南证券，2023-10-31．

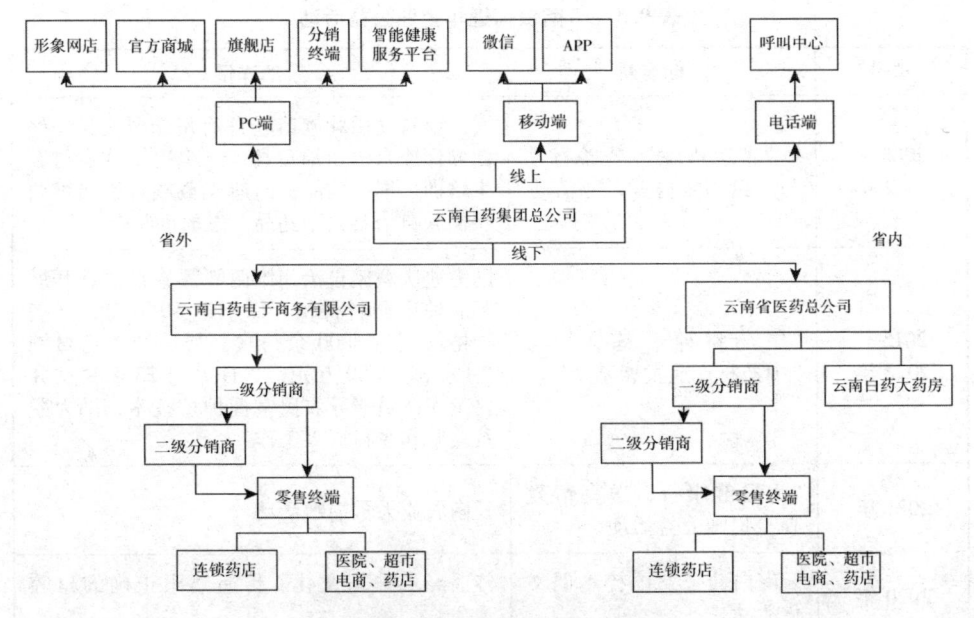

<<< 第九章 成为大健康产业航母：云南白药的品牌转型与创新

图 9.3 云南白药全渠道营销体系

资料来源：西南证券

统筹指导公司在可持续发展方面的实践工作，肩负民族使命，彰显责任担当。从 2008 年至今，云南白药就乡村振兴、弘扬中华优秀传统文化、关注人口老龄化问题等方面开展多样性活动，顺应时代发展和诉求承担相应的社会责任。正如云南白药首席科学家张宁在 2023 年健康中国发展大会上所说，"作为中医药领军企业所需承担的有三重使命：第一是产业责任，第二是社会责任，第三是文化责任"[1]。2023 年在"全球可持续发展暨国际公共采购大会"上，云南白药荣获"2023 中国制造业上市公司社会责任五星金奖"，此奖也是云南白药集团长期以来坚定践行企业社会责任的有力印证。

---

[1] 张宁. 新时代 新使命 新责任：云南白药守护健康中国 [EB/OL]. 中国医疗器械网，2023-09-13.

表 9.3　云南白药近年企业公益活动

年份	活动名称	活动详情
2008—2022 年	"健康送边疆"公益行动与"助力乡村振兴"活动	向云南省文山壮族苗族自治州麻栗坡县、怒江傈僳族自治州福贡县，组织边境县乡村医生培训、捐赠药品；向迪庆藏族自治州维西傈僳族自治县捐赠药品、发放助学金
2015—2022 年	"中药材种子基金"与"中药材产业发展基金"	助力迪庆藏族自治州维西傈僳族自治县开展多品种中药材种植，面积达 10 万亩，开展种植培训达 3000 余户次，帮扶产生药材销售收入近 3600 万元，累计派出 23 名扶贫驻村工作队员指导农民掌握种植技术，助力脱贫攻坚和乡村振兴工作
2021 年	"为爱健康行，送真情爱心"捐赠公益活动	云南农业大学捐赠活动
2020 年	云南白药公益国粹木偶文化活动	传播经典非遗文化、传递健康正确的口腔观念
2020 年	"云南白药健康操家庭挑战赛""云南白药健康操队长招募"与"重返 21 岁"系列打卡活动	组织推出有利于大众身心健康的线上健康公益活动，并建立了近 500 个全国健康达人交流群，为热爱健康生活的"健康达人"们搭建了分享心得、展示自我的社交平台
2018 年	"9·20 爱牙日"大型公益活动	向市民群众宣传口腔保健知识，并提供口腔义诊
2017 年	"益起来·让世界听见"大型公益活动	向藏区儿童捐赠爱心礼包、开展口腔知识趣味科普，和嘉宾们一起揭幕"云南白药牙膏×天猫"爱心图书馆等活动
2016 年	"唇齿留亲·益起来聚温暖"公益活动	为山区儿童募集冬衣和口腔护理礼包等
2015 年	"睡一个暖冬"计划	为高寒贫困地区儿童送御寒棉被

资料来源：本书整理

三、云南白药品牌面临的主要挑战

经过多年发展，云南白药已经成为家喻户晓、实力雄厚的中医药大健康品牌。面对百年变局，企业发展依旧面临挑战。

(一) 品牌战略上，产品、业务、研发和国际化层面存短板

1. 金牛产品"象腿"现象显著，品牌亟待新增长点出现

云南白药2022年年报数据显示，报告期内实现营收364.88亿元，同比增加0.31%；归属于上市公司股东的净利润为30.01亿元，同比增加7.00%；营收增长率为0.30%，几乎零增长。其中集团主要盈利点依旧在以牙膏为核心的日化品类，其所在的健康品事业部2022年贡献净利润21.83亿元，在集团总营收利润30.01亿元中占比高达72.74%。就市场占比而言，云南白药牙膏产品已经占据24.40%的市场份额，虽位居行业第一，但与后位品牌差位较小。就市场现状来看，牙膏市场细分竞争越来越激烈，并且行业增长也在逐步放缓，将持续面临压力。

	2016年	2017年	2018年	2019年	2020年	2021年	2022年
市场规模	496	582	627	752	884	1025	1155
增速		17.34%	7.73%	19.94%	17.55%	15.95%	12.68%

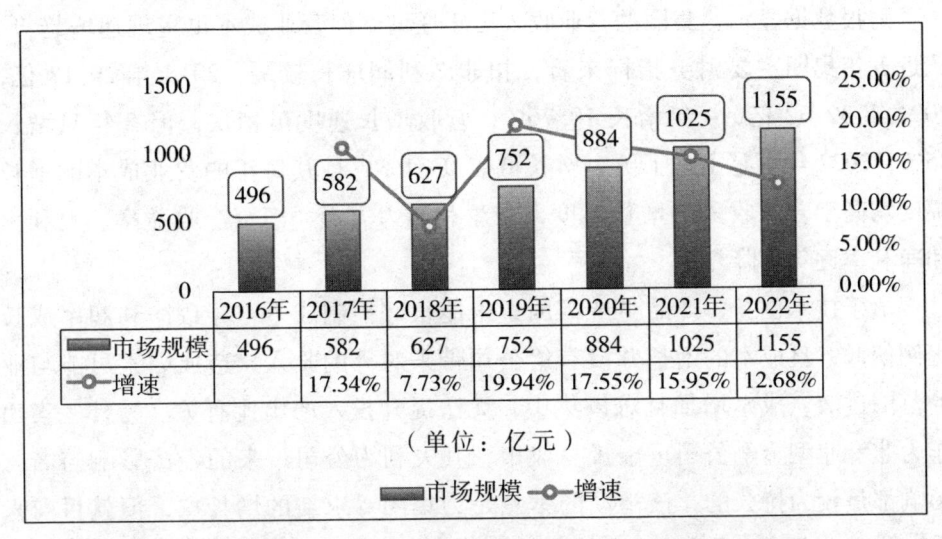

（单位：亿元）

图9.4 2016—2022年我国口腔护理行业市场规模及增速情况

资料来源：本书整理

此外，与其他类型品牌相比，消费者对于日化产品品牌忠诚度可替代性较高。据消费者行为数据统计，消费者选择在大型超市购买牙膏的比例超过了90%，而在便利店、百货商场、批发农贸市场等场所购买牙膏的比例不足10%，超市是最重要的牙膏销售场所。2018—2023年，中国牙膏市场年均复合增长率预计为6.90%。从我国牙膏市场的价格分布情况来看，市场上最畅销的还是中端价格的产品，占比接近一半，达到了48%，超高端产品销售情况虽日渐明朗,但占比只约为15%。目前云南白药已就牙膏这一产品领域做到了充分深耕,而集团如何在保证牙膏产品当下优势的情况下,在大健康及其他领域开发新的业绩增长点是关键所在。传统优势药品板块受到公司结构调整及外部市场因素的影响营收增长放缓,该板块在集团收入中占比只有17%左右,虽较上年15%的占比有小幅上涨,但该事业部营收始终未能突破60亿元,可见云南白药系列产品终端销售天花板现象明显。随着社会健康意识的增强与政策驱动,大健康已逐步成为蓝海市场。作为大健康的先行者,云南白药也提出"让健康成就家国向往"的口号。但就目前集团营收占比来看,健康品营收占比仅为16.70%,距离成为集团产业支柱还有一定的距离。

2. 业务失焦,成本增长无法带来对等收入,企业增收不增利

财报数据显示,集团的营业收入历年递增,但营业成本也呈现递增趋势。从近五年集团主要财务指标来看,扣非净利润增长较缓,2018年29.18亿,2022年32.32亿,4年增长10.76%;营收增长速度虽稍快,但5年只增长35%,2022年更是出现了历史增长低点0.31%;且其每年的营业成本的增长幅度均高于营业收入的增长幅度,在盈利能力方面,净资产收益率、毛利率和净利率逐年下降。

由于技术创新、产品生产等因素未能很好控制成本,导致净利润率成长比例偏低,且成本的增长并没有给公司带来对等的收入,造成因素可能与业务范围过散,成本增加且难以集中,无法提升投入产出比有关。另外,集团作为非专业型金融公司重金投身股市,其失利为公司带来的经济影响与名誉影响都是较为持久的,该举动的本意是为集团寻求新的增长点,但就目前来看,脱离企业核心业务的尝试并不可取。云南白药2022年公告显示,目前集团已经大幅减持并使探索重点重新回归到业务拓展上,但如何尽快扭转此次尝试的损失,并复盘总结业务失焦问题是公司下一步的探索重点。

3. 研发投入较弱,制约产品创新与品牌核心竞争力的提升

云南白药集团研发投入较低引起关注,2021年被《人民日报》健康客户端"点名",在这篇名为《多数中药企业研发费不足一亿,占营收比重不足3%!》的报道中称云南白药"作为我国上市中药企业的巨头之一,也是唯二上半年营收超过100亿元的药企,但其研发投入却处于倒数水平。营收约191

亿,研发投入仅为1.06亿元,占营收比只有0.55%"①。并直指集团销售费用是研发费用的近20倍。财报显示,集团近三年研发费用均不足营收占比1%,虽然2022年有大幅提升(3.43亿),但与中国医药百强企业平均研发强度的6.8%比起来还相距甚远。财报内容显示,该年研发投入依旧主要用于全三七片、止血、创伤类新产品开发、宫血宁项目二次开发等对公司现有已上市品种开展产品力提升项目,投入产出比有待进一步观望。2022年,中国医药研发创新峰会发布"2022中国药品研发实力排行榜",云南白药并未上榜。

表9.4 国内中医药企业2021—2022研发费用排名

企业名称	2022年研发费用（万元）	2022年研发费用排名	2021年研发费用（万元）	2021年研发费用排名
以岭药业	103200.65	1	79216.27	2
天士力	84423.00	2	57952.74	3
白云山	81945.43	3	87472.00	1
康缘药业	60573.03	4	49938.81	6
华润三九	59394.17	5	56020.19	4
济川药业	55330.31	6	52344.44	5
云南白药	33672.37	7	33135.97	8
步长制药	28412.22	8	40860.34	7
红日药业	23668.51	9	20335.80	9
片仔癀	23003.45	10	19951.07	11

资料来源:本书整理。

4. 品牌国际化程度有待提升,国际传播效能较弱,海外营收需扩盘

根据集团财报数据,云南白药近三年海外营收占比为2020年1.10%(3.61亿)、2021年0.54%(1.95亿)、2022年1.15%(4.19亿),而同为中医药领域中华老字号的同仁堂以不到一半的总营收,获得超出云南白药一倍以上的国际化销售额。其原因在于云南白药整体国际化战略的匮乏与模糊,

---

① 李超然. 多数中药企业研发费用不足一亿,占营收比重不足3%![EB/OL]. 健康时报网, 2021-09-03.

对于国际化方面的重视程度不足。至今为止，集团虽有部分国际化业务动向及布局，但目前看来收效还有待继续观察。截至 2023 年，公司虽然拥有 247 个中成药品种，共涉及 354 个批文，其中，独家中成药品种 43 个，独家批文 53 个，拥有众多专利且白药药效有充分的数据材料支撑，但"走出去"的产品寥寥无几，海外市场用户也以华人为主。此外，企业的国际化传播基础工作较为薄弱，企业官网语言目前只有中、繁两种选项，并未设置其他语言版本，为海外用户的阅览造成一定障碍，企业其他类型国际化宣传内容也乏善可陈，亟待丰富。

集团名称	区域	2022年 营收(亿)	占比	2021年 营收(亿)	占比	2020年 营收(亿)	占比	2019年 营收(亿)	占比	2018年 营收(亿)	占比
云南白药	国内	360.69	98.85%	361.79	99.46%	323.82	98.90%	290.82	98.04%	260.90	97.69%
	国外	4.19	1.15%	1.95	0.54%	3.61	1.10%	5.82	1.96%	5.90	2.21%
同仁堂	国内	141.68	92.16%	135.93	93.08%	119.40	93.09%	121.84	91.77%	131.35	92.44%
	国外	11.22	7.30%	9.07	6.21%	7.86	6.13%	9.96	7.50%	9.83	6.92%
以岭药业	国内	120.7	96.31%	97.6	96.47%	84.7	96.44%	57.95	99.49%	47.85	99.39%
	国外	4.63	3.69%	3.57	3.53%	3.04	3.46%	0.30	0.51%	0.16	0.34%

图 9.5　2018—2022 年国内部分中医药品牌海内外营收占比

资料来源：本书整理

（二）品牌架构与营销上，市场定位需明确，营销需聚力

1. 子品牌市场定位与营销策略需进一步明确

品牌名称是产品定位的重要组成部分。云南白药目前下设近 40 个子品牌，但在品牌名称和形象方面层级较为模糊，使得消费者在浏览认知与选购时容易产生疑惑。不同品类的产品具有不同的使用场景和特点，如果不同品类的产品使用同一母品牌名，可能会导致消费者对产品的定位产生困惑，消

费者可能会误认为它们具有相同的功效和用途从而影响品牌的市场表现。但如果子品牌与母品牌完全脱离关系，又会造成消费者对品牌的认知空白，导致新产品没有市场背书。

长期以来，云南白药以"白药"作为主要品牌形象和定位，强调其源于云南，是一种具有传统中药特色的药品和护理用品。但其独具特色的卖点并不一定适用于所有子品牌。如果品牌定位过于狭隘，只满足了一部分消费者的需求，就很难在更广泛的市场中获得更大的市场份额。例如，许多年轻人更注重时尚和潮流，对传统的药品定位不感兴趣，因此可能不会考虑购买云南白药。云南白药的产品线涵盖口腔护理、女性护理、健康医药、茶品等多个领域，由于集团部分产品对消费者心智占比过大造成了"以偏概全"的品牌认知，导致目前多数子品牌缺乏品牌特色和优势，子品牌形象不够鲜明，无法有效地吸引消费者注意力。与同样具有医药背景的品牌如同仁堂、安利纽崔莱等相比，它们的品牌在产品设计、包装、推广等方面都采用了不同的差异化竞争策略：同仁堂注重在产品的配方和功效上创新，强调中医理念和中药文化；安利纽崔莱则注重产品研发和科技创新，推出了多款保健产品。相比之下，云南白药在品牌差异化方面做得不够充分，导致消费者心智依旧集中在产品的传统背景和历史渊源，以及"白药粉"这一特有的配方和制作工艺上，这将为品牌拓展带来局限性。

2. 产品营销分布过于平均及分散，难以聚力打造全新明星产品

如上文所述，不同子品牌及产品需精准明确其产品及消费者定位，才能为营销带来充分的施展空间。云南白药虽有强大的营销渠道，但在其后续子品牌的营销推广上都出现了乏力难以突围的情况，例如，2008年推出的千草堂沐浴系列、2010年推出的养元青洗发护发系列、2011年推出的采之汲面膜系列，以及2014年收购清逸堂40%股权，推出的卫生巾系列等。经过数年发展，以上品类销售额虽有上升，但再无"爆品"，几类产品最好年销售额约为2亿元。在采取智能终端营销策略后，云南白药虽在各大电商平台线上官方店铺开设数量众多，但除牙膏、医药品等老牌"主力军"外，其他主题店铺销量并不如人意。不少店内出现产品相互交叉、店铺主题重复等情况，使得消费者出现品牌认知混乱及产品分类误区。为了改善这一问题，云南白药需要

重新梳理产品体系和品牌体系，分轻重缓急，有重点地投入营销资源，做到"推一牌，响一牌"。

（三）品牌传播上，品牌形象和叙事能力待提高

1. 与大健康战略相匹配的"云南白药+"品牌形象有待深化

大健康产业是云南白药未来进发的主要方向，也是企业基于自身基础寻求进一步发展的必然之举。品牌是企业核心战略的直接表达，品牌形象必须与企业总体战略相匹配才能够相得益彰。目前来看，云南白药的大健康品牌形象并未充分树立。一方面，在消费者心中，云南白药作为"中医药"的形象深入人心，牙膏品牌深受认可也是基于中医药概念的拓展。相较中医药，大健康的内涵和外延更大也更加丰富。如何让消费者充分接受云南白药不仅仅是中药或中药相关，而是与更为广泛的人体健康和健康科技相关，是一个难题，强大的母品牌形象直接关乎云南白药旗下产品和子品牌的发展。另一方面，云南白药还要更好地应对品牌形象的公关危机事件。例如，2014年、2017年的产品成分风波，2021年的口罩质量以及炒股巨亏风波，都使得品牌形象遭受了不同程度的损害。未来，云南白药需要深化和丰富自身的大健康品牌形象，实现从"药的云南白药"到"大健康的云南白药+"的转变。

2. 原有传播叙事方式老化，品牌叙事能力及方式需更新加强

一方面，品牌的传播叙事手法多采用平面广告、传统纸媒等媒介对消费者进行一些有战术的深度说服和科普教育，"标题党"撰文模式能够快速吸引受众注意力。虽然在当下科普教育叙事依旧有较好的传播效果，但受众的客观性及信息接收完整度大大提高，原有的传播叙事方式在改变传播媒介和阅读习惯后很难再吸引到目标客户群，"一招鲜，吃遍天"的时代已然过去。目前云南白药在主流媒体及新媒体平台上投放的广告风格内容较为陈旧保守，在当今内容为王的流量时代无法第一时间出挑，不足以吸引消费者目光。另一方面，品牌视觉叙事和传播能力较弱，当今在海量品牌及产品中能够迅速"抓人眼球"是品牌出圈的关键，市场的激烈竞争要求品牌不仅需要质量，还需要"颜值"，云南白药目前无论是品牌视觉物料、子品牌视觉物料还是新媒体传播物料都较为传统，特别是新媒体传播物料的视觉系列感及叙事性较弱，不太容易吸引消费者的连续关注。

3. 品牌新媒体矩阵布局较为模糊，整体声量及传播力有待提升

虽然云南白药很早就具备品牌传播意识，与主流媒体建立合作，但面对与之前完全不同的数字时代及新一代消费者的崛起，云南白药的适应力还有待强化。云南白药的产品形象存在老化问题，一般消费者特别是年轻消费者对其关注度下降。在新媒体方面，云南白药起步较晚，虽然在微信、微博、抖音、快手、小红书、知乎等多个平台上均开设有众多账号，但是账号体系分散冗杂，在名称上极易混淆。众多子品牌各自为战，有些直接脱离云南白药母品牌造成品牌背书空白，总的来说并没有形成有效、规范、统一的数字传播矩阵。例如，仅微博一个平台集团就开设了15个账号，但运营能力较为不平衡，发布内容数量从4400多条到1条不等，其中还有6个账号显示企业资质未经过年审而被取消了"蓝V"标识，侧面对企业传播形象造成一定的不良影响，甚至会对消费者造成对企业的认知误区。从统计图表可知，品牌在抖音、快手、小红书、微博、微信等三方平台开设的官方账号均数量众多，但从各账号的粉丝数、点赞量、评论量、转发量及视频播放量等综合数据来看，品牌新媒体矩阵整体声量较低，传播力还有很大提升空间。例如，云南白药牙膏的小红书账号，发布笔记108条，但粉丝数量仅有1.7万个，获赞量仅5.4万个，在该平台发布量、关注度与互动量三方联动数据中反馈较弱。（见表9.2）

四、结语

毫无疑问，云南白药是一家成功的企业，是中华老字号品牌中的佼佼者，是中国中医药品牌和大健康品牌的代表性品牌。面对瞬息万变的市场环境，云南白药未来有四个挑战，或者说是不得不跨过的门槛。一是，如何建立和深化作为大健康领导者的品牌形象；二是，在当前全球不确定性显著增加的背景下如何进一步推进品牌国际化，并在这一过程中讲好中国文化故事；三是，如何以科技创新为基础在大健康产品和业务层面实现新的破局，从而为品牌的增长奠定可持续的基础；四是，如何建构与年轻消费者的亲密品牌关系，从而保持品牌常青。四个必答题，也是云南白药未来发展的关键。

第十章

蓄势腾飞的百年老凤祥：老字号品牌的传承与创新[1]

摘 要 老凤祥作为中国大陆地区黄金珠宝首饰业的领头雁，跨越三个世纪，在新时代彰显出老字号品牌传承与创新的新生机。梳理其发展路径，可以发现，百年历史淬炼出的传承与创新的文化是其腾飞翱翔的重要保障。在这一品牌文化的引领下，在产品方面，老凤祥通过精耕黄金赛道、丰富产品结构、国潮赋能设计、跨界联名等方式打造多元产品矩阵，满足多元化消费需求，建立了稳固的市场基础；在渠道方面，通过加盟的方式快速铺设销售网络，瞄准下沉市场和海外市场把握新的增长机遇，同时，拓展线上渠道，全方位触达目标人群；在传播方面，通过多元化广告投放、签约新代言人、年轻化传播等策略全面提升品牌曝光度，彰显品牌形象新风采和新活力。此外，老凤祥还积极布局国际市场，通过产品讲好中国故事，彰显百年老字号品牌的文化魅力。未来，老凤祥也面临宏观经济波动、市场竞争和消费趋势变化的挑战，老凤祥还需要继续深化改革，开足马力，砥砺前行。

关键词 品牌传播；品牌创新；老凤祥

2023 年，Brand Finance 发布的"2023 全球高档和奢侈品牌价值 50 强"榜单中，中华老字号老凤祥成为亚洲唯一入选的珠宝首饰品牌，名列第 30 位。其实这并非老凤祥第一次在国际品牌榜单中崭露头角，经过多年耕耘，老凤祥在世界品牌实验室、Brand Finance、德勤等多个品牌排行榜中持续稳居

---

[1] 本章由安琪、白冰执笔完成。

行业前列，是中国大陆地区黄金珠宝首饰业领头雁，彰显了强大的品牌力量。老凤祥创始于1848年，是一家集研发、设计、生产与销售于一体，拥有完整的产业链、多元化的产品线的珠宝品牌，旗下涵盖黄金、白银、铂金、钻石、白玉、翡翠、珍珠、金镶玉、有色宝石、珐琅、红珊瑚等多品类首饰，是中国珠宝首饰业在历史底蕴、规模渠道和品牌价值等各方面领先的龙头企业。跨越三个世纪，在新时代焕发新生机的老凤祥，是民族品牌转型创新的典型，其成长路径值得我们梳理和思考。

一、百年历史淬炼传承与创新的品牌文化

走过175年岁月，跨越三个世纪，在跌宕起伏的历史长河中，老凤祥风雨兼程，淬炼出"传承为本、创新为魂"的品牌文化和发展理念，为品牌把握机遇、深化改革提供了不竭的动力。回顾老凤祥的发展历程，大致可以分为四个阶段：品牌初创期（1848—1951年）、品牌重组期（1951—1996年）、品牌发展期（1996—2018年）、品牌创新期（2018年至今）。

品牌初创期	品牌重组期	品牌发展期	品牌创新期
老凤祥创立品牌，成为上海九大银楼之首	老凤祥摆脱机制束缚，重现昔日荣光	老凤祥走上了品牌发展的快车道	老凤祥引入多种机制，进行综合改革
• 1848年，"凤祥银楼"落成，成色足赤，精镶细嵌，生意火爆 • 1919年，费祖寿接管银楼，进一步发展，日销黄金千两 • 1931年，随着抗日战争爆发，金银珠宝消费急转直下 • 1948年，国民党实施经济紧急措施，大批银楼关门歇业	• 1951年，中国人民银行出资购买了老凤祥银楼整幢大楼 • 1952年更名为"国营上海金饰品店"。老凤祥吸引了众多能工巧匠，产品热销海内外 • 1996年，在国退民进的指导思想下，"老凤祥"进行了品牌重组，成立了上海老凤祥有限公司	• 1998年，第一铅笔收购"老凤祥"50.44%的股权，成为其控股股东 • 2009年，第一铅笔将老凤祥有限公司更名为老凤祥股份有限公司，并实现了上市 • 老凤祥转变品牌方向，迈向大众市场 • 1998年到2009年，老凤祥营收提升至110.4亿，市场化改革成效显现	• 2018年，老凤祥被纳入"双百行动"企业名单 • 2019年参与上海区域性国资国企综合改革试验，推动解决历史遗留问题 • 2020年，推行职业经理人制度 • 2022年，完成了计划预定的全部职业经理人制度试点 • 2022年首次入选"2022全球高档和奢侈品品牌价值50强"
阶段一：1848—1951年	阶段二：1951—1996年	阶段三：1996—2018年	阶段四：2018年至今

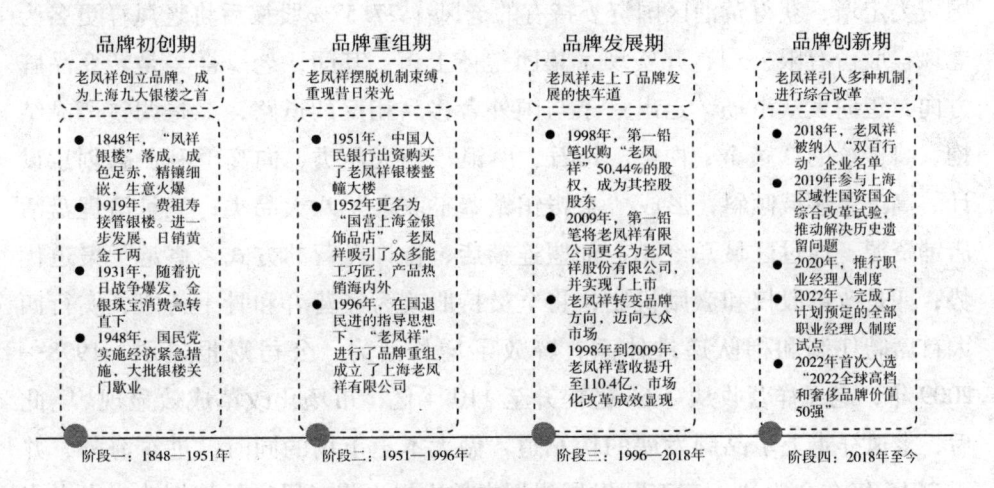

图 10.1　老凤祥品牌发展的历史演进

资料来源：本书整理

1848—1951年是老凤祥的品牌初创期。1848年，上海南市大东门老凤祥的前身"凤祥银楼"落成，因成色足赤、精镶细嵌，生意日渐红火。1919年，第二位掌门人费祖寿接管银楼后获得进一步发展，成为上海九大银楼之

首。但随着抗日战争爆发，金银珠宝等奢侈品的消费急转直下，老凤祥也经营惨淡。直至1948年，国民党宣布实施经济紧急措施，包括老凤祥在内的大批银楼被迫关门。品牌初创期的老凤祥虽经历了起起落落，但其品牌知名度已经打响、品牌美誉度也已建立，这为其日后的重生奠定了坚实的基础。

1951—1996年是老凤祥的品牌重组期。新中国成立之后，老凤祥有了重生之机。1951年，中国人民银行出资购买了老凤祥银楼整幢大楼的固定资产，并于1952年更名为"国营上海金银饰品店"重新开业。这一时期的老凤祥吸引了众多能工巧匠，产品热销海内外，甚至人民大会堂等国家重要场所也有老凤祥的匠心之作。改革开放之初，受制于僵化的机制和混乱的管理，老凤祥难以打开市场。直到1996年，在国企改革"抓大放小"和"有进有退"的方针指导下，"老凤祥"进行了品牌重组，成立了上海老凤祥有限公司，试图摆脱机制束缚，探寻现代企业管理方式，重现昔日荣光。

1996—2018年是老凤祥的品牌发展期。1998年，第一铅笔斥资6840万元收购了老凤祥50.44%的股权，成为其控股股东；2009年，第一铅笔向黄浦区国资委定增，获得黄浦区国资委持有的老凤祥27.57%股权后将老凤祥更名为老凤祥股份有限公司，并实现了集团整体上市。其间，老凤祥一是转变品牌方向，迈向大众市场，走出一条与国外奢侈品相反的道路；二是调整产品结构，将传统的"黄金、白金、钻石、白银"四大品类，向高毛利、高创意设计、高工艺领域倾斜，形成"金银铂钻翠玉珠宝"八大品类；三是清理盘活店铺资源，通过区域总经销、加盟连锁店、特许经营的方式，奠定了渠道优势；四是改革股权和激励机制，将全员持股改为经营者和骨干持股，实行四大首席聘任制和梯队递进体系，释放了增长活力。公司财报显示，1998—2009年，老凤祥营收从2.66亿提升至110.4亿，市场化改革成效显现。① 此后，老凤祥走上了品牌发展的快车道，做大本土市场的同时，进军海外，并于2016年在企业"十三五"发展规划中首次提出将老凤祥品牌打造成大中华地区黄金珠宝首饰第一品牌的目标。

---

① 老凤祥经营数据来自财报整理，下文不再赘述。

第十章 蓄势腾飞的百年老凤祥：老字号品牌的传承与创新

2018年至今是老凤祥的品牌创新期。2018年8月，老凤祥被纳入"双百行动"企业名单。2019年，老凤祥参与上海区域性国资国企综合改革试验，在解决历史遗留问题、股权多元化、完善市场化经营机制和激励约束机制等方面持续推动改革。2020年，老凤祥开始推行职业经理人制度，到2022年年底，已完成了计划预定的全部三批次职业经理人制度试点。2022年，老凤祥首次入选Brand Finance "2022全球高档和奢侈品牌价值50强"，2023年老凤祥再度入选50强，位列第30位，成为该榜单唯一入选的亚洲珠宝首饰品牌。

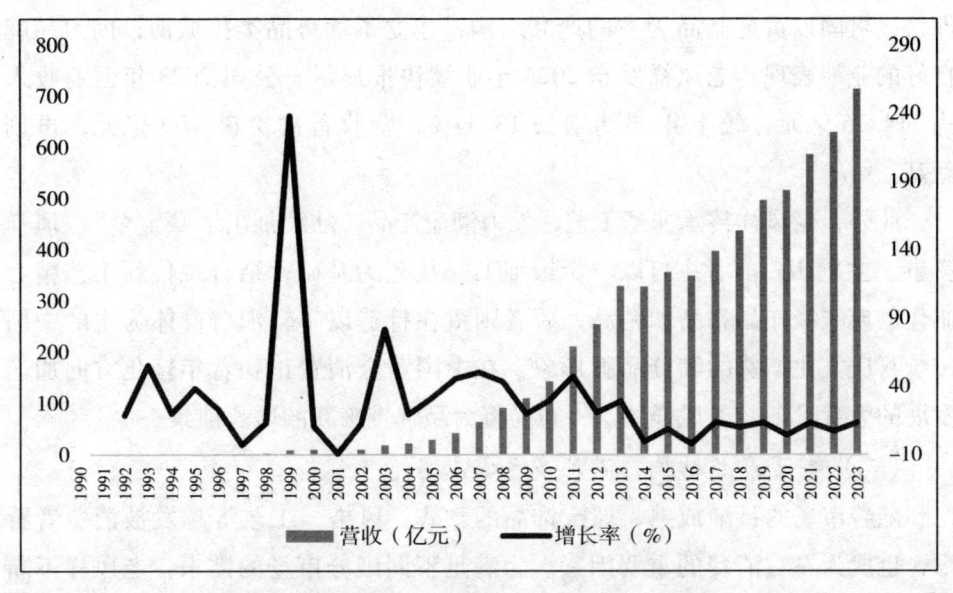

图10.2 1990—2023年老凤祥营收及增长率
资料来源：本书整理

老凤祥的百年发展历程，体现了其在不断变化的市场环境中的适应能力和创新能力。无论是在产品设计、制造工艺，还是经营思路、营销传播上，老凤祥都通过不断的自我革新和对市场趋势的敏锐洞察，走在行业发展和国企改革的前列。可以说，"传承为本，创新为魂"是其历经时代变迁淬炼出的品牌文化和发展理念，也是其在新时代保持中国珠宝行业领军品牌地位的不二法宝。

二、精耕黄金优势品类，打造多元产品矩阵

（一）顺应市场趋势，精耕黄金赛道

随着国内消费水平不断提升，黄金首饰的市场需求不断上涨。中国珠宝玉石首饰行业协会统计数据显示，2022年国内珠宝市场规模约为7190亿元，其中黄金产品市场规模约为4100亿元，占比为57.02%。① 中国黄金协会统计数据也显示，2023年上半年，全国黄金消费量554.88吨，同比增长16.37%。② 老凤祥依托中国传统金银文化，顺应市场趋势，在黄金赛道不断深耕，巩固以黄金制品为主的产品结构，建立了优势品类护城河，助力品牌良好的业绩表现。老凤祥发布2023年业绩快报显示，公司2023年营业收入为714.36亿元，较上年同期增长13.37%，营收首次突破700亿元，再创新高。

此外，老凤祥传承非遗工艺，发力潮流产品，陆续推出"藏宝金""凤祥喜事"主题店，前者主打以"金银细工"技艺为基础，结合现代新工艺精心制作的典藏级作品和高端精品，后者则重在打造以年轻消费群体为主的中国传统喜庆文化消费的细分品牌形象。在中国黄金消费正朝着年轻化方向加速发展的大背景下，老凤祥的这一布局将为品牌带来新的增长前景。

（二）丰富产品结构，满足多元需求

随着市场的日渐成熟，珠宝饰品的款式、风格、工艺等越发被消费者看重，也成为左右消费的重要因素。为满足不同细分市场的需求，老凤祥不断推陈出新，给消费者带来全新的产品体验。据公司历年年报，2015年之前，老凤祥形成了包括黄金、铂金、钻石、白银、白玉、翡翠、珍珠、有色宝石、珐琅、K金珠宝、眼镜、珊瑚、手表及工艺美术旅游纪念品等多样化的产品线。公司通过调整产品结构，提升非黄金产品的销售比重，增强了抗风险能力和盈利能力。自2015年起，面对行业内的产品同质化和低端价格竞争，老

---

① 张伟贤. 珠宝首饰业承压前行：加码渠道下沉 争做"黄金矿工"[EB/OL]. 证券时报网，2023-05-25.

② 马春阳. 上半年同比增长16.37%：黄金消费缘何回升向好[EB/OL]. 新华网，2023-08-07.

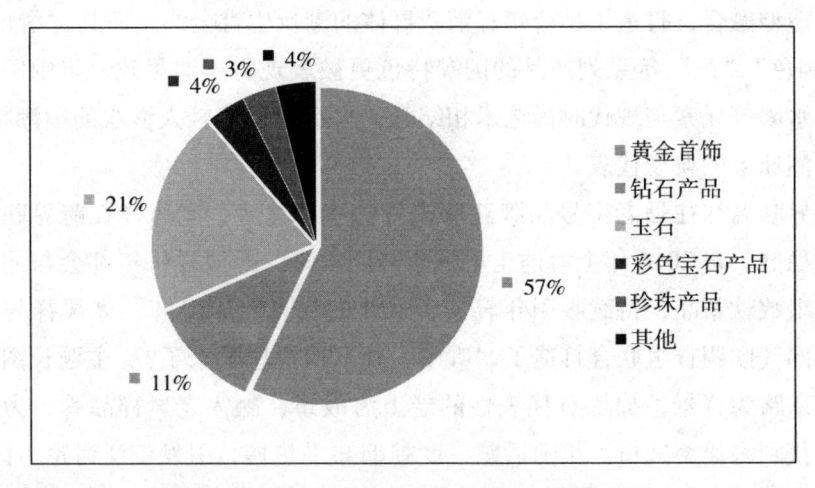

图 10.3 2022 年珠宝市场中黄金品类的占比
数据来源：中国珠宝玉石首饰行业协会，财通证券研究所

凤祥将重点转向产品创新和工艺升级，推出了 5G 金、3D 硬金、古法金、彩宝镶嵌等科技含量高、品牌辨识度高、产品附加值高的新工艺产品。此外，老凤祥还尝试开发一些新品类，如跨界制作了腕表、眼镜等产品，满足消费者日渐多元化、个性化和轻奢化的产品需求。

数据显示，2018—2022 年老凤祥新品销售额呈增长趋势，新品销售占比维持在 20%左右。[①] 在研发投入方面，2018—2022 年，老凤祥研发费用复合增长 11.37%。[②] 老凤祥 2022 年度报告也显示，2022 年，老凤祥共申请 288 项专利，产品更新率达到 26%以上，新产品销售额达 137 亿元。

（三）国潮赋能设计，跨界联名圈粉

近年来，国潮热席卷而来，各种蕴含中国传统文化的单品正在变成年轻人的新宠，"国潮"无疑成为当下撬动年轻市场的有力杠杆。因此，老凤祥用国潮为产品设计赋能，围绕"国潮、国风、国韵"推出了一系列产品。例如，为迎接兔年的到来，老凤祥特别推出国潮金饰"兔 nice"系列，将机械元素

[①] 孙海洋，尉鹏洁. 老凤祥：百年老字号珠宝龙头，国企改革释放活力 [EB/OL]. 天风证券，2023-06-15.

[②] 陈腾曦. 老凤祥研究报告：老字号再起航，改革焕发新三年 [R/OL]. 西部证券，2023-06-28.

与潮流造型融合，打造了贴合年轻消费群体的潮玩生肖金饰。而其"绣风华""青绿国色""范"等系列产品的国潮特色更被表现得淋漓尽致，将中国传统符号、水墨等元素与现代时尚艺术相结合，打造出受年轻人喜欢的国潮精品，成为国潮珠宝的典型代表。

跨界联名往往是老字号品牌获取流量的不二法宝，老凤祥在跨界联名上亦步伐稳健。自2016年上海迪士尼乐园开园以来，老凤祥每年都会与迪士尼联名推出数款新品，持续吸引年轻消费群体的目光。2020年，老凤祥与长图玩家局部气候调查组联合打造了"喔唷，什么风把您吹来了？"主题长图，以上海南京路为背景，提炼有代表性的老上海故事，融入老凤祥品牌，为品牌年轻化找到沟通突破口。长图话题一度登上知乎热榜，引发广泛讨论。同年，在"国潮韵 世界风"新国潮钟表文化主题新品发布会上，老凤祥推出为年轻女性倾力打造的"荷鲁斯之眼"产品套装，将"荷鲁斯之眼"的守护内涵融入设计当中，为产品增加情感价值。2023年，老凤祥与上海博物馆联手英国国家美术馆举办"从波提切利到梵·高"珍藏展，并与上海博物馆合作，针对相关艺术作品推出IP饰品。此外，老凤祥还与著名跨界艺术家王杨联名发布限量款艺术眼镜，圈粉年轻潮人群体。老凤祥以传统金银文化为基础，在黄金赛道持续深耕，扩大品类优势，保证稳定营收；同时，注重产品结构的多元化发展，满足更加个性化的消费场景和需求；通过跨界合作，将中国传统工艺与现代潮流相结合，不仅传承了老凤祥的优秀工艺，更向世界展示了中国珠宝品牌的多样魅力和时尚活力。

表10.1 老凤祥的跨界营销联名活动

活动	时间	详细内容
老凤祥与迪士尼中国的合作	2016年	老凤祥与迪士尼中国开展跨界合作，推出迪士尼主题系列个性化珠宝首饰，涵盖"米奇""小熊维尼""超能陆战队"以及"海底总动员"等主题，旨在为品牌注入更多年轻、活力和多元化的文化元素，吸引年轻消费者
老凤祥"荷鲁斯之眼"系列发布会	2020年	发布会以"国潮韵 世界风"为主题，发布了专为Z世代打造的成人礼系列"荷鲁斯之眼"四件套礼盒

续表

活动	时间	详细内容
发布系列破次壁联名海报	2020 年	发布"国潮韵 世界风""Z 世代的中国风""中国风就是世界风"等话题，还发起锦鲤式宠粉活动派送大福利，渗透年轻消费圈层，制造话题爆点有效提升了年轻人对品牌的好感
老凤祥联名经典 2D 游戏"冒险岛"	2021 年	推出以"冒险岛怪物"为原型的转运珠，配备手工红绳，分为钢丝硬绳和手工软绳两种，佩戴起来既时尚又可爱
老凤祥眼镜与艺术家王杨的联名限量款发布	2023 年	为庆祝老凤祥175周年华诞，与著名跨界艺术家王杨联名，发布新中式美学臻品"ai 兔：跃动之喜"
老凤祥联名泰迪出品手绳	2023 年	"龙"泰迪系列手绳包括"财"泰迪、"福"泰迪、"慧"泰迪、"旺"泰迪和"吉"泰迪
老凤祥与盲盒联名	2023 年	买 WOOW TIGER 和雅卢幼儿园系列送盲盒

资料来源：本书整理

三、加盟模式迅速拓店，立体渠道抢占市场

（一）以加盟为策略，快速铺设销售网络

据老凤祥历年年报，2005 年之前，公司主要通过自营银楼进行营销网络拓展。自营模式虽然利润率高、品牌管理效率高，但也存在资金投入大且存货周转慢的弊端，不利于渠道的快速下沉。2005 年之后，老凤祥革新营销模式，加快批发业务转型，通过加盟模式抢占优质渠道资源，快速铺设销售网络，建立起"专业代销、区域代理、品牌加盟、连锁银楼"四位一体的营销体系，进一步提升了百年老字号的市场竞争力。目前，老凤祥已经走出了一条"加盟为主，自营为辅"的渠道建设之路。2022 年，老凤祥的加盟及经销网点占比高达97%，批发营收占比94%。截至2023 年年末公司黄金珠宝核心板块拥有海内外营销网点共计达到5994 家（其中海外银楼15 家），规模位居业内第二。

（二）渠道下沉拓市场，进军海外谋新篇

近年来，老凤祥以"立足上海、覆盖全国、面向世界"为销售网络建设

方向。一方面，从一线城市拓展到三、四线城市，推出亲民产品，满足不同消费层次的需求，拓展下沉市场，取得了良好的销售业绩和市场口碑；另一方面，进军海外，在国际化品牌的道路上阔步向前，进一步巩固了其在珠宝行业的领先地位。老凤祥自2012年起，先后在中国香港、悉尼、纽约、温哥华等地开设了15家银楼门店。还在多个国际珠宝展览会上展示了其产品，提高了品牌的国际知名度。美国的法拉盛店在2022年全年实现了盈利，加拿大的列治文店自2022年10月开始盈利。此外，老凤祥还计划利用海南自由贸易港的政策优势，积极参与离岛免税市场竞争，并以此为桥梁，推进区域全面经济伙伴关系（Regional Comprehensive Economic Partnership，RCEP）市场的拓展。随着2023年海外市场的日益复苏，老凤祥海外门店销售逐渐回暖，"国潮"类精品和时尚新品受到青睐。

（三）拓展线上渠道，全方位触达目标人群

老凤祥通过建设官方网站、电商平台和自媒体账号的方式拓宽线上渠道，适应消费者多元化购物习惯，全方位触达目标人群，提高品牌曝光度。老凤祥利用微信公众号、抖音、小红书等新媒体平台发布产品信息，并尝试直播带货、电视购物等新形式，在线上扩大品牌形象宣传，吸引年轻群体的注意力。2019年，老凤祥在上海首次实行会员制度，以加强对消费者习惯和需求的了解，通过定期举办线上线下会员活动，不断增强消费者黏性和忠诚度。老凤祥2022年度报告显示，截至2022年年底，老凤祥拥有上海本地会员数已超59万人，同比增长48.5%。一系列措施帮助老凤祥搭建了立体化营销渠道，成功拓展了品牌的市场覆盖面和销售渠道，进一步推动了百年老字号品牌的持续发展和壮大。

四、传播创新赢得声誉，时尚焕新引领消费

（一）多元化广告投放全面提升品牌曝光度

老凤祥在广告投放上始终保持着多元化和全方位的策略。从媒体投放策略来看，老凤祥通过传统媒体、户外媒体和数字化媒体的综合应用，全面提升品牌曝光度。中天数据显示，2023年1月，老凤祥以5%的占比位列珠宝首饰类广告投放的TOP10，并连续两年春节排进这一榜单，是珠宝首饰类广告投放的稳定客户。老凤祥在电子屏和网络媒体上的广告投放占比为39%，通过在各大社交媒体平台、电商平台上进行精准定向，针对不同消费群体进行个性化的广告展示和推广，提高品牌在年轻一代消费者中的认知度和影响力。在火车站、地铁、机场和公交车身投放广告共占比43%。老凤祥还通过冠名京沪线、京广线及西北地区高铁品牌列车的方式实现品牌曝光，扩大品牌影响力，将品牌形象和产品信息传递给更多的潜在消费者群体。① 此外，参加国际国内珠宝展览会、高端珠宝品鉴会、工艺美术博览会等也是老凤祥提升品牌影响力的重要渠道。

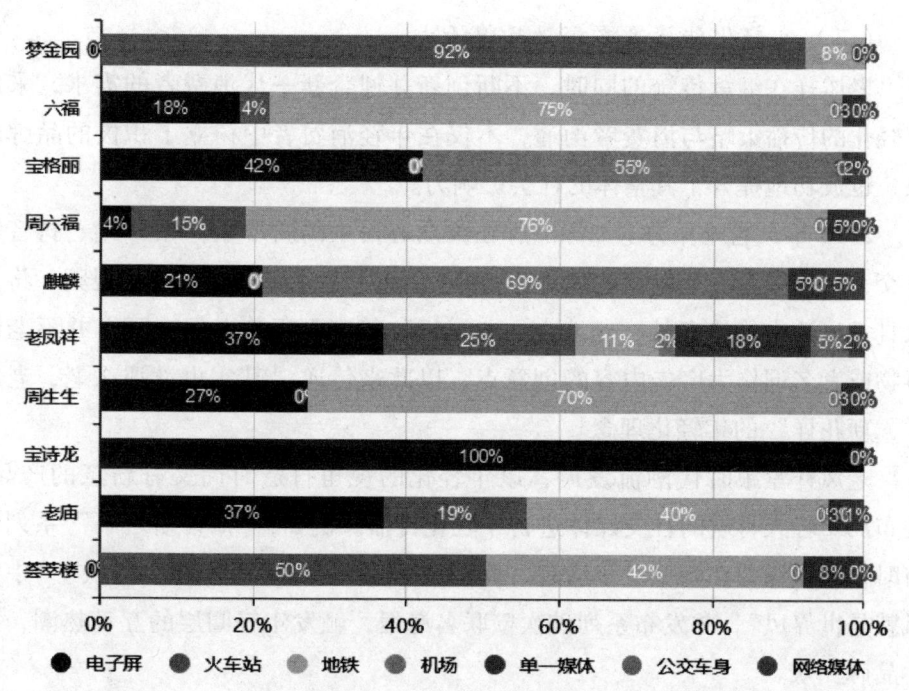

图 10.4　2023 年 1 月珠宝首饰类 TOP10 品牌媒体投放策略及占比
资料来源：CODC 户外广告研究

（二）签约新代言人彰显品牌形象新风采

2008 年，老凤祥签约著名演员赵雅芝为品牌代言人。2021 年，老凤祥签

---

① 2023 年开年，黄金珠宝品类户外广告投放活跃 [EB/OL]. "CODC 户外广告研究" 微信公众号，2023-04-07.

约国内知名艺人陈数为新形象代言人。两位代言人身上都散发着女性优雅的魅力，都贴合公司"岁月不败风华，经典历久弥新"的品牌内涵。尤其是在更换代言人之后，老凤祥联手陈数女士打造"'数'行中国"全国品牌市场推广活动，充分发挥代言人的引领作用，在上海国际珠宝首饰展览会、老凤祥"藏宝金"高端品牌首发式、"凤祥喜事"——"老凤祥喜庆主题店"首发式等重要活动中都有代言人的身影，将百年品牌与当代风范相融合，使其产品持续焕发新的活力。通过与代言人的深度绑定，老凤祥深化品牌与消费者的情感链接，向市场展示老凤祥经典时尚的品牌风采。

（三）年轻化传播策略彰显品牌活力

老凤祥在继承传统的同时，不断创新并迎合新一代消费者的需求，采用年轻化的传播策略与消费者沟通，不仅在年轻消费者中树立了积极的品牌形象，也成功地提升了其整体的社会影响力。

2020年，老凤祥为了加深品牌在大众心目中的新形象，在B站、抖音等社交平台上线了一个以"老凤祥，新花young"为主题的趣味创意视频，将大众日常生活中的"老外、老地方、老司机"等表面听着老但实际上并不老的事物或者名词作为广告内容的创意点，以此来传递"其实也没那么老，老凤祥，新花样"的年轻化理念。

老凤祥紧跟时代潮流发展，以年轻化的视角打造时尚又有新意的产品，并布局年轻人喜欢的社交媒体进行年轻化传播。例如，"荷鲁斯之眼"系列上市时，老凤祥曾在微博上线话题"国潮韵 世界风""Z世代的中国风""中国风就是世界风"，并发布系列破次壁联名海报，触发年轻圈层的互动热潮，扩大品牌受众。

此外，老凤祥以175周年华诞为契机深入挖掘"经典"与"时尚"的品牌文化内涵，通过"新品开箱""新店祝贺视频""与'数'同款"等主题活动进行线上引流，扩大品牌影响力；通过情人节、宠爱节、电视节、电影节等节日活动的宣传，拉近与消费者距离；通过"大观无相——百年老凤祥经典艺术展"，提升消费者对老凤祥品牌的认知。此外，在2023年老凤祥完成"南京西路190项目"和"和平饭店项目"旗舰店的更新改造，展示品牌年轻化新形象。

图 10.5　老凤祥微博发布的海报
图片来源：老凤祥官方微博

五、品牌出海走向国际，讲好中华文化故事

老凤祥将传统文化和现代潮流充分融合，放眼海外市场，进军国际舞台，用珠宝品牌讲述中国故事，赢得了众多国际消费者的青睐与赞誉。

（一）参与珠宝展、设计赛，赢得国际赞誉

20世纪90年代末，老凤祥的设计师黄雯受邀参加"亚洲千禧永恒金设计大赛"，作品《世纪形态》以西方建筑结构为骨架，表达了东方哲学中荣耀与责任之间的因果互动，成为大赛万众瞩目的焦点。这标志着老凤祥正式走向国际舞台。之后，老凤祥积极参与国际珠宝展会，展示其独特的金银细工技艺和精湛的工艺水平。作为拥有业内最多工艺美术大师的首饰企业，老凤祥拥有国家级工艺美术大师10人、市级工艺美术大师12人，被誉为工艺美术大师的摇篮。截至2023年，老凤祥的设计师团队已在国内、国际的专业设计中获得了300余项设计奖项，作品遍布欧美日澳，部分作品已被国内外多家博物馆作为馆藏，为品牌赢得了国际赞誉。

（二）开设海外门店，布局国际市场

进入 21 世纪后，老凤祥开始逐步布局国际市场，通过在海外重要城市设立门店的方式，迈出国际化发展的步伐。2012 年 1 月，老凤祥珠宝香港有限公司正式成立，以此为契机，老凤祥的国际化之路走上了发展的快车道。2012 年 8 月，老凤祥在海外的第一家特许专卖店——老凤祥银楼悉尼特许专卖店开业。2013 年，老凤祥珠宝美国有限公司成立。2014 年，老凤祥纽约第五大道专卖店开业。2015 年，加拿大温哥华店开业。2018 年 6 月，老凤祥银楼美国第二店——纽约法拉盛店开业。境外销售方面，老凤祥 2022 年境外销售实现营收 3.96 亿元，同比增长 2.26%。

上海老凤祥有限公司市场部总经理、老凤祥首席发言人王恩生在接受中国国家品牌网的专题采访时曾表示，希望未来"有华人的地方就有老凤祥"，对世界讲老凤祥的中国故事，把老凤祥的黄金文化传播到全球。在 Brand Finance 发布的"2023 全球高档和奢侈品牌价值 50 强"榜单中，老凤祥连续两年入选，彰显出海外机构对其在国际奢侈品行业中地位的认可。

表 10.2　老凤祥部分出海事件汇总

时间	事件
2012 年 1 月	老凤祥珠宝中国香港有限公司正式成立
2012 年 8 月	老凤祥银楼悉尼特许专卖店开业
2013 年 10 月	老凤祥珠宝美国有限公司成立
2014 年 12 月	老凤祥纽约第五大道专卖店开业
2015 年	中国香港尖沙咀店、旺角店先后开业
2015 年 9 月	老凤祥加拿大珠宝有限公司和温哥华的银楼开业
2018 年 6 月	老凤祥银楼美国第二店——纽约法拉盛店开业

资料来源：本书整理

一方面，品牌出海可以为老凤祥拓展产品销售渠道，带来更广阔的市场空间和机遇。另一方面，品牌出海也是老凤祥作为民族品牌讲好中国故事的重要方式。老凤祥通过在产品设计中融入中国传统文化符号和意象，如龙凤、莲花、瑞兽等,讲述中华文化的寓意和象征,以产品为载体,向国际消费者展示中国传统工艺和中华文化的独特魅力。目前我国国际传播话语建设的着力点大都集中在硬件建设与"术"的层面,包括信息渠道、传播手段、表达方式、中外互译等,停留在现象和故事的叙说中,缺乏深度开掘、全面梳理和系统建构,以及具有思想性与说服力的解读。[1] 而老凤祥作为"走出去"的民族品牌,其每一件产品都蕴含着对细节的执着和对品质的追求,不仅是高品质珠宝的代名词,更是中华文化和传统工艺的生动注解。

六、结语

老凤祥历史悠久的品牌基础、多元布局的产品矩阵、立体打造的渠道优势、创新引领的营销传播以及海外市场的前瞻布局都为其腾飞翱翔积蓄了能量。但未来,老凤祥依然面临宏观经济波动、市场竞争和消费趋势变化的挑战。要在波诡云谲的市场中保持优势地位,老凤祥需要在以下三方面有所突破。

第一是传统形象与年轻化需求的平衡,如何在传承品牌传统的同时,有效地将年轻化元素融入品牌传播中,是老凤祥一项具有挑战性且持续性的任务。第二是多渠道营销策略的整合,如何在传统媒体、社交媒体、电子商务平台等多个渠道上展开有针对性的品牌传播,在纷繁复杂的社交媒体环境中确保传播信息的一致性和有效性,是老凤祥面临的新挑战。尤其是随着短视频电商平台的崛起,做好加盟门店、直营门店等直播带货、短视频营销的统筹与协调,是老凤祥保持品牌形象统一的关键。第三是将品牌文化传承与时代发展相融合,如何在传承和弘扬中国传统文化同时,又能够与时代潮流相契合,在产品设计、营销传播上符合当代消费者的审美和消费需求,是一个需要持续探索的领域。

老凤祥"十四五"规划目标是成为"千亿企业",要实现这一目标,老凤祥还需要继续深化改革,开足马力,砥砺前行。未来,老凤祥历经千锤百炼后应该精雕细琢,不断推陈出新,积极拥抱数字化时代,加强国际交流合

---

[1] 程曼丽. 新时代中国国际传播话语建设思考 [J]. 国际传播, 2018 (2): 1-7.

作，打造世界级顶尖品牌，以更高的姿态走向国际舞台，向世界展示中国民族品牌的独特魅力，真正实现"有华人的地方就有老凤祥，有消费者的地方就有老凤祥"。

第十一章

从百年老字号到百年潮牌：内联升的品牌转型与创新[①]

摘　要　在当前的市场和社会环境下，许多中华老字号经营不善，品牌老化问题严重。同时国家层面对振兴老字号给予充分重视，新环境也催生了新的发展模式和契机。近年来中华老字号内联升致力于品牌转型，成为老字号品牌创新的典型案例。研究发现，内联升在品牌定位上强调时尚，瞄准年轻人市场；积极调整产品结构，融入品类创新和潮流设计；加入电商直播赛道，整合公域私域、线上线下流量资源；布局社交媒体，跨界合作打造国潮。系列举措使得老品牌获得了新生机，为其他老字号品牌转型提供了有益的借鉴。

关键词　品牌老化；品牌转型；中华老字号；内联升

一、引言

中华老字号在历史发展中凝练了丰富的社会价值、市场价值和文化价值[②]，但日新月异的消费环境伴随行业、技术等的革新，为老字号品牌带来严峻挑战，部分老字号未能响应时代做出调整，逐渐与主流市场脱节，使得品牌老化问题凸显。品牌老化问题的实质就是品牌资产的流失或贬值，品牌老化是品牌长期管理中亟须解决的问题。[③] 2006 年商务部就开始实施"振兴老

[①] 本章由黄菁菁、张驰执笔完成。
[②] 王成荣，王玉军. 老字号品牌价值评价模型 [J]. 管理评论，2014，26 (6)：98-106.
[③] KELLER K. Managing Brands for the Long Run: Brand Reinforcement and Revitalization Strategies [J]. California Management Review, 1999, 41 (3): 102-124.

字号工程",开启了我国老字号品牌复兴元年。2017年,商务部等16部门又印发了《关于促进老字号改革创新发展的指导意见》,提出要加快老字号品牌的改革创新发展,拓展老字号品牌价值。国家"十四五"规划首次提出要"保护发展中华老字号"。由此可见,老字号品牌建设引起了国家和中央层面的关注,老字号的发展迎来重大机遇。

目前学界主要围绕老字号品牌老化的原因及振兴策略进行研究。钱明辉等从宏观层面的战略规划、评价标准、消费者教育和品牌创新提出百年品牌的发展问题[1],郭雯琦从微观的产品设计、品牌定位和品牌传播三方面总结了老字号老化原因[2]。策略方面,学者们分别从品牌传播[3]、品牌延伸[4]、产品创新[5]等角度提出针对性建议。总的来说,在品牌长期管理中,品牌活化是解决品牌老化问题的更优解。[6] 老字号品牌活化研究主要聚焦于创新还是传承的品牌管理悖论。何佳讯等从认知心理学和社会心理学两个角度来梳理西方品牌活化原理[7]。认知心理视角关注品牌意识和品牌形象两方面,强调置入新的元素,偏向创新;而社会心理视角则关注新老品牌资产,强调挖掘老的元素,主要是复古策略,是一种传承。在之后的研究中他提出应该把两种视角有效地结合起来,既要不断更新产品和服务,同时引入能够引发消费者怀旧情绪的因素,但也表示在总体上创新是老字号发展的普遍之道。[8] 有学者曾提出三层结构的金字塔模型,认为金字塔顶端的品牌核心价值与灵魂是不应该变化

---

[1] 钱明辉,邓睿濛,马瑞乙. 我国百年品牌发展特征与优化对策研究[J]. 品牌研究,2017(2):46-52,73.
[2] 郭雯琦. 老字号品牌激活战略研究[J]. 人民论坛·学术前沿,2018(9):122-126.
[3] 王宁. 新媒体时代下老字号品牌传播策略探讨[J]. 商业经济研究,2021(12):66-69.
[4] 陶骏,李善文. "中华老字号"品牌复兴:品牌延伸及反馈[J]. 经济管理,2012,34(2):97-106.
[5] 付二晴. 基于产品创新视角的老化品牌激活研究[J]. 商业经济研究,2017(8):33-35.
[6] 卢泰宏,高辉. 品牌老化与品牌激活研究述评[J]. 外国经济与管理,2007(2):17-23.
[7] 何佳讯,李耀. 品牌活化原理与决策方法探窥:兼谈我国老字号品牌的振兴[J]. 北京工商大学学报(社会科学版),2006(6):50-55.
[8] 何佳讯,秦翕嫣,杨清云,等. 创新还是怀旧?长期品牌管理"悖论"与老品牌市场细分取向:一项来自中国三城市的实证研究[J]. 管理世界,2007(11):96-107,149.

的；金字塔中层的品牌调性、准则和风格是不能随意变动的；而金字塔底层的产品、（传播）主题和细分市场是应该变化的。应该从产品/服务、目标市场和沟通三方面进行品牌创新。① 但正如老字号品牌发展并不只是简单的传统与现代的二元对立关系，还包括"并存""联结"等多元关系②，创新与传承也并不能被简单地一刀切。马赛等基于悖论管理视角研究得出文化关联性是老字号选择传承还是创新的重要依据③，徐伟等基于品牌双元性理论进一步探讨解决传承和创新悖论的机制④。

既有研究更加强调理论层面的探讨，本章则选取内联升作为案例研究对象分析其品牌转型策略。创办于清朝的内联升，其"千层底布鞋制作技艺"于2008年被列入国家级非物质文化遗产名录，承载着中华优秀传统文化。百年来内联升跟随国家经济和社会浪潮经历起伏，确定时尚化转型战略以后实现了市场突围，目前仍在尝试多种形式应对品牌老化。内联升在品牌定位、产品结构、营销模式和品牌传播上的转型可以为老字号复兴提供借鉴和参考。

二、品牌定位：从百年品牌到百年潮牌，做年轻人的第二双鞋

品牌定位是要向目标市场提供差异化利益，是一种沟通战略工具，只有这样，才能在消费者心目中占据独特的、有价值的位置，在市场中赢得先机。⑤ 当品牌原有主要市场出现问题，则需要对品牌进行重新定位。在重新定位过程中，既要保留容易转换的顾客，又要找回流失的顾客，同时要识别新的细分市场，吸引新顾客。⑥ 在进行品牌重新定位时，要确保新定位与现有品

---

① LEHU J M. Back to Life! Why Brands Grow Old and Sometimes Die and What Managers then Do: An Exploratory Qualitative Research Put into the French Context [J]. Journal of Marketing Communications, 2004, 10 (2): 133-152.
② 张继焦. 新功能主义：文化遗产在城市复兴中的新价值 [J]. 青海民族研究, 2018, 29 (4): 61-66.
③ 马赛，李晨溪. 基于悖论管理视角的老字号企业数字化转型研究：以张弓酒业为例 [J]. 中国软科学, 2020 (4): 184-192.
④ 徐伟，汤筱晓，王新新. 传承还是创新？老字号品牌双元性实现路径研究：一项模糊集的定性比较分析 [J]. 经济管理, 2020, 42 (8): 85-104.
⑤ 郭欣. 中华老字号的品牌复兴策略探析 [J]. 企业经济, 2009 (9): 58-60.
⑥ 何佳讯，李耀. 品牌活化原理与决策方法探窥：兼谈我国老字号品牌的振兴 [J]. 北京工商大学学报（社会科学版）, 2006 (6): 50-55.

牌联想的一致性，以避免现有品牌联想抑制品牌重新定位的效果或者对某些潜在市场的忽略。内联升延续了"潮"的基因，将目光置于时尚年轻群体，品牌呈现新形象和新意识。

（一）从朝靴到潮鞋，内联升的时尚化转身

改变或扩大目标市场，是应对原有目标市场萎缩这一品牌老化症状的有效方法。[1] 在创办之初，服务坐轿人是内联升的市场定位，创始人赵廷利用人脉关系，为皇亲国戚、达官贵人制作朝靴。"脚踩内联升"成为当时身份与地位的象征。新中国成立后，内联升把官靴的制作技艺延伸到普通的手工布鞋中，从专为达官贵人制靴转变为面向社会大众服务。然而，2008年开始鞋业零售进入低迷期，受电商冲击，消费者的消费习惯已经发生变化，伴随着世界范围内的金融危机从各个领域传到国内，鞋业市场出现疲态。2010年，内联升的销售额到达了瓶颈期，转型创新势在必行。

2013年是内联升从衰退期向转型期过渡的关键一年。在品牌创立160周年之际，内联升在北京西单大悦城、三里屯太古里首次举行快闪活动，并确立了以"时尚化转型"为核心的未来20年中长期发展战略。从这次活动开始，内联升做了许多时尚转型尝试。一是与设计团队合作，包括中央美院、北京工业大学、北京服装学院；二是与很多时尚的年轻设计师合作；三是与一些时尚潮牌合作。2018年8月，在创牌165周年之际，内联升在北京三里屯这个"潮流地标"再次开展快闪活动，提出"新零售、新匠人、新设计"的全新品牌主张，标志着内联升时尚化转型战略的升级。2023年，在建店170周年之际，内联升利用总店三层500平方米空间进行全面升级改造，打造国内首家集交流展览、非遗传承、数字交互、文化体验功能于一体的"北京布鞋文化博物馆"。博物馆旨在通过设立免费对社会开放的专业级博物馆，提升中国布鞋文化在公众中的认知度和影响力。同时也为广大青少年了解非遗文化、认知中国传统服饰发展历程提供一个重要的课外教学实践基地，彰显社会责任担当。

在某种程度上而言，内联升做潮鞋不是转型，而是对品牌建立之初的定

---

[1] 何佳讯，秦翕嫣，杨清云，等. 创新还是怀旧？长期品牌管理"悖论"与老品牌市场细分取向：一项来自中国三城市的实证研究 [J]. 管理世界，2007（11）：96-107，149.

<<< 第十一章 从百年老字号到百年潮牌：内联升的品牌转型与创新

位的一种溯源和回归。内联升的真正底色是"潮"，在晚清的时候就引领了当时潮流的生活方式，在 21 世纪，也可以通过引领时尚让人们重新认识品牌，颠覆人们对内联升的固有认知和印象。

（二）开辟副线"大内联升"，品牌延伸面向年轻人

扩大目标市场还能通过开发子品牌或老品牌延伸至新产品的做法加以实现。老化的品牌从另一个角度而言也是成熟的品牌，这类品牌已积累了相当的品牌资产，品牌延伸过程中母品牌的品牌资产价值会向延伸品转移[1]，由此将原品牌的价值迁移至新的市场。

在内联升时尚转型中，公众对于品牌的固有观念是一大障碍。于是在 2018 年 8 月的时候，内联升尝试做品牌细分，开创一个以"95 后"为目标人群的副线品牌——大内联升，除了在设计上一如既往地尝试跟更多优秀的设计师合作，这个副线品牌最突出的地方就是被定义成一个"生活态度品牌"，注重对符合"95 后"态度的精神和文化理念的宣扬。该品牌定位于对中华文化感兴趣的时尚人群，开发鞋子、T 恤、卫衣、扁帽、袜子等基于生活态度的产品。近年来，运动鞋的市场规模越来越大，皮鞋等市场增速缓慢甚至下滑。因此内联升将竞争对象定位为阿迪达斯、耐克、李宁等运动品牌。它们和内联升的目标消费群体一致，都希望获得 16~35 岁之间的年轻消费者。内联升将自身定位为年轻人除了运动鞋之外的第二双鞋，以此探索更多的市场可能性。在定位上寻求差异化的同时规避直接竞争。实际上，内联升的消费主力军已经转向个性意识更为强烈的 90 后人群，年轻人也代表着市场的未来。

除此之外，内联升打造了一个主营咖啡的新消费品牌"大内·宫保"，首家店于 2022 年 8 月正式开业，位于内联升大栅栏总店二层，由此品牌延伸至餐饮赛道。与其他商务咖啡不同，"大内·宫保"咖啡店主打文化特色，产品内核是品牌文化的创新延展。在期待该业务盈利之余，内联升希望能够联动老北京布鞋零售部分增长，利用年轻人的生活方式为实体零售引流，实现

---

[1] 薛可，余明阳. 品牌延伸：资产价值转移与理论模型创建 [J]. 南开管理评论，2003 (3)：54-60.

"到店"的目的。但需要注意的是,品牌延伸会降低消费者对老字号品牌的忠诚度①,跨品类延伸更会对消费者的态度产生负面影响②。有研究指出文化契合度能够正向影响消费者品牌忠诚,品牌延伸的相似性对品牌延伸起正向作用,由此,老字号在进行延伸时,应着重考虑延伸品和原品牌的文化契合度和相似性。内联升的咖啡跨界值得赞许但也要注意隐藏的风险。

三、产品结构:扩充产品矩阵,融入潮流设计

产品结构老化、包装过时等问题会给消费者带来相应的老旧形象,导致在与新品牌竞争时极易被替代。产品是品牌的核心,是企业从事业务经营的根本所在。③ 产品创新是企业保持品牌长青的重要手段,主要是指更新、延伸或扩充所提供的服务。创新有时不必是颠覆性的,通过增添新元素有时同样能实现变革。根据消费者感知的产品创新类别,产品创新包括功能创新、形式创新和服务创新。④ 内联升针对产品的革新主要体现在结构、设计和迭代上。

从历史演变中看,内联升的产品结构并非保持不变。1911年,辛亥革命后,封建帝制全面瓦解,朝靴失去了市场基础。缎子鞋和礼服呢鞋受到新一代"坐轿人"的热爱,内联升采用千层底制作工艺,鞋底、鞋里、鞋面均采用质量上乘的新料、好料,制作的小圆口千层底鞋深受文艺界以及知识人士的喜爱。新中国成立后,内联升打破专营男靴鞋的格局,增添女鞋(绣花鞋等)、解放鞋等。新中国成立后,内联升完成了从私有企业到国有企业的转变,并建立了自己的生产车间。1976年,改革开放之后,布鞋淡出人们的视线。内联升开始增设皮鞋,演变成以皮鞋养布鞋的销售思路,目的是不断保

---

① 许衍凤,范秀成,朱千林. 基于文化契合度的老字号品牌延伸对品牌忠诚的影响研究[J]. 北京工商大学学报(社会科学版),2018,33(2):62-72.
② 柯佳宁,王良燕. 跨品类延伸对老字号品牌和新兴品牌的影响差异研究[J]. 南开管理评论,2021,24(2):4-14.
③ 蒋廉雄,冯睿,朱辉煌,等. 利用产品塑造品牌:品牌的产品意义及其理论发展[J]. 管理世界,2012(5):88-108,188.
④ 付二晴. 基于产品创新视角的老化品牌激活研究[J]. 商业经济研究,2017(8):33-35.

护发展自己的传统千层底产品。2000年年初，进行了国企改制之后的内联升终于明确了自己的经营方向——回归到以手工布鞋为主打产品的经营模式上来。如今的内联升，产品矩阵涵盖了从男鞋到女鞋、从童鞋到老年鞋的各个阶段，在继承传统工艺的基础上，企业花色品种达3000余种。

首先，跟随潮流的创新设计。过去，内联升的布鞋基本上以黑色基础款为主，没有太多颜色的变化，女鞋鞋面上的绣花较为单一、零散，不成系列，购买者几乎是怀旧的中老年人，产品设计成为内联升的短板。但内联升一直有着求变的志向。2008年奥运会期间，内联升与奥组委达成合作，为颁奖礼仪小姐提供布鞋。但没有后跟的传统布鞋起不到增高的视觉效果，这成了考验设计师的难题。经过半个月的集思广益和反复实验，内联升研发出新款布鞋，采用了颜色亮丽的真丝缎面，鞋跟分为分体跟、坡跟和平跟三种类型，每双鞋的重量不超过200克。确立时尚化转型战略以后，内联升从过去单一的款式中积极寻求创新，在产品设计中尝试将一些时尚流行的颜色、布料以及制作工艺糅合进传统的布鞋制作中，还与众多热门IP影视、迪士尼、愤怒的小鸟以及时尚秀场等跨界合作，在鞋面图案、花色、样式上"减龄"，添加个性化、国际时尚潮流因素。

其次，稳步推进的更新迭代。面对鞋服行业的疲软，内联升有自己的应对节奏。几年前有专业媒体披露了一些令人警醒的数字，从这些数字能够看出鞋服行业库存过高。虽然内联升产品相对于其他一般品牌的产品，生命周期会更长一些，但是产品生命周期的整体趋势是在缩短的。意识到问题的严重性，内联升开始调整生产、研发、设计，力求产品迭代的速度更快，通过产品迭代提升其舒适度，拉近产品与顾客需求之间的距离。这种产品革新并不是盲目激进的，如内联升有很多经典款式在今天看来确实有很多地方不符合消费者需求，但是它毕竟经过市场考验，所以不会直接重新做设计开发，而是会结合消费者的反馈意见，不断观察消费市场的需求，然后再促进产品的改良。对经典款式的保留是一种传承策略，怀旧加强了消费者与品牌之间的情感连接，如果决策者选择走怀旧路线，那么加强并有效传递产品的某些固有特征，将能激起消费者对原有品牌的怀旧情感。

千层底布鞋构成了内联升的品牌精髓，而品牌精髓又是品牌独特性的主要构成要素。管理者既可以通过宣传原来的品牌精髓，也可以通过创造新的品牌精髓来活化品牌。内联升在保留原有品牌精髓的同时，融入了新的时尚元素，是一种更常用和有效的产品革新手段。

四、营销模式：推进私域+公域齐发力

老顾客购买力低，新受众对原本销售渠道接触不多，因此品牌定位和产品结构的调整在具体实施中都要求更新分销渠道。电商平台作为零售业态变革的主要力量，其流量运营已经从"增量期"向"存量期"转变，需要精细化运营，以往的营销手段无法适用。"私域流量"因其获客成本更低、流量可控性更强、转化率更高，必然成为下一个流量开发的"风口"。① 但这并不意味着公域流量将被取代，根本来说私域流量来源于公域，应使两者相辅相成，公域解决营销的广度问题，私域则解决深度问题。

（一）"电商+直播"打通线上线下流量壁垒

在传统零售模式下，销售渠道之间存在壁垒，商品流通效率相对较低，衍生出获客成本高、沉淀效果差及产品变现难等发展困境，对此应实现线上线下资源的共享，发展电商直播是传统零售转型升级的重要模式。②

2021年"6·18"期间，天猫上老字号整体成交突破10亿元，京东平台300多个老字号销量翻番；美团推出"老字号嘉年华——迎春献礼"活动，中华老字号品牌交易额比2020年同期增长127.7%。2022年"6·18"期间，老字号产品在京东的成交额同比增长94%，其中95后年轻人群成交额同比增长达141%。截至2023年8月，京东平台上有18家老字号品牌销售过亿元，60余家突破千万元。③ 老字号通过电商模式正在找回生机，内联升也早就开始寻求不同渠道的突破和创新。2011年，内联升专门成立了网络营销部门。同年，内联升在官方网站建立的自营电商品牌——尚履商城正式上线运营，

---

① 成栋，王振山，孙永波. 直播带货的本质：是颠覆式创新还是对传统电商模式的扩展[J]. 商业经济研究，2021（5）：86-89.
② 耿旭蓉，郝志瑞. 零售数字化转型视域下电商直播营销体系架构[J]. 商业经济研究，2021（13）：79-82.
③ 谢希瑶，魏弘毅，吉宁，等. 中华老字号上"新"，新在何处？[EB/OL]. 中国网，2024-02-06.

这是国内首个布鞋类 B2C 网购平台。开通当年的营业收入就已经超过 300 万元，这在内联升当年 8400 万元左右的销售总额中，已经占据了相当大的比例。随后，内联升先后入驻天猫、京东等第三方电商平台。2018 年，内联升微信小程序上线，可以连接到内联升的网上商城。目前，电商渠道占内联升总销售额的三分之二，其中天猫销售额占总销售额的 50%。新冠疫情期间，内联升受到严重冲击，开始探索直播带货模式。2020 年 2 月底开始了第一次直播尝试，带来了 3000 元成交额，相当于淡季实体门店半天的营业额。2021 年东四店抖音直播单场销售 23000 元，差不多是实体店 4 天日均销售额的总和。① 近两年来，完成各类直播超过 2000 场次，直播销售已经占到分店营收 30%以上。② 直播不仅可以为门店引流，还可以通过演示传统布鞋的制作流程、互动等形式增强用户黏性，构建起社群营销逻辑。中国社会科学院舆情实验室等发布的《2021 非遗电商发展报告》指出，"非遗+电商"模式直接拉近了非遗产品与消费者之间的距离，带来了更大的经济价值空间，能够进一步激发非遗传承积极性。③

线上电商的发展和线下渠道的品牌曝光给了内联升更大的发展空间，且有互相导流的趋势。"电商+直播"打破了线上线下的壁垒，让消费者的体验变得更加全面，既增加了顾客对品牌的认知，也让品牌建立起了自己的私域流量池。

（二）延续客户关系管理，以服务和体验连接用户

在顾客价值方面，老字号企业应关注顾客的显性需求，重视世代传承的产品或服务的经营和优化。过去，内联升会将来店做鞋的文武百官的靴鞋尺寸、式样等逐一记录在册，如再次买鞋，只需派人告知，便可根据资料迅速做好。这就是《履中备载》，是中国最早的"客户关系管理档案"，还被编入北大光华管理学院 MBA 课程案例库。

2009 年，内联升 ERP 系统正式上线，规范了业务管理流程，大幅提高了

---

① 李静. 老字号解锁"国潮"新玩法 [EB/OL]. 新华网，2021-05-23.
② 中华老字号守正创新十大案例（1）：从朝靴到潮鞋 老字号探索新发展 [EB/OL]. 商务部网，2023-01-07.
③ 蔡东海. 国内首份非遗电商发展报告：非遗在历史中传下来，因市场而活下来 [EB/OL]. 中国日报中文网，2021-09-27.

工作效率和信息化管理水平。此外，借助 ERP 系统建设的契机，内联升对顾客数据实现了高效管理，并为续写现代版《履中备载》提供了有力的技术支持。2010 年，内联升 CRM 系统正式上线，包括会员管理、高端定制等配套业务和设施相继推出。内联升的官网和线下会员系统是打通的，顾客只要在内联升定制鞋，就可以直接成为 VIP 会员，其相关信息也会被记录在现代版《履中备载》中，再次购买时，就无需提供自己的鞋码。① 现代版的《履中备载》延续了内联升较早的客户关系管理意识，成为内联升的隐形财富，不仅能够带来稳定的业绩，更是一种口碑和顾客关系积累，品牌流量池得以进一步扩大。

五、品牌传播：整合渠道+创新形式为品牌造势

品牌需要将转型理念和新讯息及时向消费者传递。当品牌在人们心中形成陈旧、衰老的形象后，需要用更集中有力的传播攻势打破旧印象、树立新形象。针对性的解决方式包括强化和改变。② 强化是指提高品牌的提及率或更新品牌提及方式，其中提高品牌提及率更为重要，因为它可以保持持续的品牌回忆；改变是指使用新的代言人或增加新的传播方式。内联升顺应平台趋势和国潮热点在传播范围和形式上做出系列革新。

（一）拥抱新兴社交媒体，全渠道传播扩大声量

一方面，内联升参与录制《创意中国》和央视纪录片《中华老字号》等节目，借助传统媒体的传播力讲述品牌故事，扩大内联升品牌影响力。另一方面，内联升专注投放户外和网络平台，且不断加大投入；积极拥抱新兴社交媒体，通过社交类媒体打造的虚拟社区，为品牌传播提供了更广阔的空间。

内联升较早开通了微博和微信，随着用户流量的转移，又紧接着入驻了抖音和小红书平台。微博是内联升与消费者建立社交关系的主要渠道，粉丝数和更新频率最高。品牌通过转发 KOL、KOC 或是消费者的微博并配以俏皮活跃的评论文案拉近与用户之间的心理距离。微信公众号主要分为品牌中心、

---

① 张劲文. 内联升：老字号的传承与创新［EB/OL］. 人民画报网，2017-09-08.
② 卢泰宏，高辉. 品牌老化与品牌激活研究述评［J］. 外国经济与管理，2007（2）：17-23.

商城服务、订单/积分三个板块,既起到传播品牌文化与故事的作用,也是促销售、运营私域流量的渠道。抖音和小红书是当下年轻人热衷的社交平台,内联升的入驻为品牌带来了新的流量入口和展示平台。

2018年,为吸引年轻人走近老字号、了解老字号,内联升将一个鞋盒造型的快闪店开进三里屯太古里,这次为期短短10天的活动,日接待量达到2万人次,最高峰时一分钟进店70人次。内联升对此次快闪活动采取全媒体组合传播的方式,共有29家媒体参与报道,既有传统综合性新闻媒体、广播电视媒体,也有新兴自媒体等。其中时尚媒体"瓷器China"公众号推送的文章一经发布,阅读量迅速破万。此次活动整合了多形式、多方位的传播渠道,引起较大声量。

(二)借力知名IP,大胆跨界造国潮

IP衍生品借力方可以通过IP衍生品品牌联合,享受IP带来的流量,扩大品牌规模,提升销量,亦能帮助品牌获得良好的口碑,巩固品牌形象。报告显示,国潮在过去10年关注度上升528%,2021年国货品牌关注度达到洋货品牌的3倍。[①] 国潮兴起于消费多元化和文化自信的背景下,将IP衍生品打造成国潮,将有机会代表一种生活理念和成为文化象征。内联升的跨界IP合作主要走两条路线:一是跟国外的卡通、IP合作,相对来说更时尚潮流,同时还有很多已经形成的忠实消费者,这类成熟的IP更容易产品化;二是中国风路线,挖掘中国的传统经典元素,更符合内联升的品牌基调。

内联升的IP合作经历了首次开启品牌联合、进军影视业和进军时尚业三个阶段。[②] 内联升与众多品牌的合作起始于迪士尼。2016年,内联升借势上海迪士尼乐园开园,设计了迪士尼系列的内联升布鞋,西方的米奇、米妮登上了东方布鞋的"鞋面"。几乎在同时,在阿里市场部的牵线下,内联升与故宫淘宝开展合作推出探花主题布鞋。随后2016年电影《大鱼海棠》上映时,内联升推出了同名系列布鞋,浓郁的中国风设计使其很快成为"网红",在短

---

① 钟经文. 百度搜索大数据:国潮进入3.0时代,科技创新、文化驱动最硬核[EB/OL]. 中国日报中文网,2021-05-10.
② 李杨,刘莹莹,丁玲,等. 消费升级下知识产权衍生品牌联合动态管理模型的双案例研究[J]. 管理学报,2020,17(8):1137-1138.

短的两周时间内卖了7600多双鞋,销售超过了40万元,衍生品位于淘宝排行榜第一而且霸榜两周。2018年,销量最突出的就是与清宫戏《如懿传》的定制合作,互相借助彼此的品牌效应,进一步放大传播效果。在2015年之前,内联升的消费者主要集中在40岁以上年龄稍长的回头客中。在经过IP主题合作之后,更多的"90后""95后"年轻消费者成为内联升的客户。2021年内联升更加偏重自主品牌打造,主推大内联升潮流副线产品。此外,内联升积极尝试出海,与日本三井物产一起推出了合作款,并借助合作款让内联升布鞋走出国门,合作款千层底正在日本21家门店进行限量销售。

表11.1 内联升的跨界营销

年份	对象/载体	内容
2016	迪士尼	迪士尼系列时尚布鞋
2016	故宫淘宝	探花主题布鞋
2016	大鱼海棠	大鱼海棠系列休闲鞋
2017	愤怒的小鸟	Angry Bird系列休闲鞋
2017	长草青团子	长草青团子系列休闲鞋
2017	九州海上牧云记	九州海上牧云记系列布鞋
2018	如懿传	花之呓语时尚布鞋
2018	养家之人	养家之人系列时尚布鞋
2018	国家宝藏	国家宝藏系列时尚布鞋
2018	大唐无双	大唐无双系列时尚布鞋
2019	王者荣耀	王者荣耀系列手工布鞋
2021	BAPE	联名款千层底布鞋
2021	Happy Socks	线上合作营销
2022	崇明土布	"沙洲"手工千层底
2023	世界武当太极大会	联名款功夫之履、养生之履等系列健康产品
2023	《山海经》,独立设计师00	大内山海系列
2024	汉仪字库	博物汉字之乾隆手书"官补系列"

资料来源:本书整理

近年来，越来越多的传统老字号，正在顺应时代的发展，通过跨界 IP 合作对接年轻消费群体，寻找新的品牌发展道路。例如，大白兔与气味图书馆合作推出大白兔味香水、携手美加净推出大白兔味润唇膏；云南白药将热播影视《捉妖记》的人物形象融入品牌广告中。无论是 IP 衍生品的授权方还是借力方，跨界合作热潮都体现出老字号的传播创新动力。

六、结语

基于以上分析可以发现，内联升的品牌转型以创新为主，但在创新中不忘本来，重视传承。内联升在品牌定位上强调时尚转型，面向年轻人，一定程度上也是对潮流基因的延续；在产品结构上创新品类和设计，但保留了最经典的款式和技艺；在销售渠道上开拓电商和直播形式，推进线上线下资源流通，延续《履中备载》管理公私域流量；传播上突破形式，大胆跨界，但仍然保留了品牌精髓。内联升的转型取得成效，品牌焕发新气象，获得新形象，对于推动中华老字号振兴提供了有益借鉴。

参考文献

一、中文文献

(一) 专著类

[1] 程曼丽. 国际传播学教程 [M]. 北京：北京大学出版社，2006.

[2] 阿克. 管理品牌资产 [M]. 吴进操，常小虹，译. 北京：机械工业出版社，2012.

[3] 霍尔特，卡梅隆. 文化战略：以创新的意识形态构建独特的文化品牌 [M]. 汪凯，译. 北京：商务印书馆，2013.

[4] 科特勒. 市场营销管理 [M]. 郭国庆，成栋，王晓东，等译. 北京：中国人民大学出版社，1997.

[5] 凯勒. 战略品牌管理 [M]. 卢泰宏，吴水龙，译. 3 版. 北京：中国人民大学出版社，2009.

[6] 黄桂花. 为什么是茅台：关于"国酒文化"与"茅台精神"的 20 个关键解读 [M]. 贵阳：贵州人民出版社，2017.

[7] 黄升民，赵新利，张驰. 中国品牌四十年：1979—2019 [M]. 北京：社会科学文献出版社，2019.

[8] 鹤路易. 中国招幌：西方学者解读中国商业文化 [M]. 王仁芳，译. 上海：上海科学技术文献出版社，2009.

[9] 何佳讯. 长期品牌管理 [M]. 上海：格致出版社，2016.

[10] 何佳讯. 品牌的逻辑 [M]. 北京：机械工业出版社，2017.

[11] 金志国，巩升起. 一杯沧海 品读青岛啤酒博物馆 [M]. 济南：山

东友谊出版社，2008.

［12］孔清溪．自信与彷徨：老字号品牌文化传承研究［M］．北京：中国市场出版社，2020.

［13］卢泰宏．品牌思想简史［M］．北京：机械工业出版社，2020.

［14］罗仕湘，姚辉．百年茅台［M］．北京：中国文史出版社，2015.

［15］所罗门．消费者行为学［M］．卢泰宏，杨晓燕，译．北京：中国人民大学出版社，2009.

［16］青岛啤酒厂．青岛啤酒厂志［M］．青岛：青岛出版社，1993.

［17］卡普费雷尔．战略品牌管理［M］．何佳讯，等译．5版．北京：中国人民大学出版社，2020.

［18］王成荣．老字号品牌文化［M］．北京：高等教育出版社，2018.

［19］许涤新，吴承明．中国资本主义发展史：第1卷：中国资本主义的萌芽［M］．北京：人民出版社，2003.

［20］余明阳，戴世富．品牌文化［M］．武汉：武汉大学出版社，2008.

［21］张景云，等．北京老字号品牌营销创新案例研究［M］．北京：经济管理出版社，2021.

［22］张继焦，刘卫华．老字号绿皮书：老字号企业案例及发展报告No.5：2017—2018［M］．北京：中国市场出版社，2018.

［23］张驰．理解中国品牌［M］．北京：光明日报出版社，2022.

［24］左旭初．中国老字号与早期世博会［M］．上海：上海锦绣文章出版社，2009.

（二）期刊论文类

［1］敖成兵．Z世代消费理念的多元特质、现实成因及亚文化意义［J］．中国青年研究，2021（6）．

［2］丛珩．北京老字号企业自媒体品牌传播现状及问题解析：以新浪微博为例［J］．新闻界，2015（10）．

［3］陈丽芬，果然．中华老字号发展现状、问题与对策［J］．时代经贸，2018（19）．

［4］成栋，王振山，孙永波．直播带货的本质：是颠覆式创新还是对传

统电商模式的扩展[J].商业经济研究,2021(5).

[5] 程曼丽.中国国际传播能力建设的当务之急[J].新闻与传播评论,2021,74(5).

[6] 戴鑫,胡尹仪,刘莉.中国500强企业如何在互联网上做国际传播:基于网站设计与文化适应的视角研究[J].新闻与传播研究,2019,26(4).

[7] 丁雄军.搭建审美桥梁:国际化背景下的中国品牌传播研究:以茅台美学体系营造与传播为例[J].传媒,2023(20).

[8] 黄升民,张驰.新中国七十年品牌路:回望与前瞻[J].现代传播(中国传媒大学学报),2019,41(11).

[9] 韩德勋,赵士林.后疫情时代"国际传播"与"全球传播"之辩再思考[J].全球传媒学刊,2021,8(4).

[10] 何佳讯,秦翕嫣,杨清云,等.创新还是怀旧?长期品牌管理"悖论"与老品牌市场细分取向:一项来自中国三城市的实证研究[J].管理世界,2007(11).

[11] 何佳讯.中国品牌全球化:融合"中国元素"的品牌战略:"李宁"案例研究[J].华东师范大学学报(哲学社会科学版),2013,45(4).

[12] 何佳讯,吴漪,谢润琦.中国元素是否有效:全球品牌全球本土化战略的消费者态度研究:基于刻板印象一致性视角[J].华东师范大学学报(哲学社会科学版),2014,46(5).

[13] 傅慧芬,孟繁怡,赖元薇.中国品牌实施外国消费者文化定位战略的成功机理研究[J].国际商务(对外经济贸易大学学报),2015(4).

[14] 付二晴.基于产品创新视角的老化品牌激活研究[J].商业经济研究,2017(8).

[15] 公克迪,涂光晋.品牌跨文化传播理论的演进:基于文化心理距离的视角[J].当代传播,2017(5).

[16] 郭雯琦.老字号品牌激活战略研究[J].人民论坛·学术前沿,2018(9).

[17] 胡锋,王宗水,赵红.广告显性记忆、好感度以及顾客行为意向:基于跨国数据的实证[J].管理工程学报,2019,33(3).

[18] 胡左浩，洪瑞阳，朱俊辛．中国领先企业的品牌国际化营销之道：以消费电子行业为例［J］．清华管理评论，2021（3）．

[19] 贾垚焱，胡静，刘大均，等．中华老字号空间分布格局及影响因素研究［J］．干旱区资源与环境，2020，34（3）．

[20] 季为民．中国企业国际传播形象建构的现状及路径［J］．人民论坛，2021（18）．

[21] 姜飞．新阶段推动中国国际传播能力建设的理性思考［J］．南京社会科学，2015（6）．

[22] 姜飞，彭锦．以媒体融合促进对外传播能力建设［J］．现代传播（中国传媒大学学报），2019，41（8）．

[23] 姬志恒，王兴元．老字号品牌文化属性与企业价值关联性研究：以我国51家老字号上市公司为样本［J］．山东社会科学，2014（8）．

[24] 蒋廉雄，冯睿，朱辉煌，等．利用产品塑造品牌：品牌的产品意义及其理论发展［J］．管理世界，2012（5）．

[25] 柯佳宁，王良燕．跨品类延伸对老字号品牌和新兴品牌的影响差异研究［J］．南开管理评论，2021，24（2）．

[26] 李杨，刘莹莹，丁玲，等．消费升级下知识产权衍生品品牌联合动态管理模型的双案例研究［J］．管理学报，2020，17（8）．

[27] 林一民，卢泰宏．商业传播中的儒家传统与现代规范：中国"老字号"与西方品牌的文化比较［J］．南昌大学学报（社会科学版），1999（3）．

[28] 廖祥忠．视频天下：语言革命与国际传播秩序再造［J］．现代传播（中国传媒大学学报），2022，44（1）．

[29] 刘英为，汪涛，聂春艳，等．如何应用国家文化原型实现品牌的国际化传播：基于中国品牌海外社交媒体广告的多案例研究［J］．管理世界，2020，36（1）．

[30] 刘培，杨一翁．国家品牌效应：内涵、形成机制及战略影响［J］．企业经济，2021，40（9）．

[31] 吕倩．"互联网+"背景下餐饮类商业老字号转型升级研究［J］．商业经济研究，2021（12）．

[32] 吕庆华，林炳坤，梅雪芹. 老字号品牌创新的前因后果：基于消费者感知视角[J]. 华侨大学学报（哲学社会科学版），2019（1）．

[33] 陆瀚. 数字时代中华老字号品牌传播的创新[J]. 青年记者，2020（8）．

[34] 卢泰宏，高辉. 品牌老化与品牌激活研究述评[J]. 外国经济与管理，2007（2）．

[35] 龙耘，王蕾. 谁是青年："Y世代"在中国语境中的解读[J]. 中国青年社会科学，2015，34（4）．

[36] 马斌斌，陈兴鹏，陈芳婷，等. 中华老字号企业空间分异及影响因素研究[J]. 地理研究，2020，39（10）．

[37] 马赛，李晨溪. 基于悖论管理视角的老字号企业数字化转型研究：以张弓酒业为例[J]. 中国软科学，2020（4）．

[38] 马蕾. 中华老字号品牌跨文化传播策略及路径：以河南省中华老字号品牌为例[J]. 中南民族大学学报（人文社会科学版），2020，40（6）．

[39] 齐二娜. "中华老字号"官方微博传播现状研究：以80家中华老字号官方微博为例[J]. 品牌研究，2017（6）．

[40] 钱明辉，邓睿濛，马瑞乙. 我国百年品牌发展特征与优化对策研究[J]. 品牌研究，2017（2）．

[41] 陶建杰，杨锦曦. "一带一路"背景下在华外国人的中国文化实践意愿及影响因素探析[J]. 对外传播，2020（7）．

[42] 陶骏，李善文. "中华老字号"品牌复兴：品牌延伸及反馈[J]. 经济管理，2012，34（2）．

[43] 史安斌. 全球网络传播中的文化和意识形态问题[J]. 新闻与传播研究，2003（3）．

[44] 彭博，晁钢令. 中国传统老字号品牌激活研究[J]. 现代管理科学，2012（3）．

[45] 唐润华，刘昌华. 大变局背景下国际传播的整体性与差异化[J]. 现代传播（中国传媒大学学报），2021，43（4）．

[46] 王宁. 新媒体时代下老字号品牌传播策略探讨[J]. 商业经济研

究，2021（12）.

[47] 王成荣. 老字号的历史传承与品牌创新［J］. 北京市财贸管理干部学院学报，2005（3）.

[48] 王成荣，王玉军. 老字号品牌价值评价模型［J］. 管理评论，2014，26（6）.

[49] 汪涛，周玲，彭传新，等. 讲故事　塑品牌：建构和传播故事的品牌叙事理论：基于达芙妮品牌的案例研究［J］. 管理世界，2011（3）.

[50] 王新惠. 论品牌叙事主体的运行机制与叙事动能：以北京老字号品牌故事为例［J］. 现代传播（中国传媒大学学报），2022，44（3）.

[51] 魏崇红，王金玉. 新媒体语境下中华老字号品牌创新路径研究［J］. 山东社会科学，2020（9）.

[52] 许晖，张海军，冯永春. 传承还是重塑？本土老字号品牌活化模式与机制研究：基于品牌真实性与价值迁移视角［J］. 管理世界，2018，34（4）.

[53] 许衍凤，范秀成，朱千林. 基于文化契合度的老字号品牌延伸对品牌忠诚的影响研究［J］. 北京工商大学学报（社会科学版），2018，33（2）.

[54] 宣长春，林升栋. 文化距离视野下的"一带一路"倡议：基于4918篇英文新闻报道的情感分析：2013—2019年［J］. 新闻与传播研究，2021，28（6）.

[55] 徐伟，汤筱晓，王新新. 传承还是创新？老字号品牌双元性实现路径研究：一项模糊集的定性比较分析［J］. 经济管理，2020，42（8）.

[56] 薛可，余明阳. 品牌延伸：资产价值转移与理论模型创建［J］. 南开管理评论，2003（3）.

[57] 杨忠，张骁. 企业国际化程度与绩效关系研究［J］. 经济研究，2009，44（2）.

[58] 杨桂菊，徐秀秀，曲旸. 机会窗口、文化传承与老字号创新成长［J］. 科学学研究，2020，38（12）.

[59] 严欢，胡洋. 中华老字号品牌激活中的营销创新：以北京珐琅厂为例［J］. 青年记者，2016（6）.

[60] 赵新利，宫效喆. 作为国际传播媒介的品牌：日常生活的国际传播 [J]. 青年记者, 2023 (5).

[61] 赵新利. 新中国成立初期中国品牌对外传播研究（1949—1965）：以《人民画报》的报道和广告为例 [J]. 广告大观（理论版），2018 (4).

[62] 赵新利，项星宇，宫效喆. 新中国本土品牌对外传播历程探析 [J]. 对外传播, 2018 (6).

[63] 赵云泽，滕沐颖，赵蓺婷，等. "桥梁人群"对中国品牌的跨文化传播的影响研究 [J]. 国际新闻界，2015, 37 (10).

[64] 赵子忠. 网红传播模式的国际化趋势 [J]. 新闻论坛，2021, 35 (4).

[65] 张红霞，马桦，李佳嘉. 有关品牌文化内涵及影响因素的探索性研究 [J]. 南开管理评论, 2009, 12 (4).

[66] 张会龙，李桂华，张宇东，等. 中国跨国公司如何利用国际社交媒体提升品牌绩效：基于天士力的 Facebook 营销案例分析 [J]. 珞珈管理评论, 2019 (2).

[67] 张毓强，庞敏. 新时代中国国际传播：新基点、新逻辑与新路径 [J]. 现代传播（中国传媒大学学报），2021, 43 (7).

[68] 张驰，黄升民. 国有企业品牌70年：历史演进与未来展望 [J]. 新闻与传播评论，2020, 73 (1).

[69] 张景云，杨彬，何昕. 基于传播心理距离理论的品牌跨文化传播策略 [J]. 现代传播（中国传媒大学学报），2012, 34 (6).

[70] 张志安，李辉. 平台社会语境下中国网络国际传播的战略和路径 [J]. 青年探索，2021 (4).

[71] 张继焦，柴玲，黄莉，等. 传承与发展：老字号企业创新研究 [J]. 青海民族研究，2016, 27 (4).

[72] 朱丽叶. 老字号独特性品牌资产的来源和构成 [J]. 经济经纬, 2008 (1).

[73] 中国外文局中国企业海外形象研究课题组，翟慧霞，孙敬鑫. 2020年度中国企业海外形象调查分析报告：以"一带一路"沿线12国为调查对象

[J]. 对外传播，2020（12）.

[74] 中国外文局中国企业全球形象研究课题组，翟慧霞，王丹. 2022年中国企业形象全球调查分析报告 [J]. 对外传播，2023（4）.

二、英文文献

[1] CHERNATONY L. From Brand Vision to Brand Evaluation [M]. London：Routledge，2010.

[2] DAVIDSON H, KEEGAN W. Offensive Marketing：An Action Guide to Gaining Competitive Advantage [M]. Amsterdam：Elsevier，2003.

[3] RICHARD J, PAYNE R. The Clash with Distant Cultures：Values, Interests, and Force in American Foreign Policy [M]. Albany：State University of New York Press，1995.

[4] STRAUSS W, HOWE N. The History of America's Future 1584—2069 [M]. New York：William Morrow and Company，1991.

[5] BERRY N C. Revitalizing Brands [J]. Journal of Consumer Marketing, 1988，5（3）.

[6] BROWN S, KOZINETS R V, SHERRY J F. Teaching Old Brands New Tricks：Retro Branding and the Revival of Brand Meaning [J]. Journal of Marketing，2003，67（3）.

[7] CHIU C Y, MALLORIE L, KEH H T, et al. Perceptions of Culture in Multicultural Space：Joint Presentation of Images from Two Cultures Increases In-Group Attribution of Culture-Typical Characteristics [J]. Journal of Cross-Cultural Psychology，2009（2）.

[8] GRIFFITH D A, HU M Y, RYANS J K. Process Standardization across Intra- and Inter-Cultural Relationships [J]. Journal of International Business Studies，2000，31（2）.

[9] HEINE K, PHAN M. A Case Study of Shanghai Tang：How to Build a Chinese Luxury Brand [J]. Asia Marketing Journal，2013（5）.

[10] HAKALA U, LATTI S, SANDBERG B. Operationalising Brand

4. 更开放、更包容的Z世代青年价值观

《最后一班地铁》系列短片的拍摄采用了无脚本的方式。每一集主角的选择都充满了随机性。拍摄团队希望通过这种方式还原都市年轻人真实的生活。而短片中这些生活的真实重现也展现了Z世代青年刻苦拼搏、积极生活的态度。随着大众媒体和全球化的影响，Z世代的青年拓宽视野，形成了开放、包容的价值观。《最后一班地铁》系列短视频呈现的大都市中的Z世代青年是乐观的追梦人，个性鲜明的他们拥有包容开放的价值观，在大城市焦虑严重的大环境下发挥主观能动性，拥有自我治愈的能力，他们创造了这一代人独特的消费文化，是热爱生活、享受生活，为自己梦想拼搏的奋斗者。

四、总结

自C视频平台成立以来，紧紧围绕其品牌定位"发现身边不一样的美""让世界更有温度"，开辟了公益、守艺人、身边人、美食、素言、新时代六大版块。短视频以微纪录片的形式呈现，着重人物刻画描写，发掘和表现普通人身上的极致品质。C视频平台可以在短视频行业激烈的竞争中，稳定保持优势地位，依靠的是其原创的精品内容。短暂的流量话题是有保质期限的，但优质的内容永远不会过期。在谈及流量与质量之间的平衡时，C视频平台团队表示并不会盲目追求流量，更看重的是用户对于品牌的认可度、依赖度和满意度，以及自身的社会责任，在探索中丰富和充实其短视频内容，不忘初心，坚定围绕其品牌定位生产视频，传递社会正能量。深耕短视频的内容生产，C视频平台优质化的内容制作对短视频行业的发展有启发意义。

关于未来的发展方向，C视频平台除了继续生产高品质的内容视频以外，也在不断尝试新的内容模式和传播方式，发展和呈现自身更多的可能性，比如制作IP、直播、网剧、话题片，寻找内容呈现的新风口，在试错的过程中探索用户更喜欢的内容呈现模式。